篮球进攻
技战术系统训练

张学领 ◎ 著

郑州大学出版社

图书在版编目(CIP)数据

篮球进攻技战术系统训练 / 张学领著. — 郑州 : 郑州大学出版社,
2024. 12

ISBN 978-7-5645-9893-8

Ⅰ. ①篮… Ⅱ. ①张… Ⅲ. ①篮球运动 - 进攻(运动技术) - 运动训练 Ⅳ. ①G841.19

中国国家版本馆 CIP 数据核字(2023)第 163033 号

篮球进攻技战术系统训练

LANQIU JINGONG JIZHANSHU XITONG XUNLIAN

策划编辑	王卫疆	封面设计	王　微
责任编辑	张　帆	版式设计	苏永生
责任校对	张　华	责任监制	朱亚君

出版发行	郑州大学出版社	地　　址	郑州市大学路 40 号(450052)
出 版 人	卢纪富	网　　址	http://www.zzup.cn
经　　销	全国新华书店	发行电话	0371-66966070
印　　刷	郑州宁昌印务有限公司		
开　　本	710 mm×1 010 mm　1 / 16		
印　　张	15.5	字　　数	240 千字
版　　次	2024 年 12 月第 1 版	印　　次	2024 年 12 月第 1 次印刷

书　　号	ISBN 978-7-5645-9893-8	定　　价	56.00 元

作者简介

张学领，男，河南体育学院副院长，博士，教授。河南省青年骨干教师，河南省教育厅学术技术带头人。2018 年任中国篮协教练员委员会委员。2019 年美国得克萨斯大学泰勒分校访问学者。国内外期刊发表论文 30 余篇，主持省部级课题 3 项，出版著作 5 部。获得河南省哲学社会科学三等奖 1 项，国家体育总局科学技术三等奖 1 项；多次获得厅局级科研成果奖励。

前 言

篮球是当今世界最流行的体育运动项目之一，在我国有着深厚的群众基础，深受广大人民群众喜爱。无论是大学、中学、小学，还是企事业单位、民间团体，都经常组织篮球竞赛活动，竞赛水平和赛会组织能力越来越高，对篮球专业人才也提出了更高的要求。篮球运动是体育专业学生的基础课程或专业课程，学生培养质量决定着未来篮球运动发展水平。他们将进入中小学或青少年俱乐部，从事篮球教学和训练工作，承担起篮球教师或篮球教练的责任，因此对青少年篮球教练员的培养必须引起我们的高度重视。

篮球运动是以篮球为工具，以赢取比赛为目的，攻守矛盾同时存在的直接对抗性运动项目，包括进攻和防守两个方面。要想提高篮球教学训练质量，紧跟世界先进水平，必须对篮球运动的项目规律有深入的认识。其关键在于更新教学和训练理念，处理好技术和战术的关系。技术是战术的基础，战术是技术运用的保障。教师应树立技战术连续统一的教学和训练理念，在一定的战术框架下，把技、战术融为一体，才能更好地指导篮球比赛。

本书以篮球技战术的连续统一这一理念为指导，选取当今世界较为流行的“5 外”移动进攻、运球突破移动进攻和普林斯顿移动进攻三大篮球进攻系统为主要内容，设计相应的训练方法和手段，以培养运动员的判断、反应和决策意识为核心，以教会运动员如何进行比赛为目的，从而优化教学训练结构，提高教学和训练水平。本书通过介绍三大进攻系统的基本特征、优缺点、基本战术配合、进攻转换、训练方法，让教师和学生掌握世界主流战术的基本框架，通过一定的训练方法和手段，达到灵活运用。

本书可以作为大学体育教育、运动训练专业篮球课程的进攻教学指导用书，指导学生在大一学习“5 外”移动进攻，大二学习运球突破移动进攻，大三学习普林斯顿移动进攻。三大进攻系统互相衔接、互相递进、互相贯通，再匹配一定的防守战术体系教学，通过教学、训练和比赛，让学生掌握完备的攻防体系。同时，本书通过降低难度和要求，讲授基础战术，设计技术和战术的练习比例，也适合作为中小学生的篮球进攻教程，让学生在小学阶段学习“5 外”移动进攻，在初中阶段学习运球突破移动进攻，在高中阶段学习普林斯顿移动进攻，为将来进入大学学习打下坚实的技战术基础。

本书的撰写参考了许多专家学者的相关研究成果，在此表示诚挚的谢意。由于水平有限、时间仓促，书中难免有疏漏之处，希望广大读者多提宝贵意见，帮助我们进一步完善、改进。

张学领

2023 年 7 月

目 录

第一篇 “5外”移动进攻

第二篇　运球突破移动进攻

第三篇　普林斯顿移动进攻

第一篇　“5 外”移动进攻

第一章
“5 外”移动进攻概述

第一节　“5 外”移动进攻简介

一、战术体系介绍

“5 外”(“5 out”)移动进攻作为一种实用性很强的基本进攻战术,具有易于教学和可扩展的特点,从而能够广泛适用于不同年龄及级别的球队。此外,它是以团队为导向的进攻,要求球员利用传球、切入、掩护等基本技术创造得分机会,具有极强的进攻连续性。作为一种无位置差别的进攻战术(球员的位置不固定),“5 外”移动进攻强调根据球场上的空间以及一系列原则,帮助球员确定他们的技术动作与跑动方式。在战术运转的过程中,球员通常需要根据比赛中队友和防守者的动向做出判断,因此,“5 外”移动进攻中所强调的战术思想与篮球基本理论,对于年轻球队战术素养的培养及技战术结合的应用而言,效果更为显著。

二、适用人群

(一)年轻球员

“5 外”移动进攻的无位置差别属性能够促使球员的全面发展。由于青年球员身高的不确定性,在“5 外”移动进攻之外的体系当中,那些发育较早的球员往往被指派为内线,在训练过程中疏于运球、外线投射等基本技术的训练,身体的灵敏度与即时反应能力欠佳,这些都不利于球员的进一步成长。

(二)缺乏内线高度或身高比较平均的队伍

一些缺乏内线高度的队伍或队员身高比较平均的队伍较为契合“5 外”移动进攻的特点。“5 外”移动进攻一方面能够最大限度地弥补球队高度不足的弱点,另一方面能够发挥小个儿球员的速度优势及全面性特点。

三、战术优缺点

(一)优点

1. 打造全能球员

场上的 5 名球员都需要传球、切入、运球、投篮和掩护等,从而为打造全能球员打下良好的基础。

2. 球员能学会如何打球

球员学会观察队友和防守者的动向并做出相应的判断,这是球员在阵地进攻战术中无法学到的重要技能。

3. 每个球员都做出贡献

当运用“5 外”移动进攻时,一两名球员无法完成配合。所有球员都会参与其中并且必须对球队进攻做出贡献,体现出球员贡献的平均性。

4. 充分利用空间

如果球员都处在正确位置上,那么球队将始终拥有有利的空间。球员之间的间距使得突破空间被拉开,而且防守者很难进行互相协防。此外,防守方的内线被迫拉到外线,这降低了内线进攻的难度。

5. 对手难以做出针对防守

因为没有固定的传球或跑动,所以对手往往很难找到阻止战术跑动从而干扰进攻的方式。

6. 拖延进攻时间

如果想在投篮之前控制球权或者进行节末的最后一投,“5 外”移动进攻是非常适合的战术。

(二)缺点

1. 不利于球队中具有统治力的球员发挥

如果球队中有一两个为球队贡献大量得分的球员,“5 外”移动进攻可能不是合适的进攻方式。所有球员都要为“5 外”移动进攻做出贡献,即便实力较弱的球员也是如此。

2. 球员会陷入“合理打球”的陷阱

当球队执行“5 外”移动进攻时,教练会发现球员过于关注合理的进攻方式,反而忽略了寻找得分机会。

3. 回合时间的限制

在球员不断寻找得分机会的同时,一个回合的控球时间作为一个影响因素,会迫使球队在规定时间只剩几秒时仓促出手。

4. 球员需要花费一些时间才能达到熟练应用

尽管球员会很快地学会“5 外”移动进攻中如何跑动以及做动作,但还是需要花费一些时间学习如何快速观察比赛并在比赛中做出聪明的决策。

第二节 “5 外”移动进攻基本原则

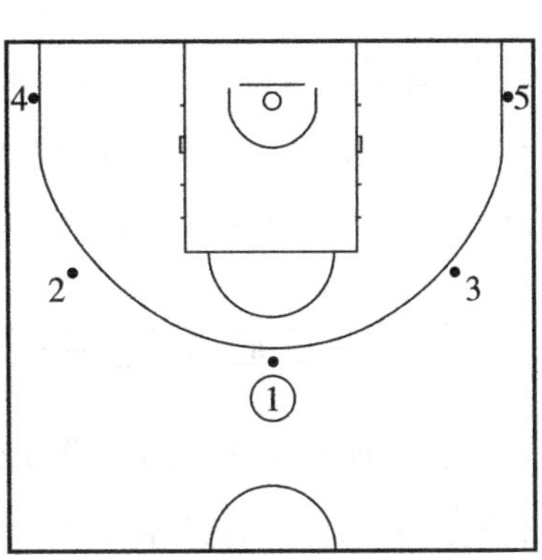

图 1-1

如图 1-1 所示:5 名球员应该分别站到外线的 5 个位置上。这些位置分别是:

- 弧顶位置(1):位于两个篮筐连线与三分线的交点处区域。
- 侧翼位置(2 和 3):位于罚球线延长线与三分线的交点处区域。
- 底角位置(4 和 5):位于篮框延长线与三分线交点处的区域。

球员之间应当保持 3.5 ~4.5 米的最

佳距离。1 在弧顶,2 和 3 在侧翼,而 4 和 5 在底角。充分拉开的空间使得防守的整体性与压迫性被削弱。这里需要强调的是,球员不应当被传统篮球位置所束缚。例如,在传统篮球位置的定义中,弧顶的 1 通常被称作控球后卫。然而在“5 外”移动进攻中,5 名球员都在三分线外准备参与进攻,因此不固定球员的位置,这也是该战术能够培养全能球员的原因。换言之,“5 外”移动进攻是一种基于无位置差别的战术体系,诸如后卫、前锋和中锋的传统位置概念就变得无关紧要。所以,图 1-1 中的数字仅仅代表了球员的数字编号而非场上位置。

一、大量使用基础技术与配合

传球、切入和掩护是“5 外”移动进攻战术的基础。在战术运用过程中,通过大量运用传球、切入和掩护充分发挥空间优势。这些基础技术与配合不仅能够有效拉开空间并切割防守,球员不需要精湛的个人进攻技术,也能够掩盖球队个人进攻能力不强的弱点。需要提醒的是:“5 外”移动进攻的常用配合通常包括传球与切入配合、掩护配合,而且由于其具有可扩展性的特点,从而能够衔接其他丰富的配合形式。在下面的章节中会对这方面内容做出详细介绍。

二、始终保持进攻连续性

在跑动过程中,不论使用何种技战术动作,都应该始终保持战术的初始位置,球员们可以在首次跑动未出现机会时立即在另一侧展开进攻,避免了传统预设战术失效后球员的手足无措。这样的轮转方式也为进攻的连续性和流畅性打下基础。需要提醒球员的是:不要站在原地。

三、接球后首先寻找进攻机会

正如前面所介绍的一样,球员在学习和运用“5 外”移动进攻的过程中常常会陷入“合理进攻”的陷阱当中。教练应该告诉球员,不要被战术体系的原则限制。球员在学习的初始阶段往往过分强调团队篮球的概念,反而容易错失个人进攻的机会。即一方面倾向于在接球后首先想到传球和切入,另一方面对自己的投篮和突破信心不足而选择放弃个人进攻。试想,当防守者迫于“5 外”移动进攻的空间牵扯能力而协防强侧时,弱侧球员在接球的瞬间正处于投篮的绝佳时机,而当防守者扑向他时,突破的成功率也将大大提高。

第二章
“5 外”移动进攻基础战术

第一节　传切战术

持球队员在传球之后，需要切入篮下。接着，弱侧球员需要沿着三分线移动从而轮转补位。三分线外的 5 个站位点必须被轮转填补，除非一名球员正在做切入或掩护。在传切战术中常常包括以下情况。

一、基础切入战术

（一）弧顶传球到侧翼并切入

如图 2-1 及图 2-2 所示：1 传球给 2 后，随即向内线切入，准备接 2 的回传球上篮。如果没有机会传球，1 切向弱侧底角，3 和 4 向弧顶及侧翼轮转补位。3 和 4 不应该在 1 刚开始切入时就去补位。他们应该等到 1 快到篮下的时候再去补位，这样做是为了把握更好的进攻时机。

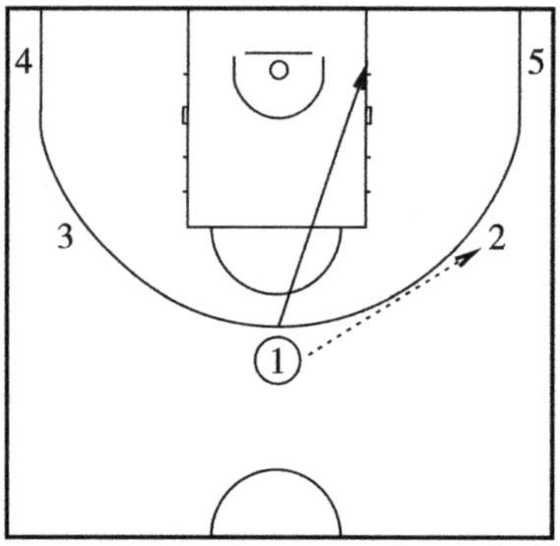

图 2-1

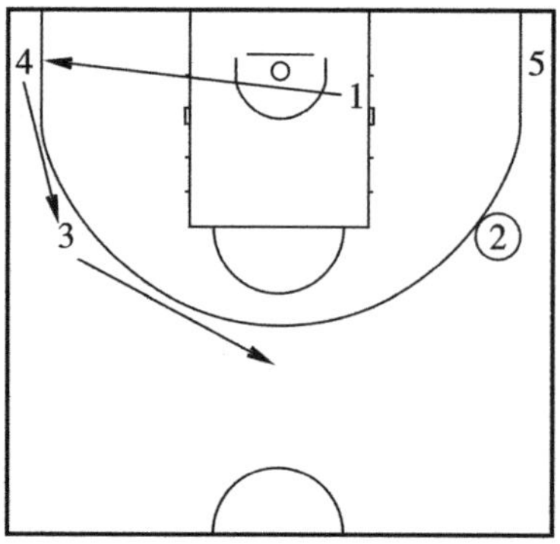

图 2-2

（二）侧翼传球到底角并切入

如图 2–3 及图 2–4 所示：4 传球给 1 后，随即切入篮下，准备接 1 的回传球上篮。如果没机会传球，4 切向弱侧底角，3，2，5 依次向强侧轮转补位。

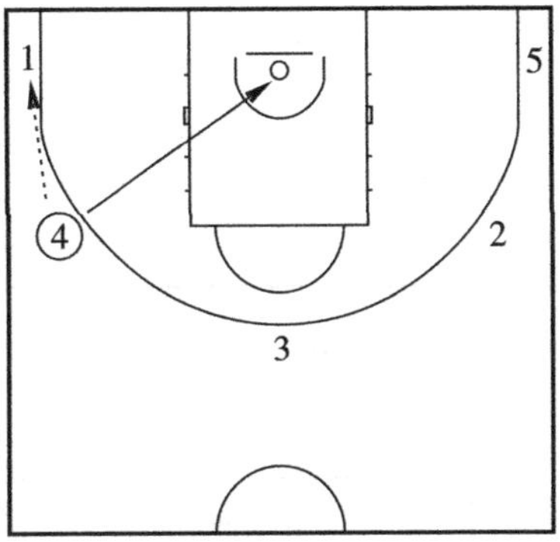

图 2–3

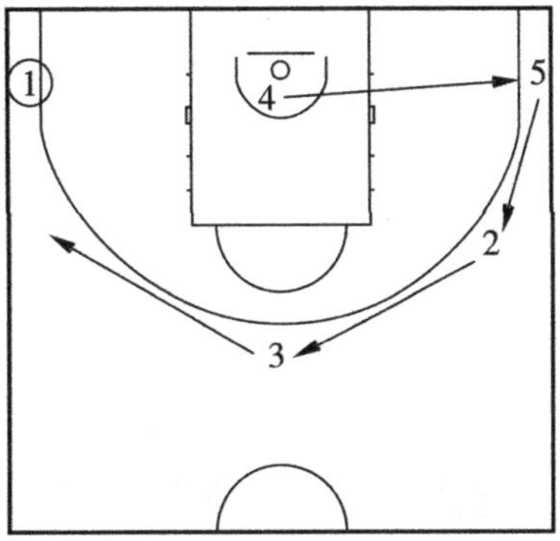

图 2–4

（三）侧翼传球到弧顶并切入

如图 2–5 及图 2–6 所示：4 传球给 3 后，随即切入篮下，准备接 3 的回传球上篮。如果没机会传球，4 向同侧底角移动，1 向侧翼轮转补位。

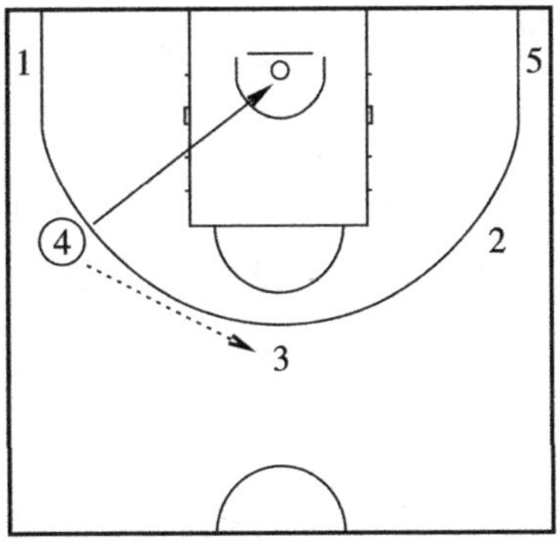

图 2–5

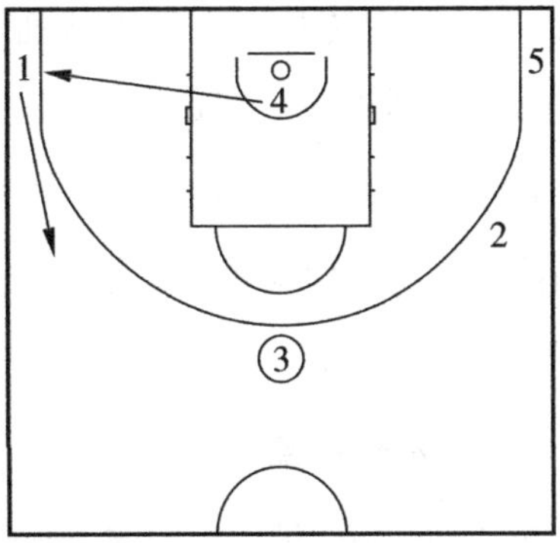

图 2–6

（四）底角传球到侧翼并切入

如图 2–7 及图 2–8 所示：1 传球给 4 后切入篮下，并准备接 4 的回传球上篮。如果没机会传球，1 跑动返回到底角。

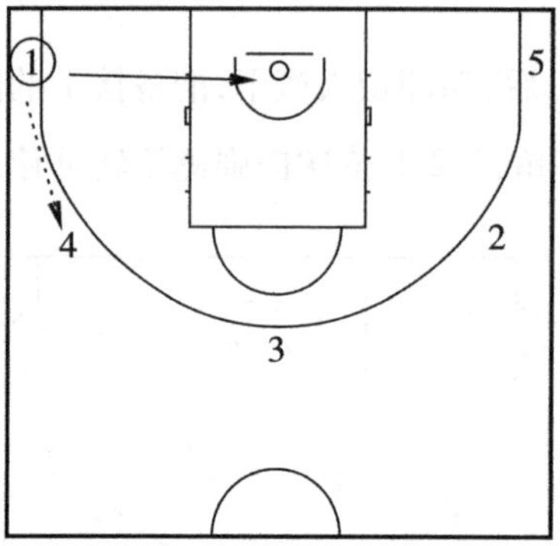

图 2-7

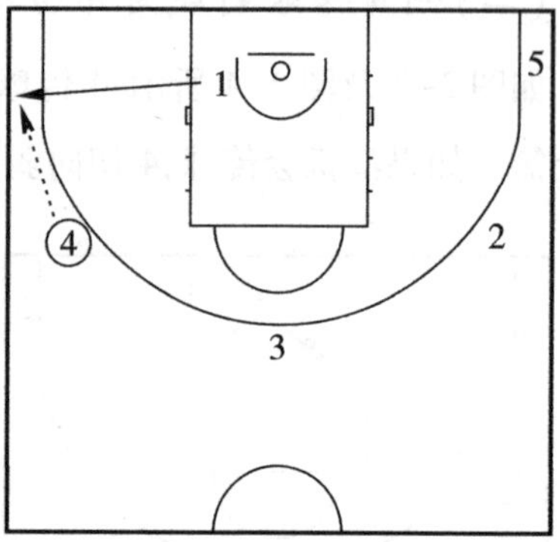

图 2-8

其他情况：当防守队员防守位置靠上时立即背切，如图 2-9 所示。这是“5 外”移动进攻的原则之一：侧翼球员 2 的防守者（×2）防守位置靠上，采用脚踩三分线并将手放在传球路线上的方式进行防守。这时 2 可以采用背切的方式切入篮下，在准备切入时先向内压迫制造与防守者的身体接触，再通过后转身切入篮下或插步抢位切入篮下接球进攻。在这个过程中，1（传球者）要和 2（切入者）保持眼神交流，2 尽量领先防守者一个身位从而获得好的传球角度。如果没有机会，则 2 移动到同侧底角，5 向侧翼轮转填补空位。

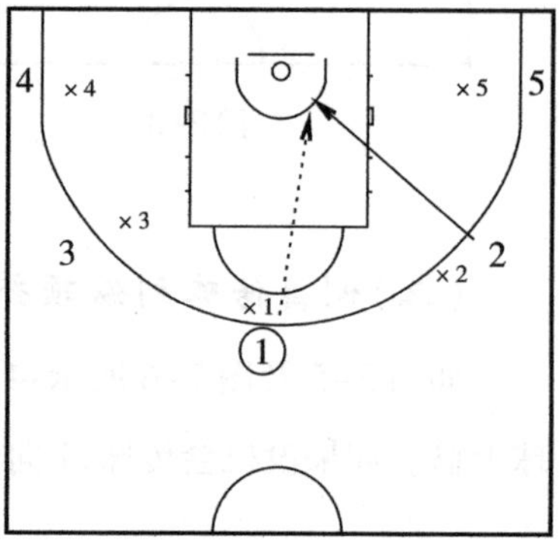

图 2-9

（五）切入要点

- “5 外”移动进攻中包含大量切入篮下的动作，切入者在切入时应当保持强硬而直插篮下，从而迫使弱侧协防者转移注意力，同时应该始终看向球并张开手准备接球。此外应当注重切入的方式和时机的判断。
- 球员可以向任意一名外线的队友运球以缩短传球距离。
- 当一名球员选择切入时，其他无球球员必须进行轮转，而轮转的时机非常重要。

● 一般来说，球员切入篮下后没有机会，应接着应向弱侧切出。

除上述情况外，当切入者向弧顶切出时，则形成另一种特殊的切入方式——“L 切”。以下是“L 切”的两种情况。

1. 高位球员“L 切”

如图 2-10 所示：1 传球给 2 后切入篮下。

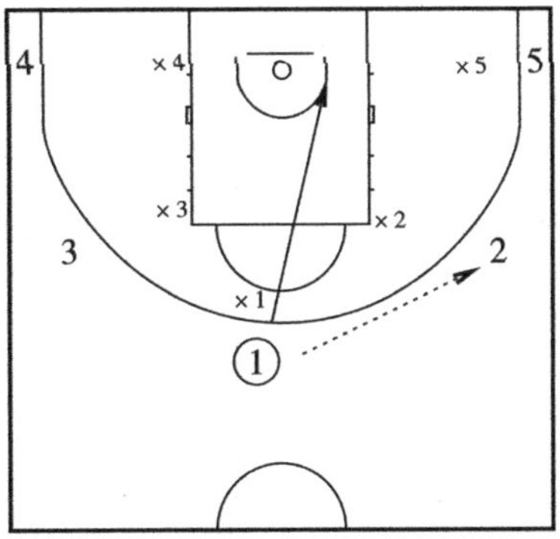

图 2-10

如图 2-11 及图 2-12 所示：1 没有机会接球进攻，随即向弱侧移动。3 直接切入罚球线中点，4 轮转到侧翼。此时，3 可以根据防守者的位置做出决策。当防守者位置靠下时，则弹出到弧顶；当防守者防守位置靠上阻断传球时，选择背切。

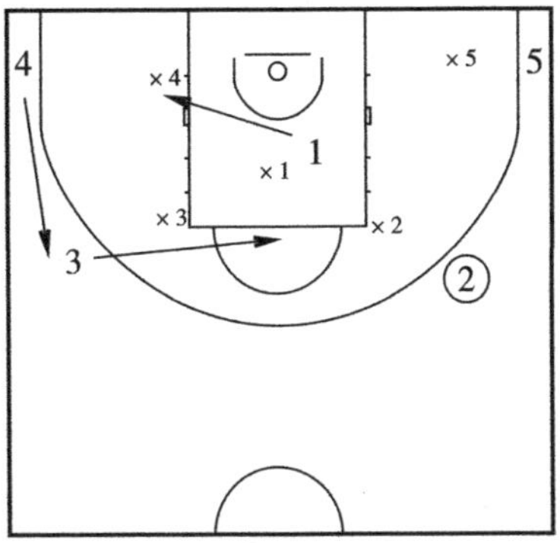

图 2-11

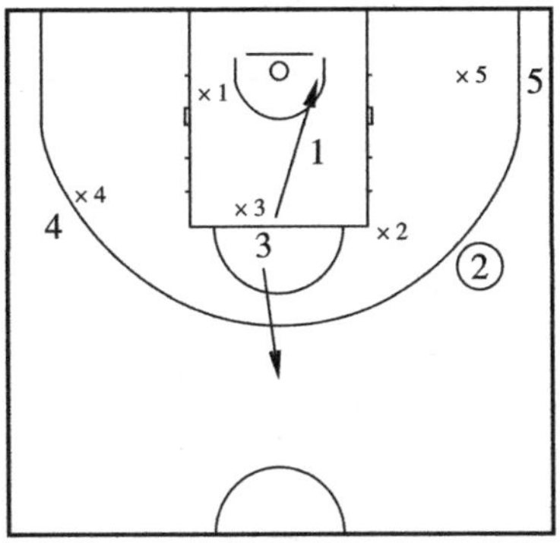

图 2-12

2. 低位球员"L 切"

如图 2–13 及图 2–14 所示：1 传球给 4 然后切入篮下，如果没有机会，1 不再切回底角，而是向上切到罚球线附近占住位置后，接球进行 1 对 1 内线进攻。由于"5 外"移动进攻具备打开内线空间的优势，1 在接球后能够避免包夹而拥有较为开阔的进攻空间。

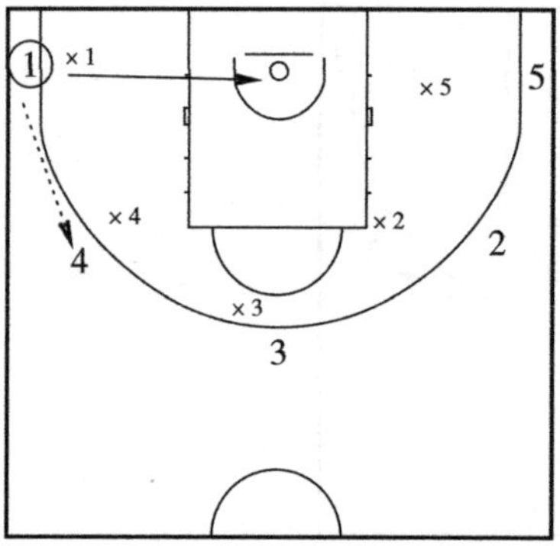

图 2–13

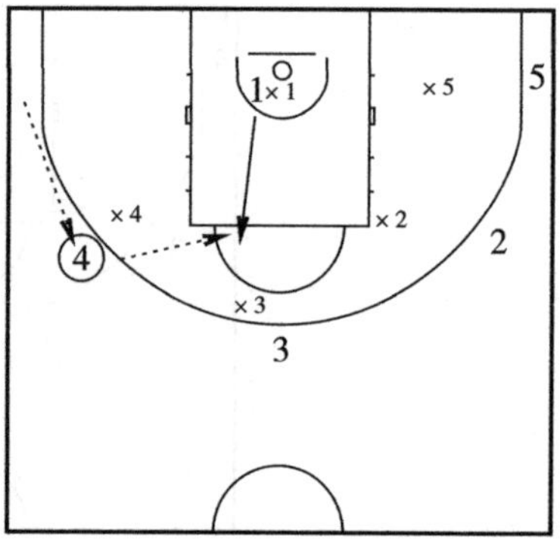

图 2–14

二、向同伴运球：背切

如图 2–15 及图 2–16 所示：2（侧翼球员）在遇到阻断接球防守时，1 向侧翼方向运球，2 可以对抗后做背切，并伺机在切入中接球上篮。如果 1 没有机会传球，就移动到弱侧，3 和 4 向弧顶及侧翼轮转，并准备下一轮战术。

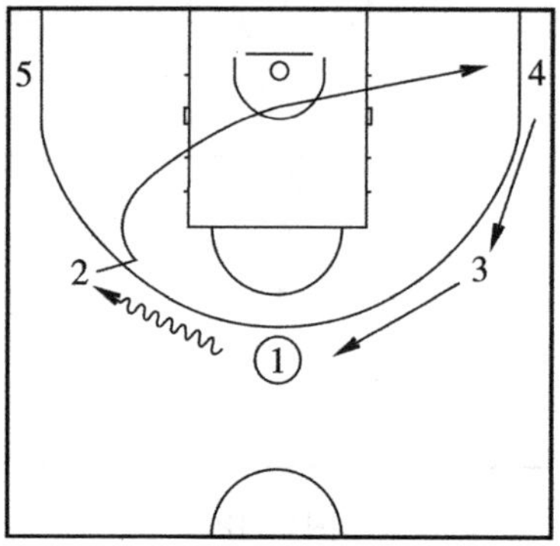

图 2–15

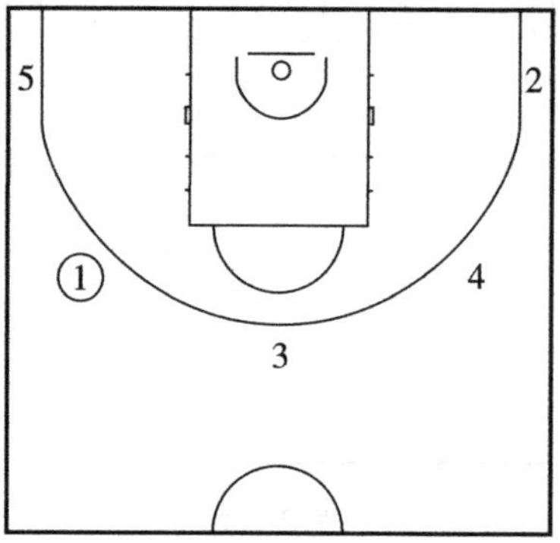

图 2–16

第二节 无球掩护战术

持球队员传球后,去弱侧给无球的队员掩护,形成掩护配合战术。任何外线传球,除了从底角到侧翼的传球之外,都可以形成一次无球掩护。

一、无球掩护战术基础

(一)弧顶传球到侧翼并做无球掩护

如图 2-17 所示:1 传球给 2 后,随即给对侧侧翼的 3 做反掩护。

如图 2-18 所示:3 在过掩护后可以切入篮下并接 2 的传球上篮,也可以弹出到弧顶接 2 传球后投篮。1(掩护者)可以根据 2 的跑动选择弹出外线或转身下顺。

如图 2-19 所示:当 3 切入篮下时,1 弹出到弧顶。3 如果没有机会则切到弱侧底角,5 向上轮转到弱侧侧翼。

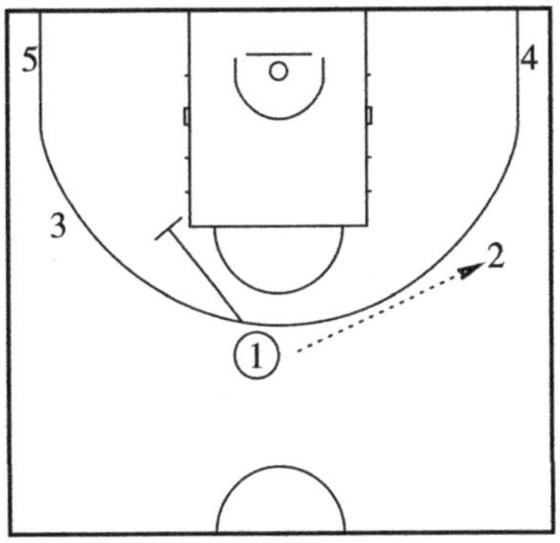

图 2-17

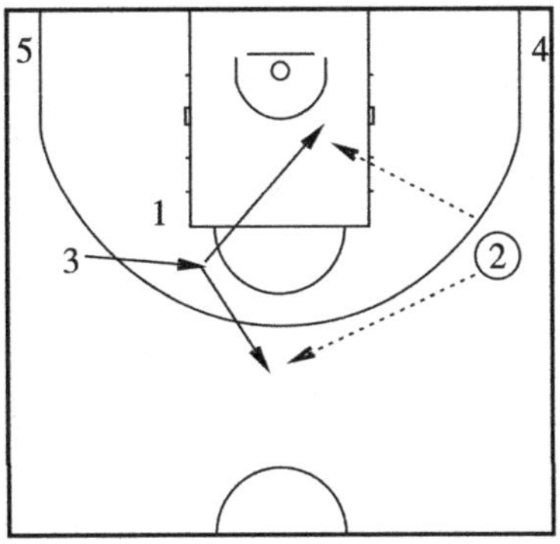

图 2-18

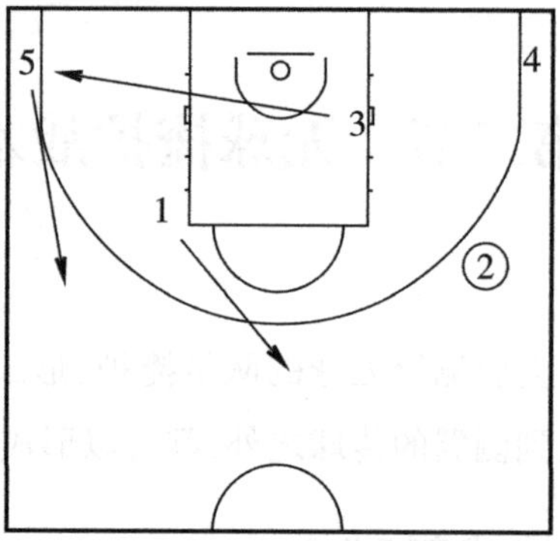

图 2-19

(二)侧翼传球到底角并做无球掩护

如图 2-20 所示:2 传球给 3 后,随即给弧顶的 1 做反掩护。

如图 2-21 所示:1 在过掩护后可以切入篮下并接 3 的传球上篮,也可以到侧翼接 3 传球后投篮。2(掩护者)可以根据 1 的跑动选择弹出外线或转身下顺。

如图 2-22 所示:当 1 切入篮下时,2 补位到侧翼。1 如果没有机会则切到弧顶。

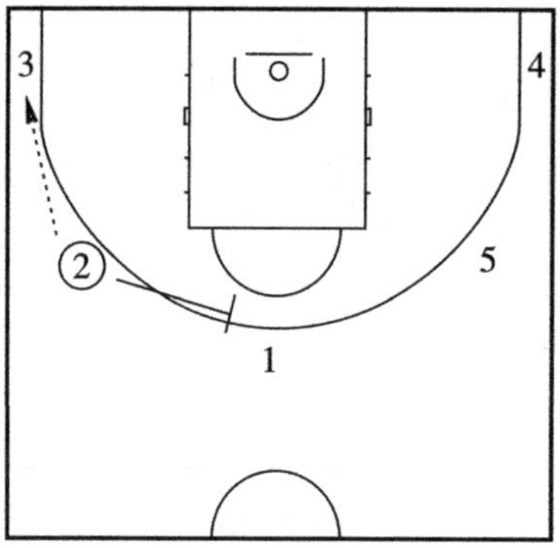

图 2-20

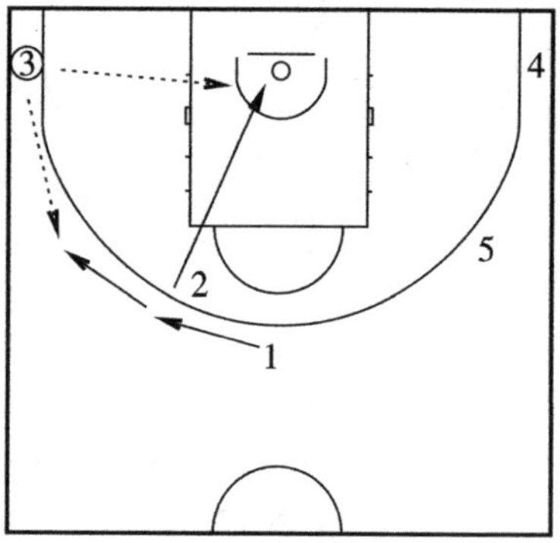

图 2-21

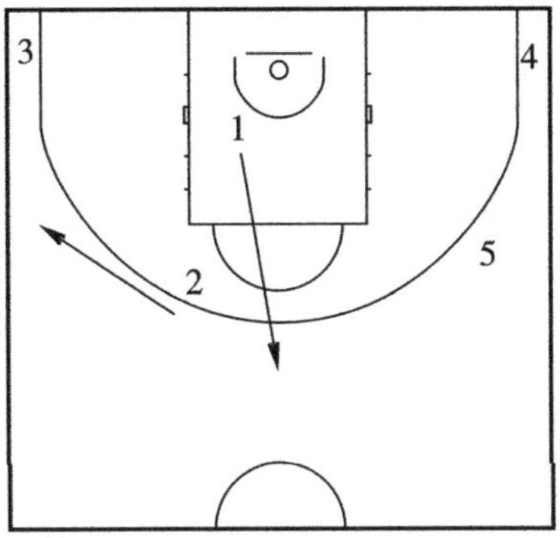

图 2-22

(三)侧翼传球到弧顶并做无球掩护

如图 2-23 所示:3 传球给 1 后,随即给底角的 5 做反掩护。

如图 2-24 所示:5 在过掩护后可以切入篮下并接 1 的传球上篮,也可以到侧翼接 1 传球后投篮。3(掩护者)可以根据 5 的跑动选择弹出外线或转身下顺。

如图 2-25 所示:5 到侧翼接球,3 补位到底角。

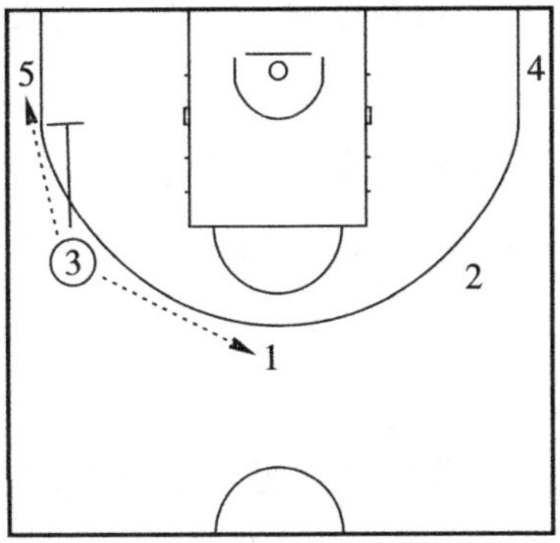

图 2-23

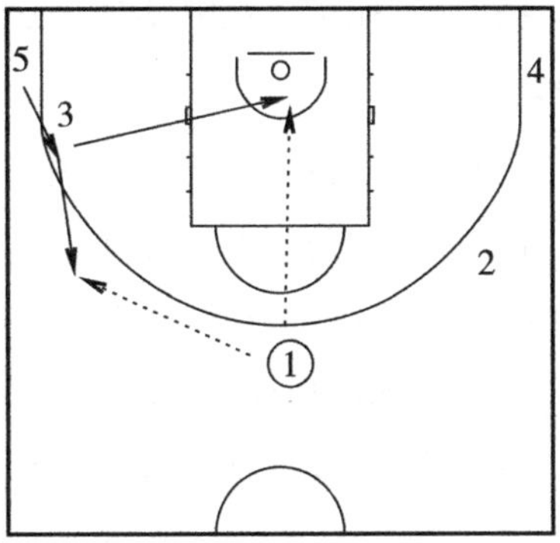

图 2-24

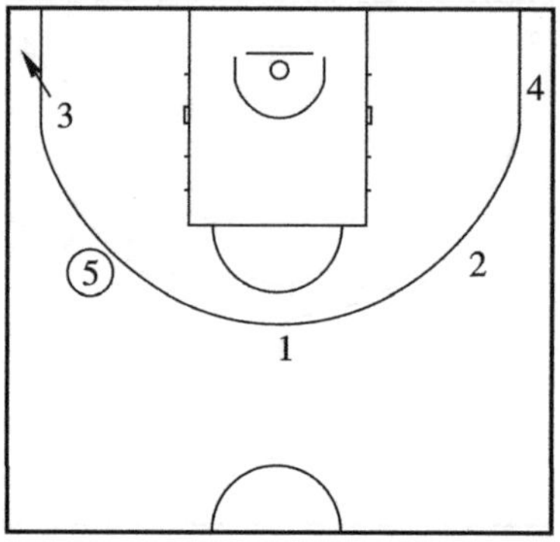

图 2-25

（四）掩护配合要点

• 这是一个移动进攻，因此要教会球员原则和理念而不是仅仅向球员展示三种情景，要教会球员具备“传球并反掩护”的意识。

• 不能每次都让掩护者填补空位，而应采取“做与另一名球员相反的事”的原则。如果他的队友填补了他的位置，那么他应该切入篮下；如果他的队友切入篮下，那么他应该去补位。

• 在所有掩护过程中，球员接到球不应该待在原地，而是需要伺机突破或投篮。

• 掩护的时机非常重要。掩护过于贴近面前的防守者会造成进攻犯规。此外掩护的角度也至关重要。这意味着掩护者的背部应该朝向防守球员和球或者防守球员和篮筐之间。年轻球员通常会出现掩护位置过高的情况，让防守者能够快速从掩护后滑过去。

• 做掩护的球员必须通过口头提示和动作信号来提醒被掩护的球员。建议教练让掩护者举起手臂提示进攻方向并在掩护前喊出队友的名字。

二、无球掩护：向下掩护

（一）弹出配合

如图 2-26 所示：弧顶的 1 传球给 3 后，给对侧的 2 做掩护，然后转身切入篮下，转身后 1 应该看向球并做好接球准备。2 借掩护提到弧顶位置。

3 此时有两个传球机会——给切入篮下的 1 上篮或者给弧顶的 2 投三分球。

如图 2-27 所示:3 传球给 2,然后给同侧底角的 5 做掩护,再转身切入篮下,而 5 则借掩护上提到侧翼准备接球投三分球。

如图 2-28 所示:2 传球给 5,然后进入连续掩护进攻。

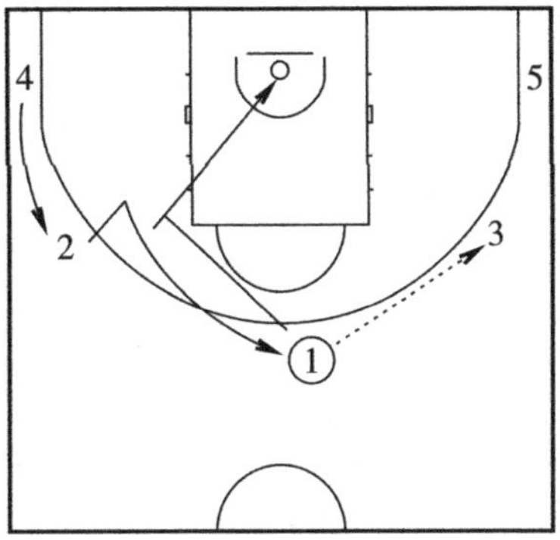

图 2-26

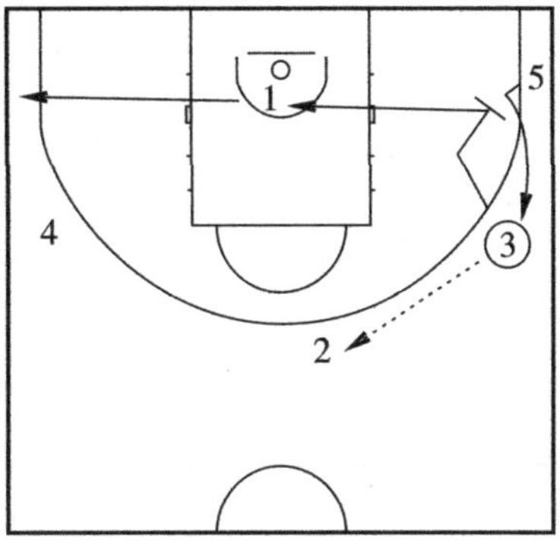

图 2-27

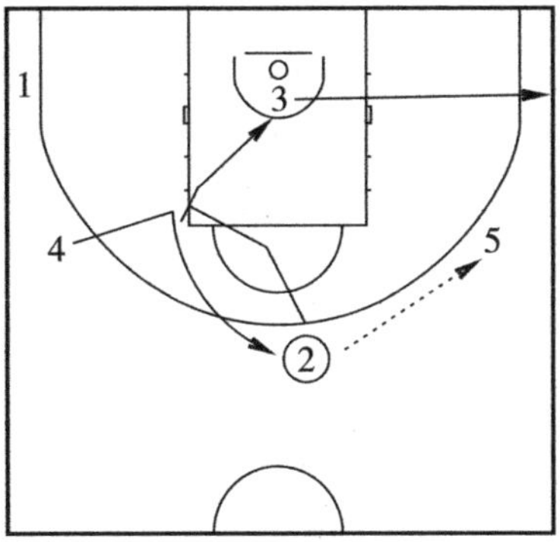

图 2-28

(二)绕切配合

如图 2-29 所示:1 传球给 3 后给对侧的 2 做无球掩护,2 绕掩护切入篮下,1 弹出到弧顶。此时 3 可以传球给 2 上篮,或者回传给 1 投篮。4 向侧翼移动补位,2 没有机会,跑动到底角。

如图 2-30 所示:1 接球后没有机会,而 3 转而给同侧底角的 5 做无球掩护,5 绕掩护切入篮下,3 弹出到侧翼。1 此时可以传球给切入篮下的 5,或者回传给 3 投三分球。

如图 2-31 所示：如果 3 没有机会投三分球，则 1 去给侧翼队员 4 掩护，发动新的进攻配合。

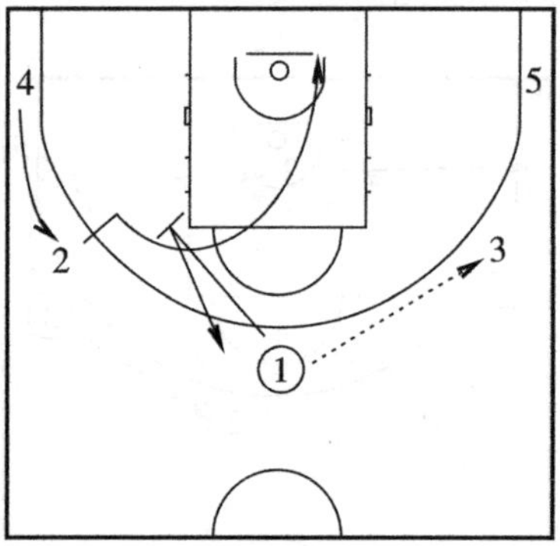

图 2-29

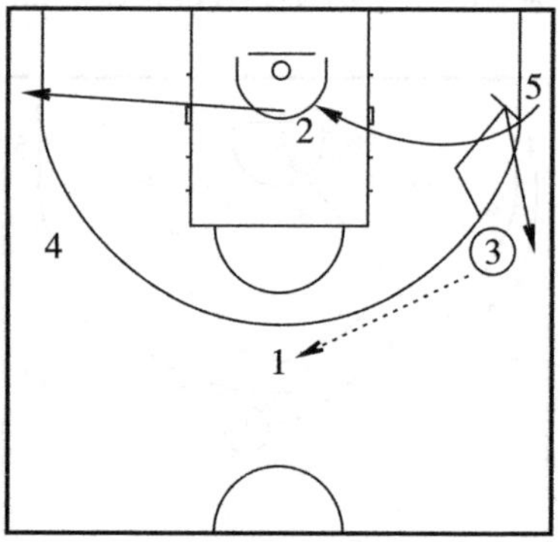

图 2-30

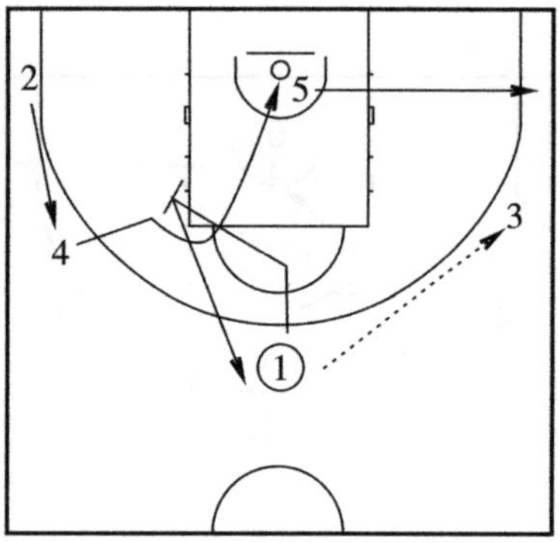

图 2-31

（三）背切配合

如图 2-32 所示：弧顶的 1 传球给 3 后，给 2 做掩护，2 假借掩护直接切入篮下，1 回弹到弧顶，此时 3 可以传球给切入篮下的 2 上篮或者给弧顶的 1 投三分球。2 切入到篮下后回到左侧底角。

如图 2-33 所示：1 接球后没有机会，3 随即给同侧底角的 5 做掩护，5 假借掩护切入篮下，3 回到侧翼准备接球投篮。

如图 2-34 所示：1 传球给 3 后，重新发起进攻。

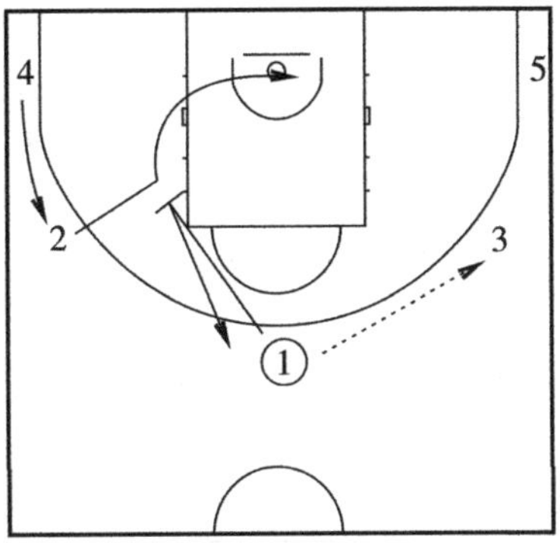

图 2-32

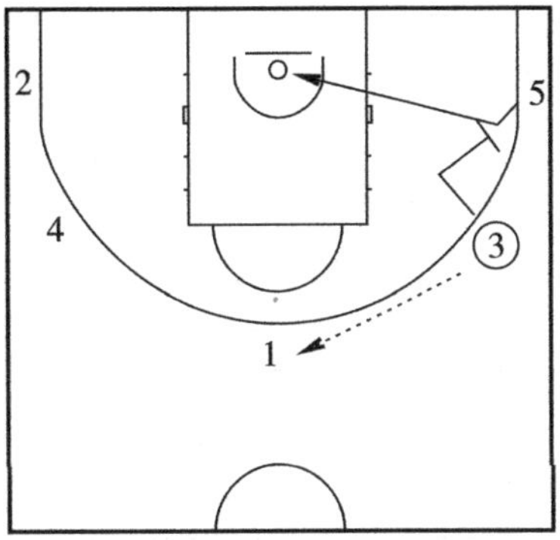

图 2-33

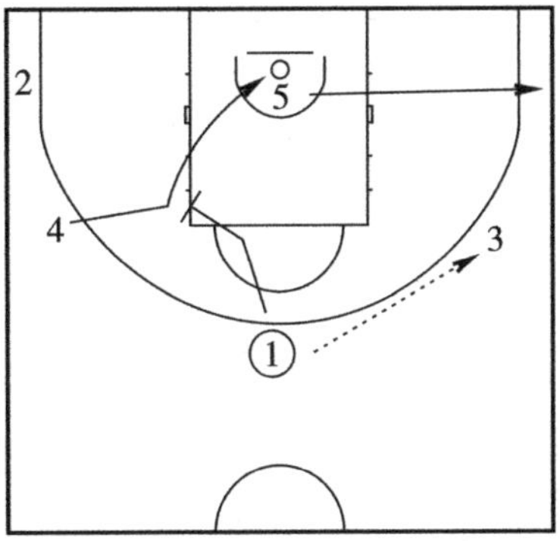

图 2-34

（四）假掩护配合

如图 2-35 所示：弧顶的 1 传球给右侧侧翼的 3 后，移动到侧肘区，假装给 2 掩护，然后切入篮下，2 向外弹出到弧顶。

如图 2-36 所示：1 切入后没有机会，则 3 将球传给底角的 5 并给切入右侧肘区的 2 假装做掩护，2 弹出到右侧侧翼，3 伺机切入篮下，1 移动到弱侧底角。

如图 2-37 所示：2 接到 5 的传球并继续传到弧顶，随后给 5 做低位掩护，此时 5 弹出到外线，而 2 切入篮下。

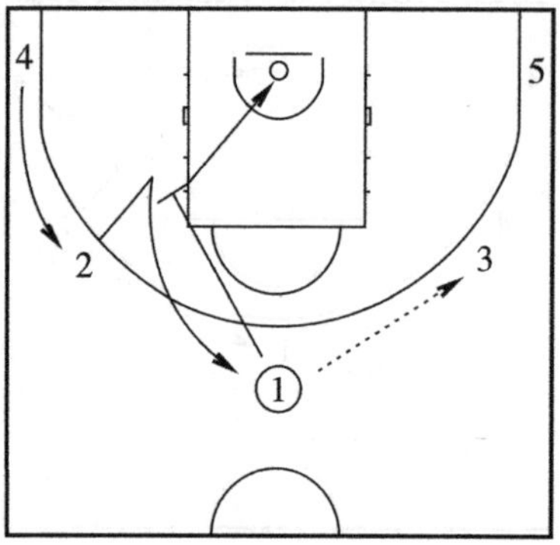

图 2-35

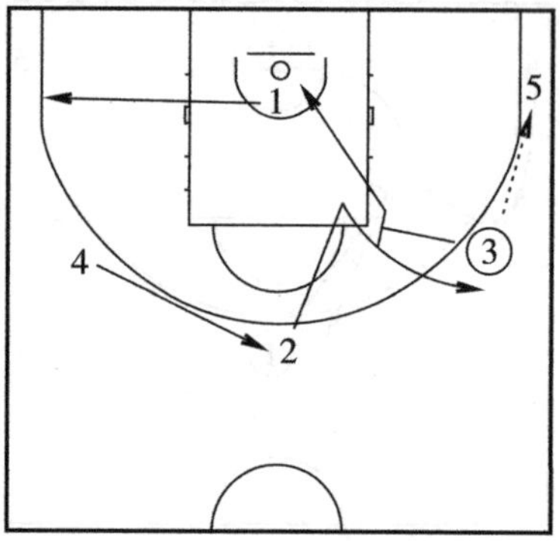

图 2-36

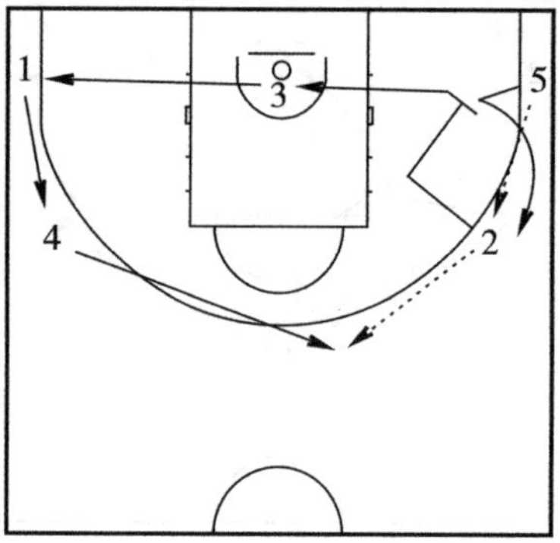

图 2-37

三、无球掩护:闪挡掩护

(一)基础闪挡掩护

1. 被掩护者外弹

如图 2-38 所示:1 传球给弧顶的 5。弱侧底角的 3 给侧翼的 2 做闪挡掩护,2 移动到底角获得潜在的投篮机会,与此同时 5 传球给 2,完成投篮。当 3 完成掩护后伺机切入篮下,5 也可以传球给 3 上篮。

2. 被掩护者绕切

如图 2-39 所示:1 传球给弧顶的 5。左侧底角的 3 给 2 做闪挡掩护,

2 向左侧底角移动,当防守者靠上防守阻挡移动路线时,则随即绕切至篮下。而 3 则弹出外线接应。

3. **被掩护者背切**

如图 2-40 所示:5 接到 1 的传球后,3 给 2 做闪挡掩护,此时如果 2 的防守者×2 强延误,则 2 立即背切至篮下,此时 5 可以分球给 2 上篮。

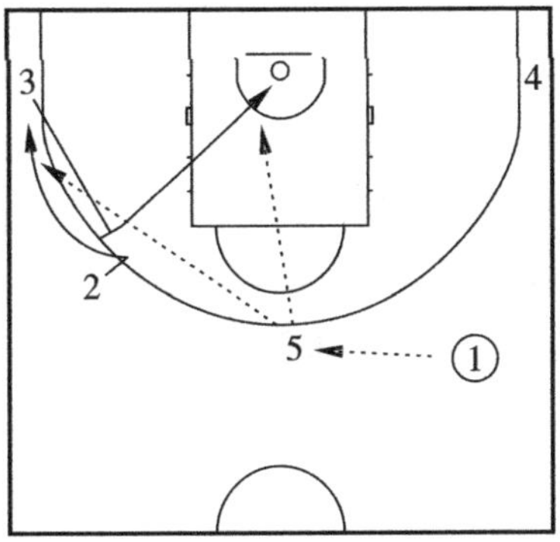

图 2-38

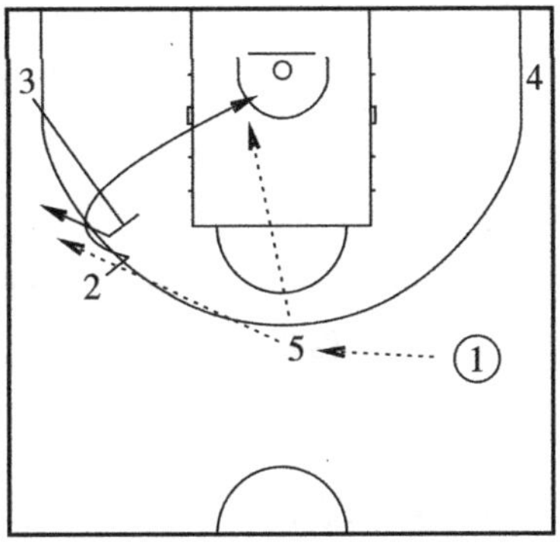

图 2-39

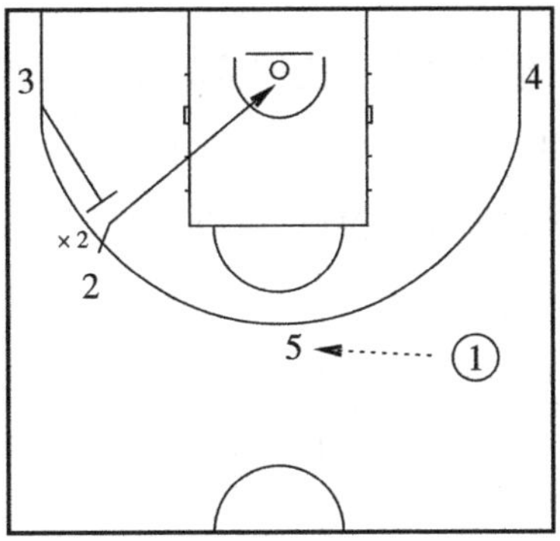

图 2-40

(二)位置进攻

1.1 **号位终结**

如图 2-41 所示:1 传球给弧顶的 4,4 随即与左侧侧翼的 3 进行手递手配合。与此同时,5 给 2 做低位平掩护。2 移动到左侧底角,5 到右侧低位。

如图 2-42 所示:4 给 2 做下掩护使其上提到侧翼。同时,1 佯装向罚球线切入,然后借 5 的闪挡掩护到弱侧侧翼接球投篮。

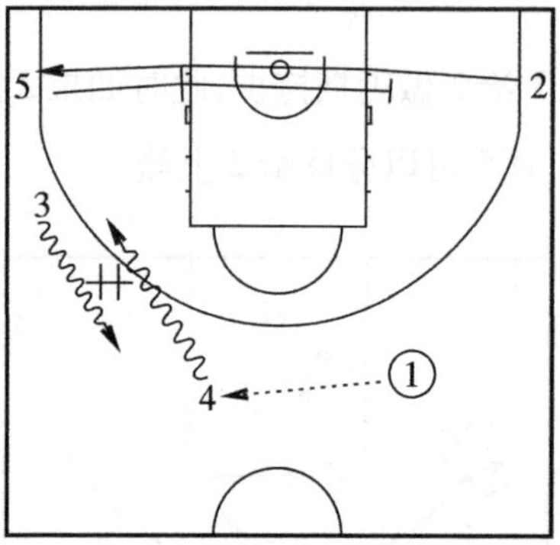

图 2-41

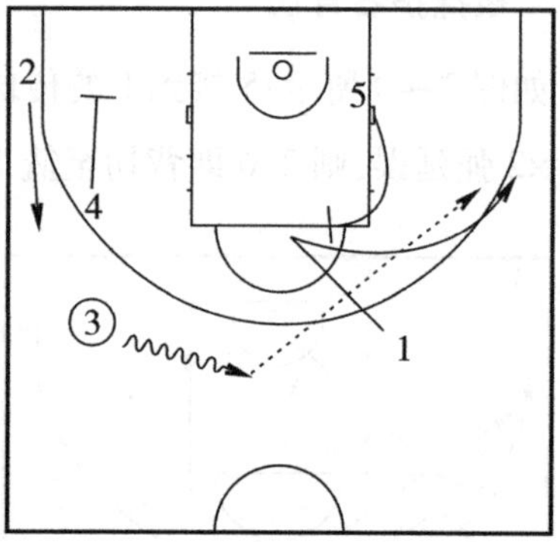

图 2-42

2. 2/3 **号位终结**

如图 2-43 所示:1 运球到右侧侧翼后,传球给底角上提的 2,然后向弱侧底角移动。同时,弱侧底角的 5 沿底线切到右侧低位。2 随即向中路运球。

如图 2-44 所示:4 给 3 做向下掩护接球(3 可以投篮),然后 2 借 5 的闪挡掩护向右侧侧翼弹出,5 在掩护后切入篮下。

如图 2-45 所示:3 如果没有投篮,可以传给 2 投三分球或者给 5 上篮。

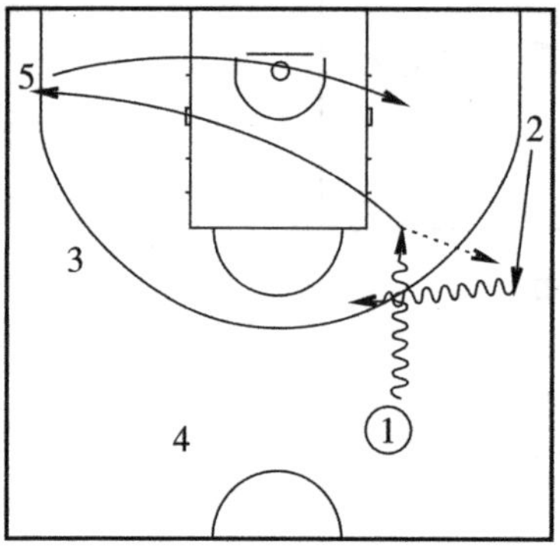

图 2-43

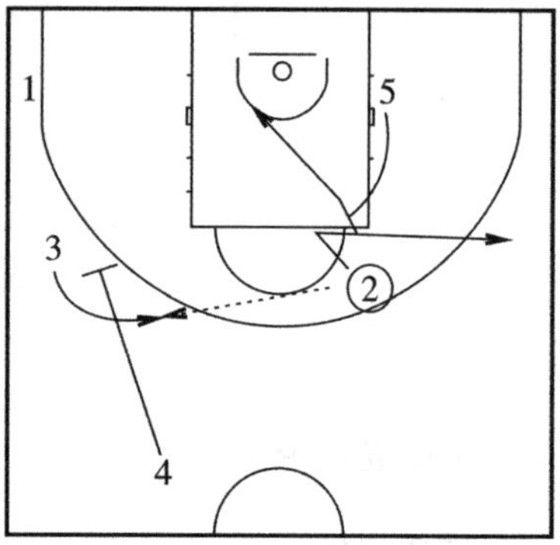

图 2-44

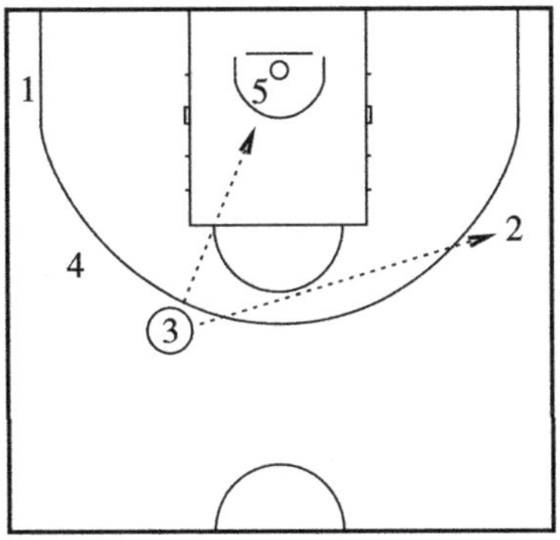

图 2-45

3.4 号位终结

如图 2-46 所示:1 和 4 在弧顶做掩护配合,1 运球向左侧侧翼移动。右侧底角的 2 向上移动。

如图 2-47 所示:4 掩护后借 2 的闪挡掩护移动到弱侧侧翼。1 传球给 4 投三分球。同时 5 伺机切入篮下(1 也可以传球给 5 上篮)。

如图 2-48 所示:4 接球后如果没有机会投篮,可与 5 形成挡拆配合。

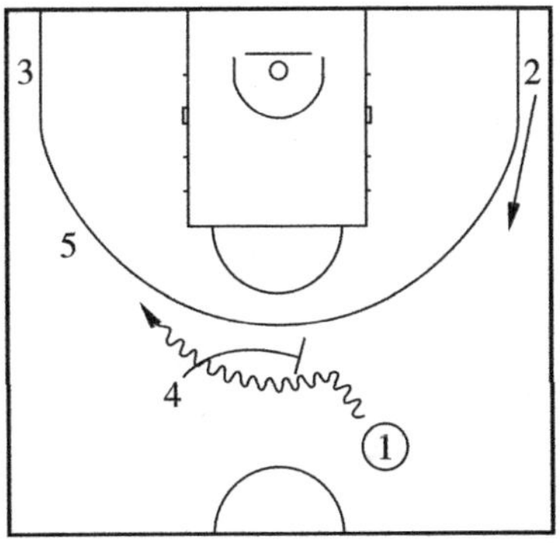

图 2-46

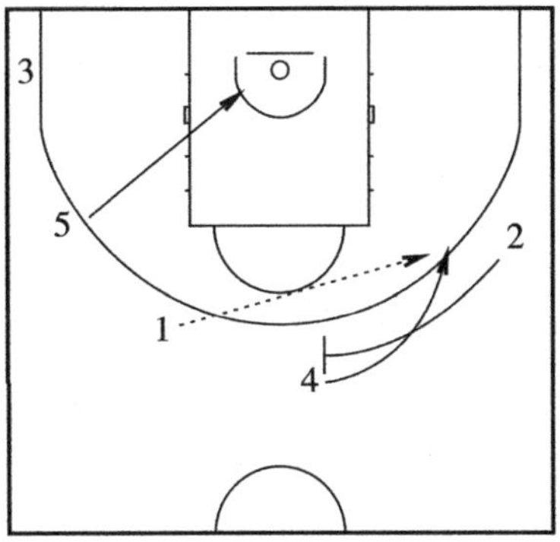

图 2-47

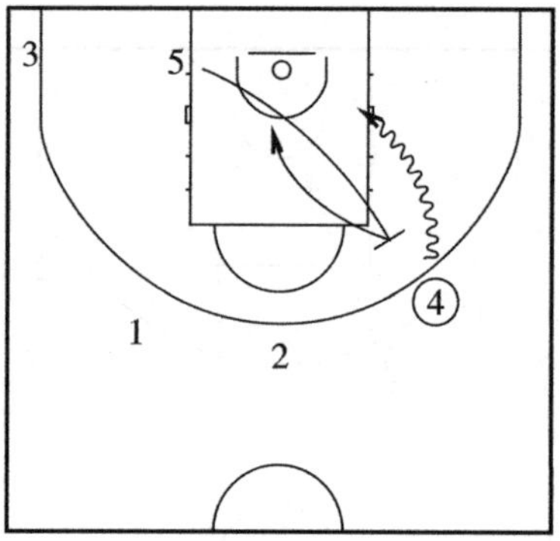

图 2-48

(三)循环闪挡掩护

如图 2-49 所示:弧顶的 1 传球给 3 后,借 2 的掩护移动到对侧侧翼,此时 2 向篮下切入,3 向 1 的方向运球移动,可以选择大范围传球给 1 投三分球,或者塞给切入篮下的 2。5 向上移到补位到侧翼。

如图 2-50 所示:1 接球后没有机会,向 3 的方向运球移动,与此同时 3 借 5 的掩护移动到侧翼位置,而 5 转而切入篮下。此时 1 可以传球给 5 上篮或者给 3 投三分球。

如图 2-51 所示:3 接球后,1 再次借对侧侧翼的掩护发动闪挡掩护配合。

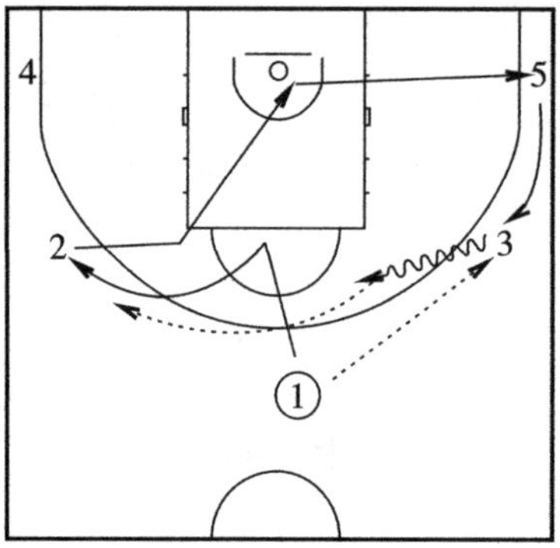

图 2-49

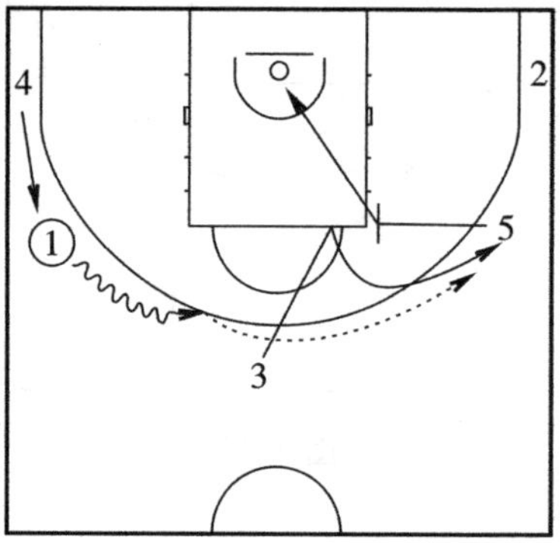

图 2-50

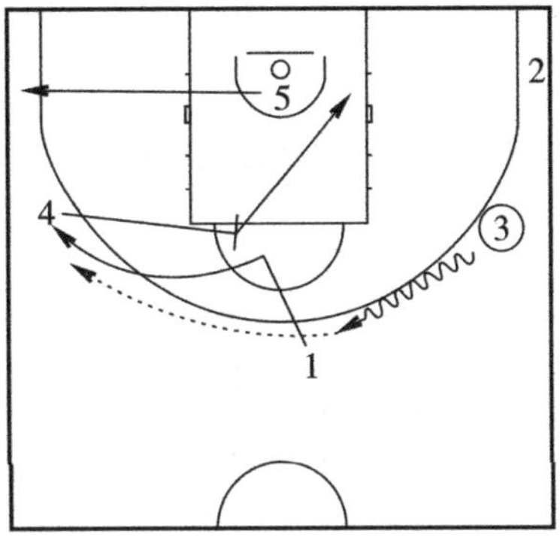

图 2-51

四、无球掩护:连续掩护

(一)UCLA 配合

如图 2-52 所示:1 传球给 5,5 传球给 4,然后 1 和 5 给右侧底角的 2 做连续掩护。

如图 2-53 所示:2 借掩护移动到弧顶靠右的位置,接 4 的传球。2 接球后随即传球给 1,然后 5 和 2 做 UCLA 掩护[由加州大学洛杉矶分校(UCLA)篮球队前主教练约翰·伍登(John Wooden)创立],1 传球给切入篮下的 2。

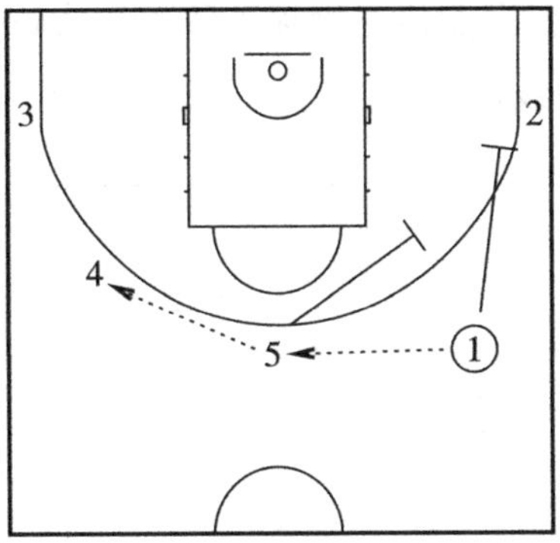

图 2-52

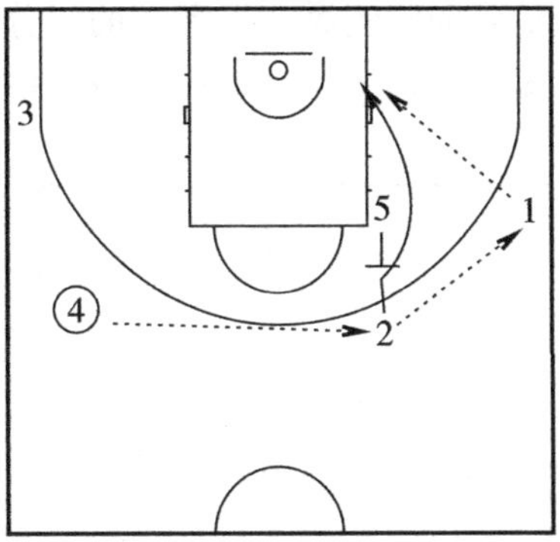

图 2-53

(二)连续掩护后再掩护

如图 2-54 所示:1 传球给 5 后,5 随即传球给 4。然后 1 和 5 给底角的 3

做连续掩护。而3直接绕开1的掩护切入篮下,此时4可以选择传球给3上篮。

如图2-55所示:1再借5的掩护提到弧顶。4如果没有机会给3传球,就传球给1投三分球。

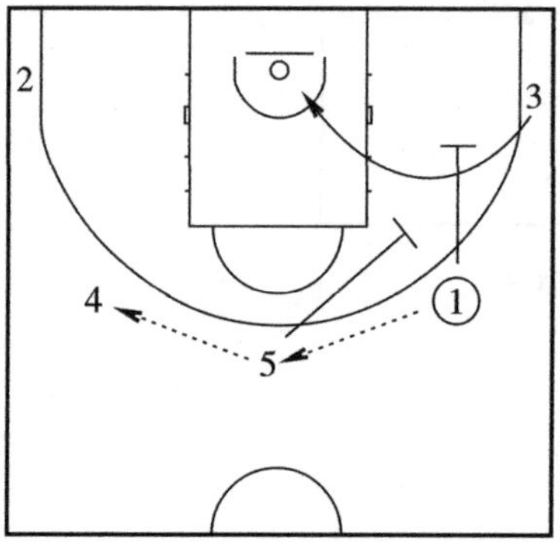

图2-54

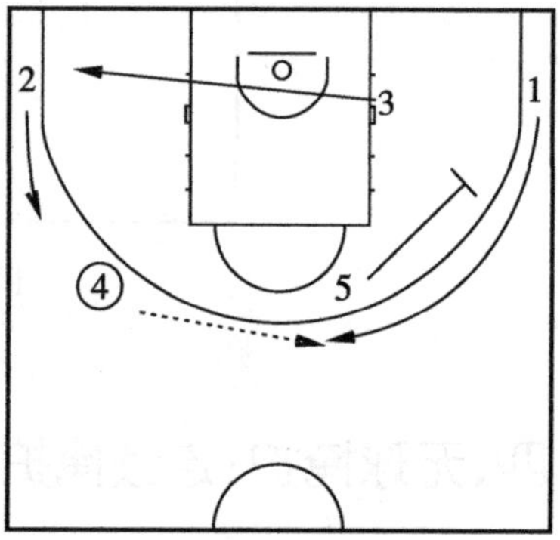

图2-55

(三)连续掩护后内线投篮

如图2-56所示:4和5给弱侧底角的2做掩护,2绕掩护切入篮下,伺机接1的传球进攻。

如图2-57所示:2没有机会,然后去给底角的3做掩护,此时5借4的横掩护到弱侧侧翼获得潜在的三分机会,没能传球则提到弧顶。从底线切出的3立即给4做下掩护,4借掩护向内线切入,伺机接球内线投篮。

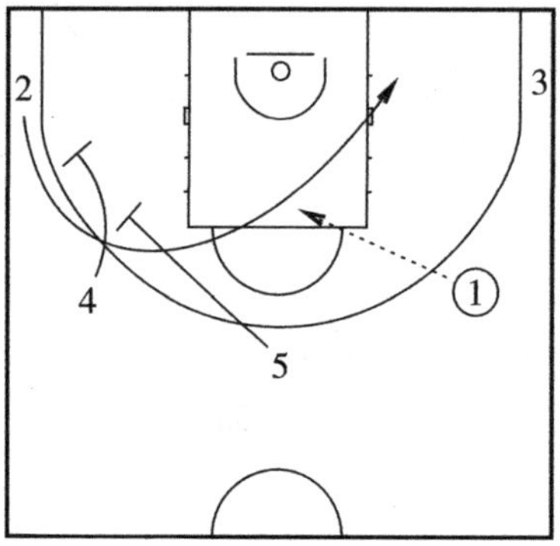

图2-56

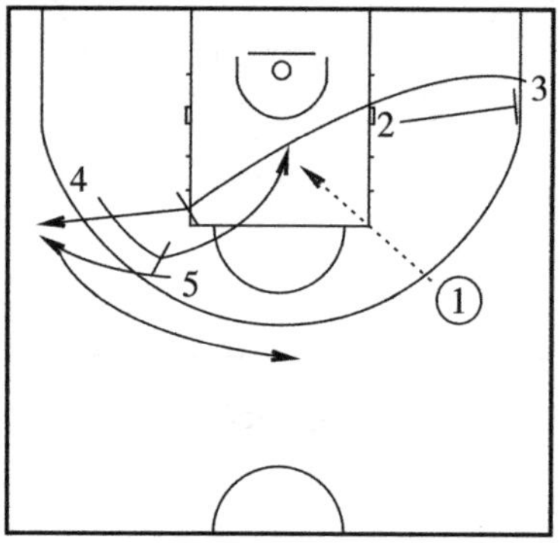

图2-57

第三节 挡拆战术

球员熟练掌握切入和无球掩护的基本技术之后，就能够进一步学习有球掩护的技术，有球掩护（挡拆配合）已经成为现代篮球进攻的支柱。有球掩护能够在任何一次传球后使用，也可以专门安排大个队员传球后使用。

一、基础挡拆战术

（一）弧顶传球给侧翼并做挡拆

如图 2-58 及图 2-59 所示：1 传球给 2 后，随即给 2 做有球掩护。2 借掩护向篮下突破。

如图 2-60 所示：2 在突破过程中可以伺机分球给外线的空位队友。

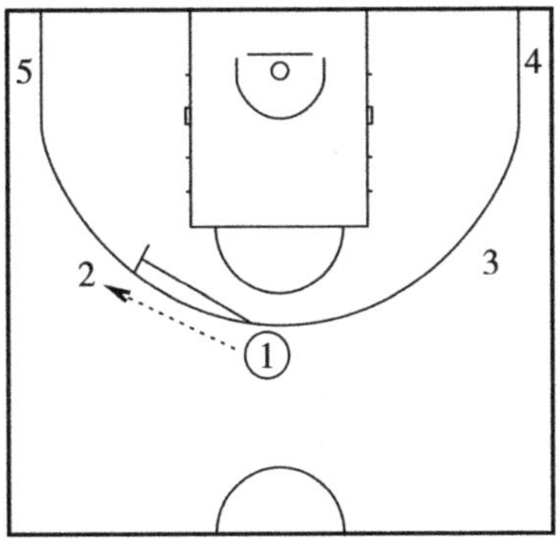

图 2-58

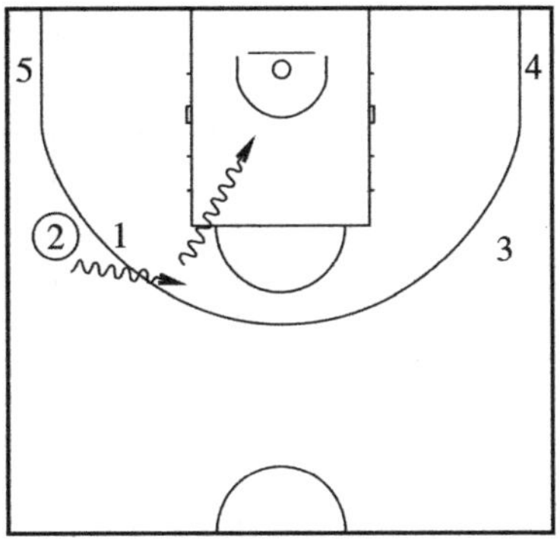

图 2-59

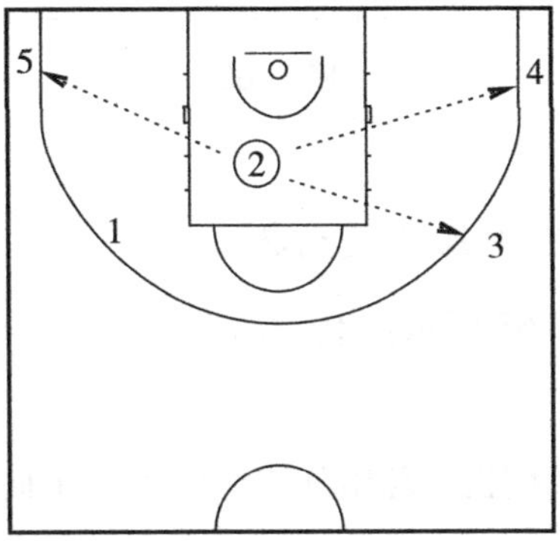

图 2-60

（二）侧翼传球给底角并做挡拆

如图 2-61 及图 2-62 所示：3 传球给 1 后，随即给 1 做有球掩护，1 借掩护向篮下突破。

如图 2-63 所示：1 可以分球给外线空位的队友，3 向外线弹出。

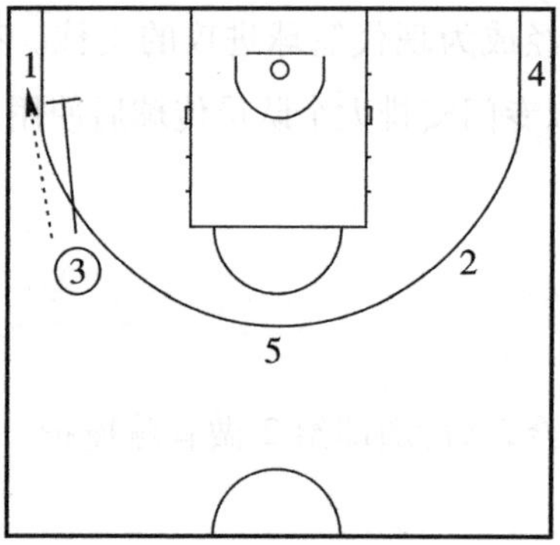

图 2-61

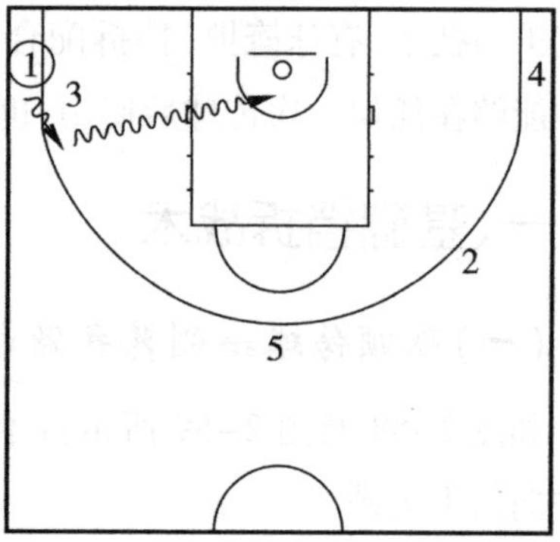

图 2-62

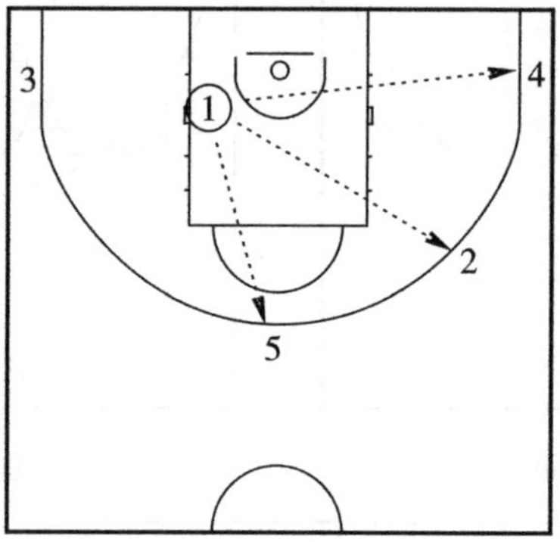

图 2-63

（三）底角传球给侧翼并做挡拆

如图 2-64 及图 2-65 所示：1 传球给 2 后，随即给 2 做有球掩护，2 借掩护向篮下突破。

如图 2-66 所示：2 伺机分球给外线空位队友，1 向外线弹出。

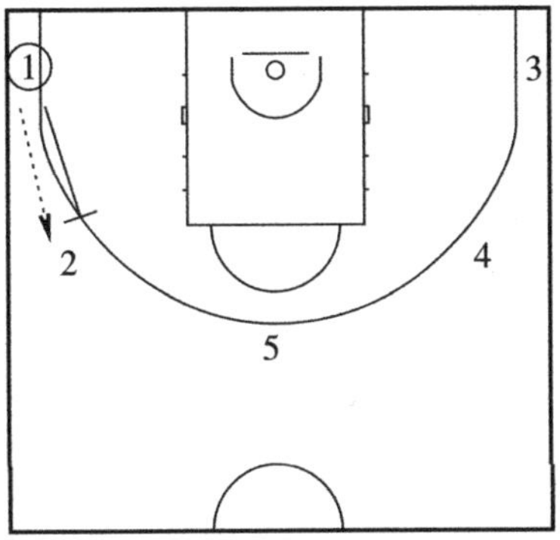

图 2-64

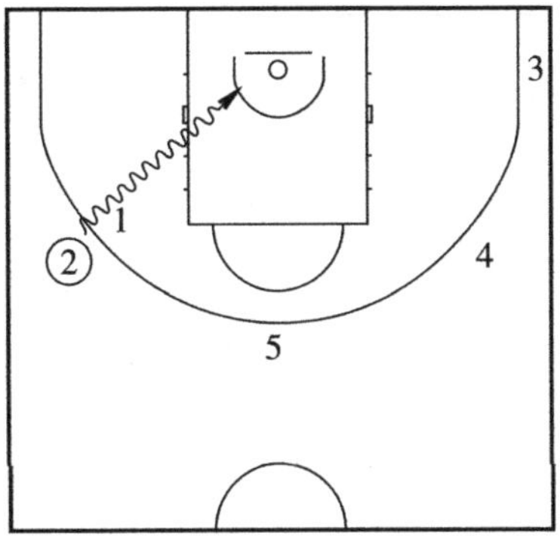

图 2-65

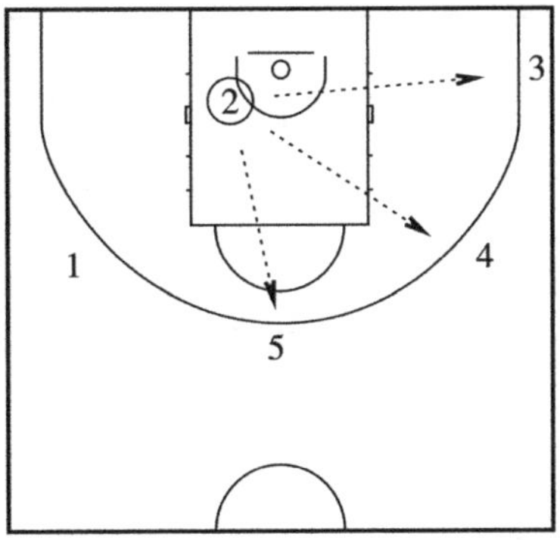

图 2-66

(四)侧翼传球给弧顶并做挡拆

如图 2-67 及图 2-68 所示:3 传球给 1 后,随即给 1 做掩护,1 借掩护突破到篮下。

如图 2-69 所示:1 在突破中伺机传球给外线空位队友,3 弹出外线。

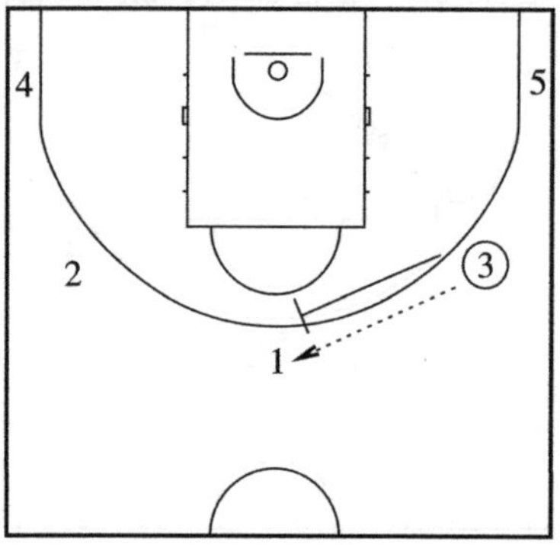

图 2-67

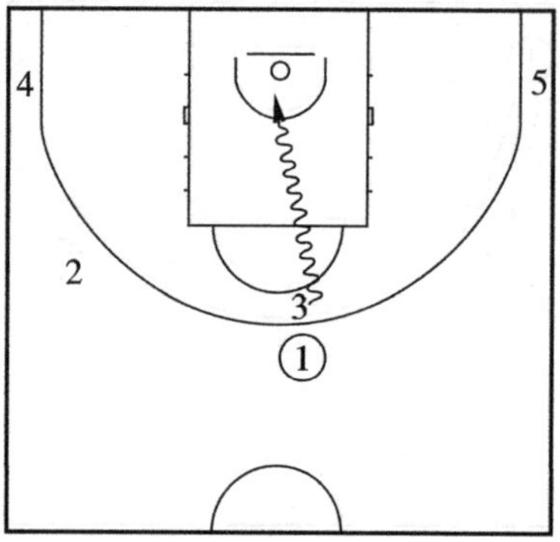

图 2-68

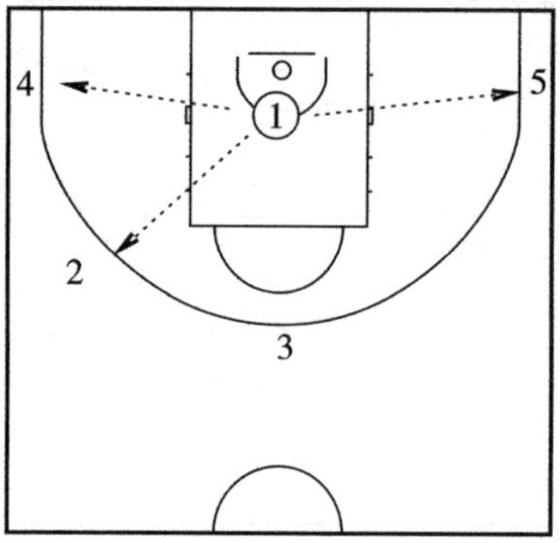

图 2-69

练习要点：

• 弱侧球员切入内线时注意不要阻碍强侧球员的突破路线，以便让防守者做到兼顾防守。

• 一般来说弱侧的两名球员可以通过掩护换位来吸引防守，从而减轻强侧的防守压力。

二、循环挡拆战术

如图 2-70 所示：5 传球给弧顶的 2 后，随即与 2 进行挡拆配合，2 借掩护突破到内线，而 5 转身下顺。左侧的 4 和 1 依次补位。

如图 2-71 所示：2 受到阻碍没有机会则向右侧侧翼运球，传给弧顶的 4

并向内线切入。此时出现一次传切进攻机会。

如图 2-72 所示:如果 2 没有机会,则向右侧底角移动。4 传球给侧翼的 1 并进行挡拆配合,此时战术在左侧进行。1 突破到内线,4 掩护后转身下顺。

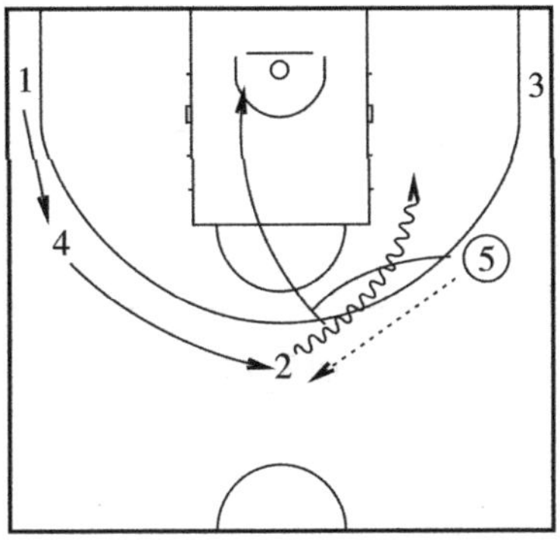

图 2-70

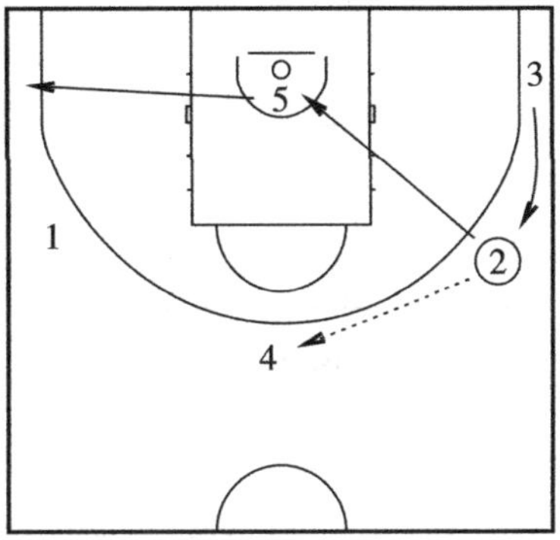

图 2-71

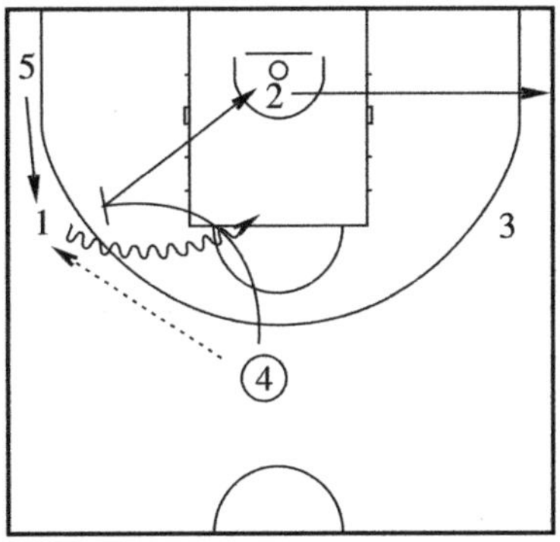

图 2-72

三、UCLA 掩护战术

如图 2-73 所示:3 借 5 的侧掩护向弧顶运球移动,随即传给接应的 2。5 在掩护后转身下顺,1 向侧翼补位。

如图 2-74 所示:2 传球给 1 后,与 5 形成 UCLA 掩护,向弱侧底角移动。

如图 2-75 所示:5 随即和 1 进行挡拆配合,同时 2 沿底线切入。1 可以自己投篮或者传给5、2上篮。

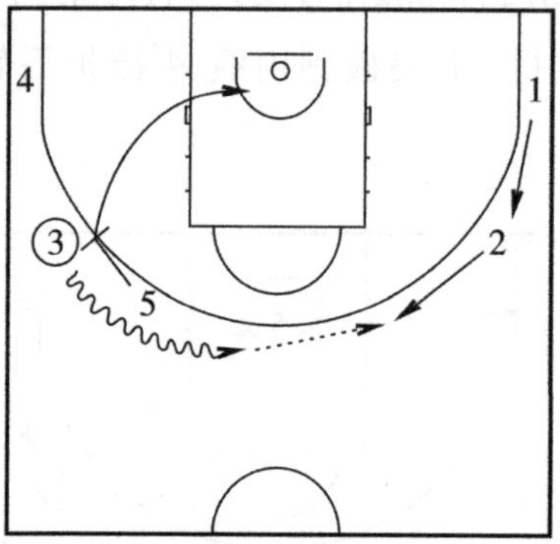

图2-73

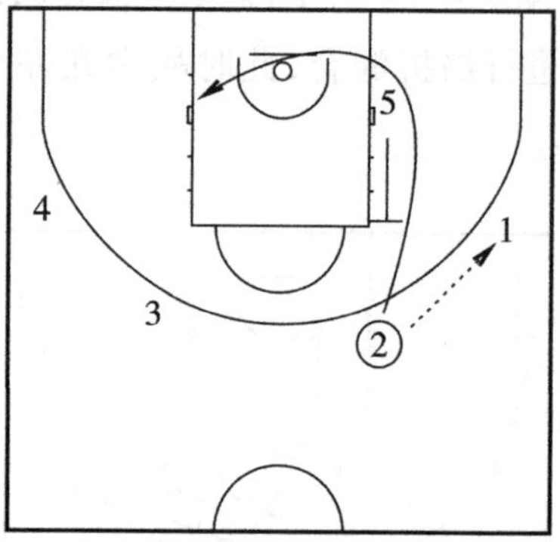

图2-74

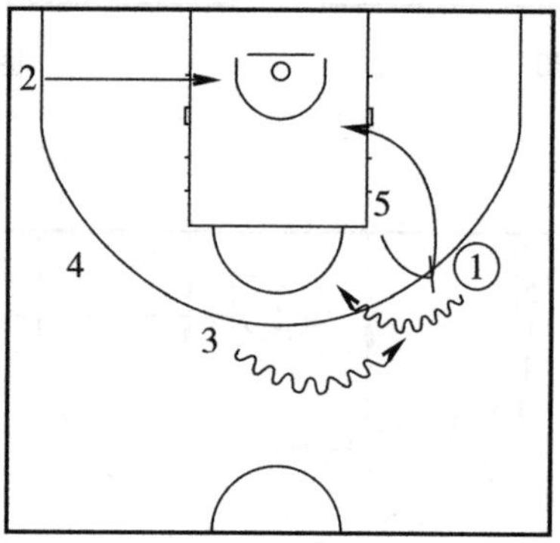

图2-75

第四节　突破战术

当在进攻中出现防守者占据传球路线而阻断直接传球的机会时，除了背切和手递手之外，球员们缺乏有效的进攻手段保持进攻连续性并创造传球机会。因此，突破分球的引入能够丰富球队的武器库，从而应对防守。对于年轻球员而言，通过运球突破进攻篮筐能够帮助他们获得机会。“5外”移动进攻的站位能最大限度地为持球者打开突破的通道，结合无球球员的合理移动，形成良好的传球角度，创造得分机会。如果突破受阻，传球给接应队友然后由他继续突破，从而保持进攻的连续性。

球队需要在防守球员协防时创造接球得分机会。如图 2-76 所示，有四个接球点位（篮板边缘和肘区内侧）：当突破到禁区时，底线的两个位置以及弧顶都应该各有一名防守球员。球员实际的位置取决于防守者的站位。当球员右手（左手）向内线突破时，其他球员应该向右侧（左侧）的下一个点位轮转。

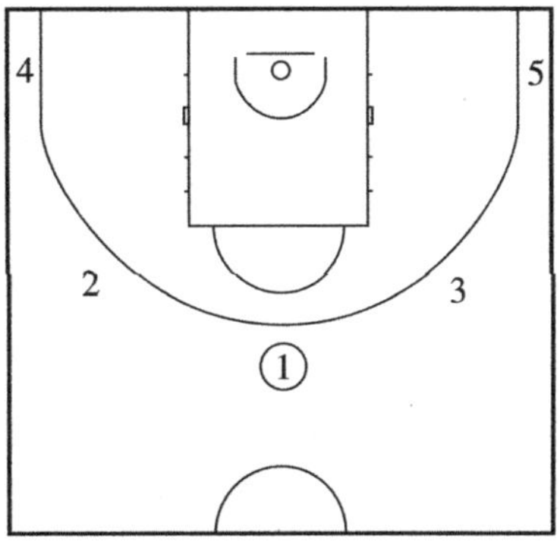

图 2-76

突破配合要点：

• 无球球员补位到运球者身后作为他的接应，突破后可以跳步急停，以靠近防守者的脚为轴进行回传球。

• 给予运球者在同一侧至少一个传球选择（直接能传球而不是间隔着防守者传球）。

• 无球球员确保传球路线上没有防守者或其他球员，让传球球员直接看到自己。

• 持球球员能够安全地将球回传到弧顶。

特别提醒年轻球员，要让队友切入内线进入投射范围，从而形成较短的传球距离，并使其占据篮板位置。

一、基础突破战术

（一）右手运球弧顶突破

如图 2-77 所示：1（弧顶持球者）右手运球突破，4 和 5 随即切入内线接球位置。弱侧侧翼的 3 轮转到 1 的身后三分线外准备接球。而 2 向底角处滑动，如果 2 的防守者选择横向协防 1 的突破，那么 2 伺机接应传球。此时，1 可以传球给 2，5 或者外线的 3。

如图 2-78 所示：1 突破受阻，回传给弧顶的 3 后切出到侧翼，而 4 和 5

切回到原位。此时转为3重新发起进攻。

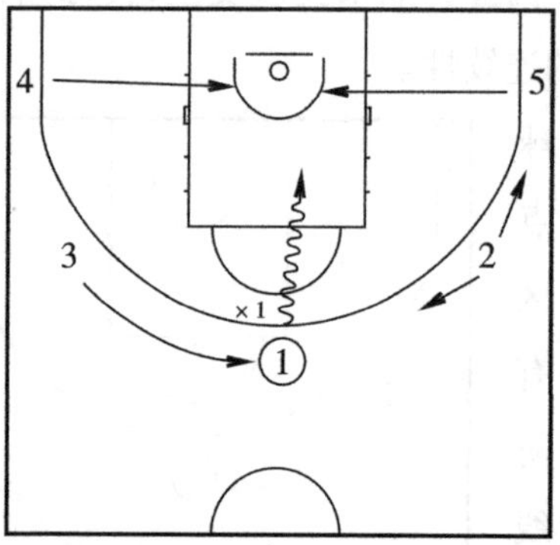

图2-77

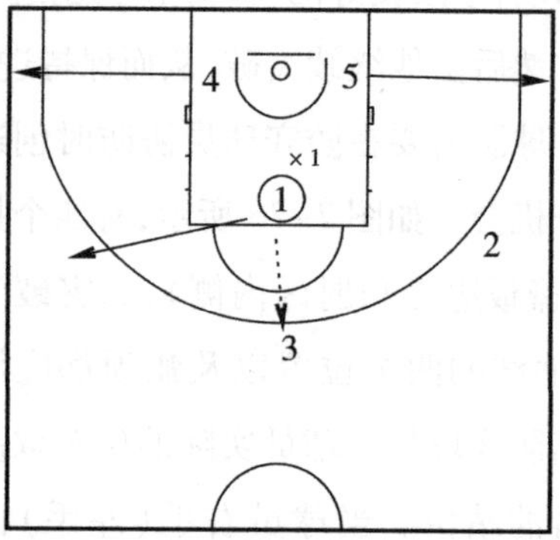

图2-78

(二)左手运球弧顶突破

如图2-79所示:1从弧顶左手运球突破,4和5切入内线接球位置,3轮转到弧顶作为接应。2则沿着三分线滑动寻找接球位置。

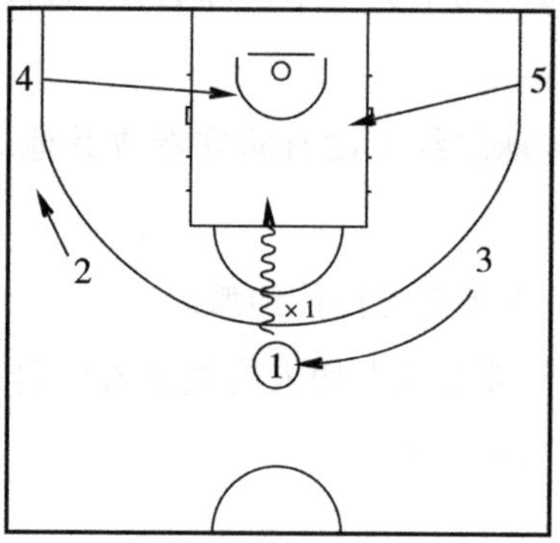

图2-79

(三)侧翼运球中路突破

如图2-80所示:2从侧翼向中路突破,4和5切入内线接球位置。1和3向2的方向轮转。2可以传球给4和5,也可以回传给身后的1。回传到外线后可以重新组织或直接进攻。

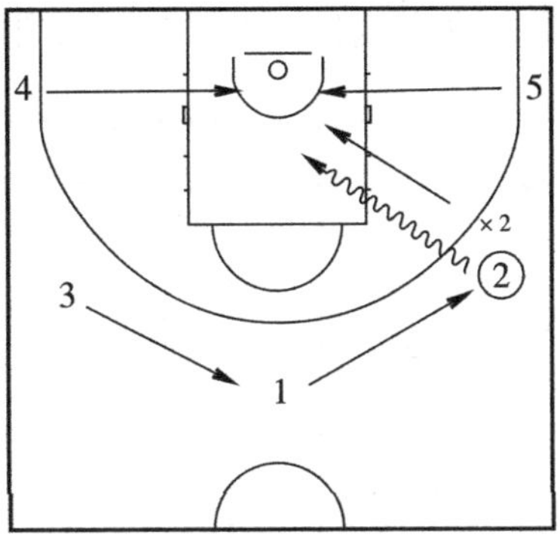

图 2-80

（四）侧翼运球底线突破

如图 2-81 所示：2 持球从侧翼向底线突破。此时 4 从弱侧切入接球位置，而 5 应当保持底角位置避免阻碍突破路线，1 和 3 向 2 的方向进行轮转。

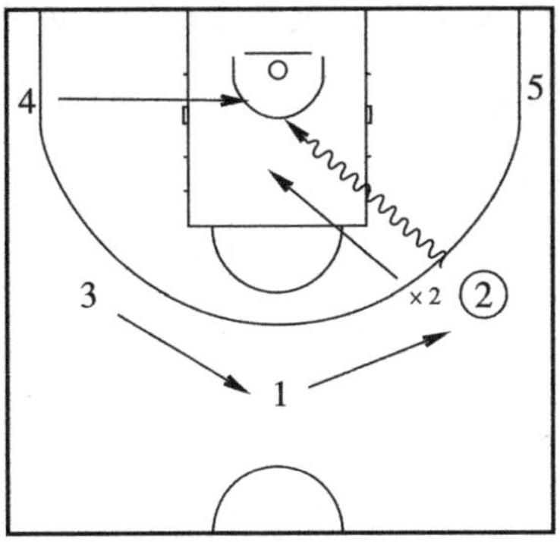

图 2-81

（五）底角运球突破

如图 2-82 及 2-83 所示：4 在底角持球从底线突破（上线和下线突破），5 从弱侧底角向内线切入。3 向强侧底角补位形成接应，1 随即向强侧侧翼移动，而 2 根据防守情况选择切入弱侧肘区或向弧顶移动。4 可以传球给 5 或者身后的 3（又或者甩给 1 或 2）。在高年龄的队伍中，5 和 2 如果有三分投射能力可以待在三分线外。

所有人进行轮转，对侧底角的 5 回到原位，常规传球要直接向前。3 是 4

身后的接应，1 在 90°（切到强侧肘区），2 在 45°（切到弱侧肘区）。

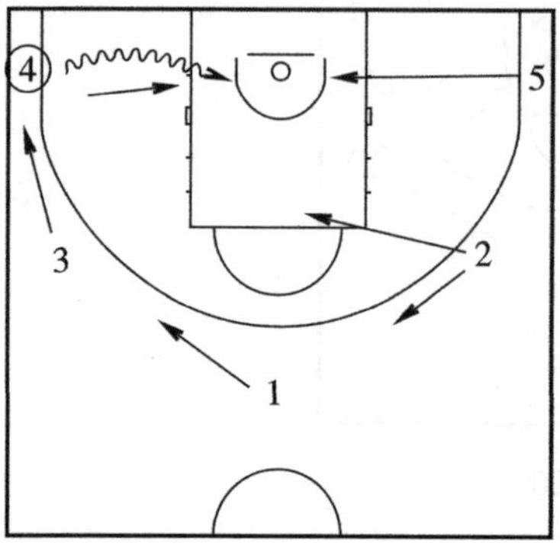

图 2-82

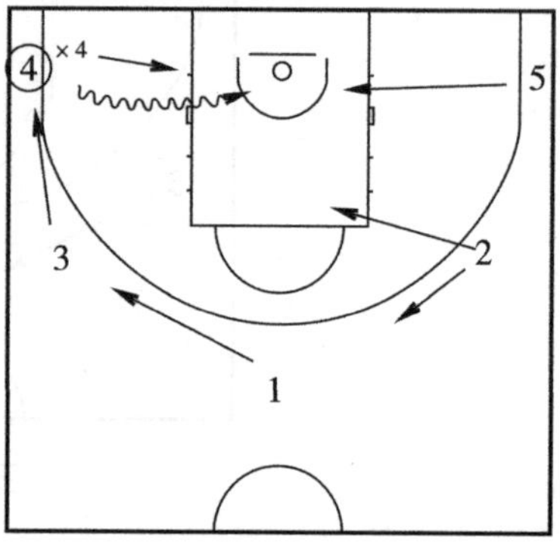

图 2-83

二、手递手突破分球

如图 2-84 及图 2-85 所示：1 向 2 的方向运球，1 和 2 做手递手配合，将球交给 2。2 接球突破进入内线，在突破过程中遭遇协防时，将球传给外线空位的队友，接着，弹出外线保持"5 外"移动进攻的初始站位。

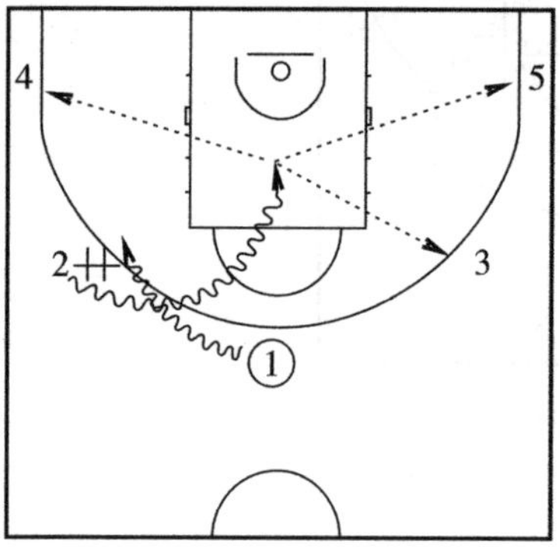

图 2-84

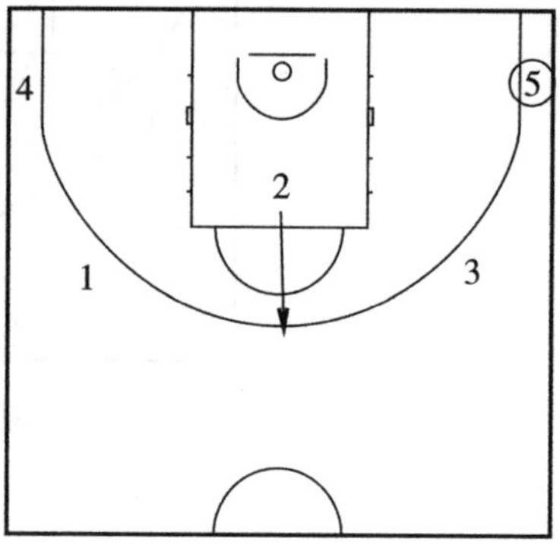

图 2-85

手递手配合要点：

• 1 要使用外侧手运球，将球递交给 2 时，顺势做掩护，两人的配合类似于挡拆配合。1 可以根据情况选择弹出外线或下顺。

• 当进行手递手配合时，传球者将双手放在球的上下两端，这使得接球者可以舒服地从球的两侧拿球进攻。

第三章
“5 外”移动进攻转换战术

在防守端获得篮板球后，球队往往希望获得更快的速度和更广的进攻空间，那么首先就要尝试通过发动转换，形成“5 外”移动的早期进攻。

如图 3-1 及图 3-2 所示：为了顺畅地形成“5 外”的空间，多数球队会让他们的侧翼 2 号位、3 号位在转换中移动到较深的底角位置，从而吸引防守球员拉低他们的防守位置。之后接到一传的 1 将球带到球场的一侧，同时 4 移动到另一侧。一般来说，教练会让 5 做出简单的判断。如果在转换中 5 在球的前面，就插入篮下；如果在球的后面（5 在防守端抢到篮板，或是在内线），就移动到弧顶。

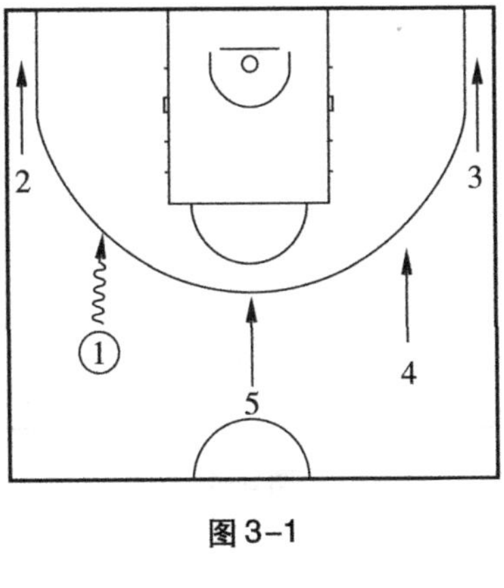

图 3-1

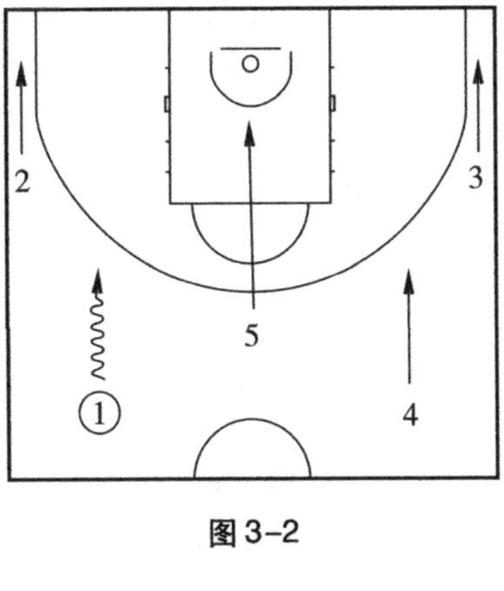

图 3-2

第一节　拖车掩护发动进攻

拖车掩护(drag)可能是在所有级别比赛中被运用最多的二次快攻战术之一。这也间接证明了其简洁性和有效性。简而言之,拖车掩护是在转换进攻中的一种掩护配合,掩护者通常是跟随在球后的大前锋或中锋。理想的情况是,掩护者伺机在三分线内做拖车掩护,从而使得控球者能够在防守球员绕过掩护时投三分。掩护者也可以改变掩护角度,让防守者"抢过"掩护并选择下顺,从而在进攻中立刻形成短暂的数量优势。

一、"分散"拖车掩护

如图 3–3 所示:转换中 1 持球到侧翼槽点位置,5 从中路跟进。此时 2 位于强侧底角,因此强侧有三名球员,而 3 和 4 分别位于弱侧底角和侧翼。

如图 3–4 所示:5 在三分线内给 1 做有球掩护,1 借掩护中路突破,5 随即下顺。2 在 1 过掩护后再上提到侧翼。

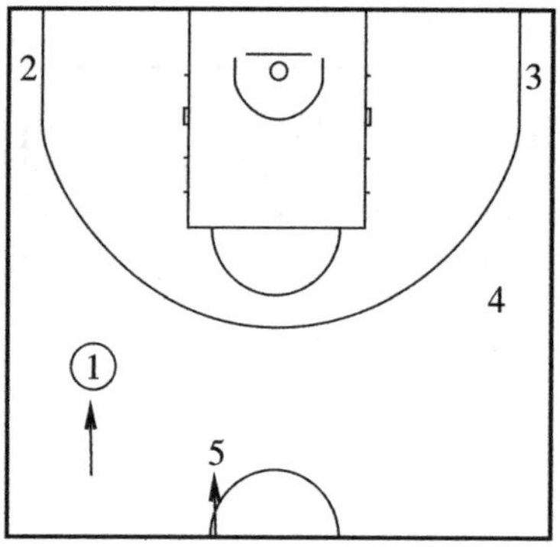

图 3–3

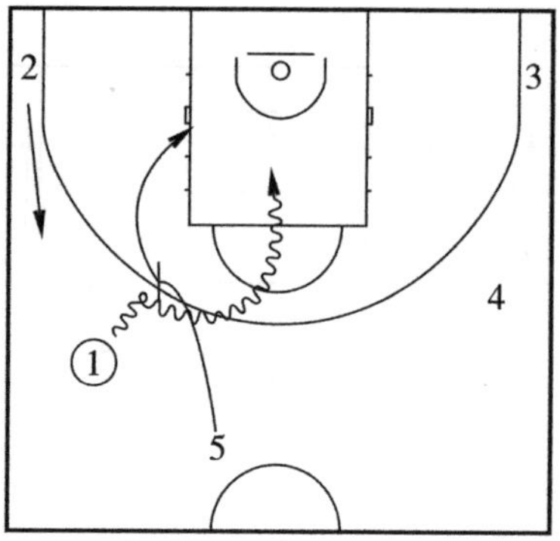

图 3–4

拖车掩护发生时,弱侧球员(3 和 4)有以下不同选择。

(一)闪挡掩护

如图 3–5 所示:3(弱侧底角球员)给 4(弱侧侧翼球员)做无球掩护。

4 借掩护移动到底角,获得一个潜在的接球三分机会。弱侧的闪挡掩护对于吸引内线防守队员协防具有很好的效果。

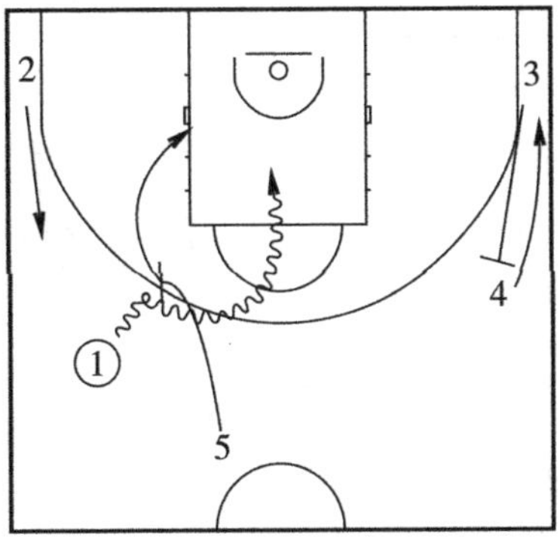

图 3–5

(二)下掩护弹出

如图 3–6 所示:与闪挡掩护相似,4(弱侧侧翼球员)给 3(弱侧底角球员)做掩护,3 借掩护移动到侧翼,获得一个接球空位三分机会;或者至少可以吸引弱侧防守球员的注意,减轻强侧进攻压力。

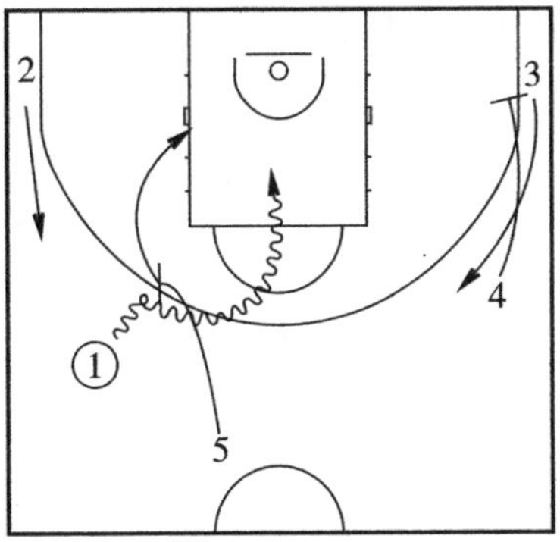

图 3–6

(三)保持空间

如果弱侧的 3 和 4 都是投手,他们可以简单地待在原地,同时做好接球投篮准备。

(四)直接换位

如图 3-7 所示:让弱侧两名球员直接换位也是吸引防守的一种方式。

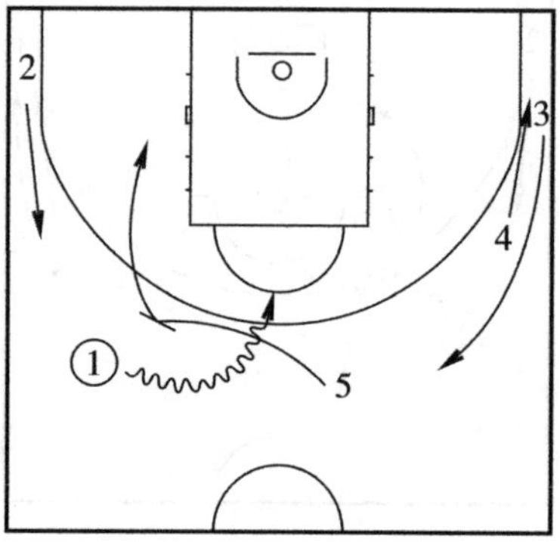

图 3-7

(五)45°切入

如图 3-8 所示:当弱侧防守者向强侧偏移协防时,4 可以从 45°切入篮下,然后 3 上提到侧翼补位。这迫使 3 的防守者做出选择:要么协防 4 的切入上篮,要么继续跟随 3。当选择内线协防时,3 获得外线三分机会;当选择继续防守 3 时,4 获得接球上篮机会。

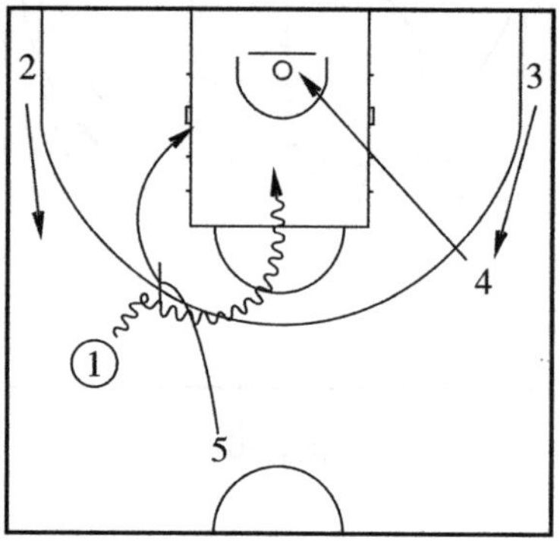

图 3-8

二、“清空一侧”拖车掩护

如图 3-9 及图 3-10 所示：强侧完全拉开，除 1 和 5 外，其他球员不参与，而是分布在弱侧，理想化的情况是在侧翼做配合。强侧底角被拉空，因此协防掩护者下顺的防守者被带开。这给防守拖车掩护的两名防守球员在交流和防守中都增加了压力。

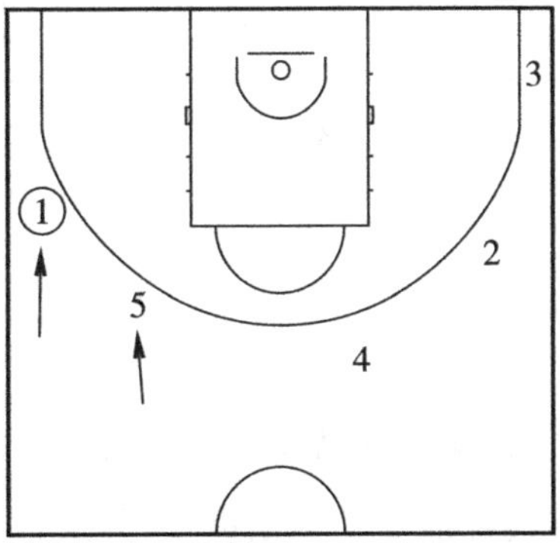

图 3-9

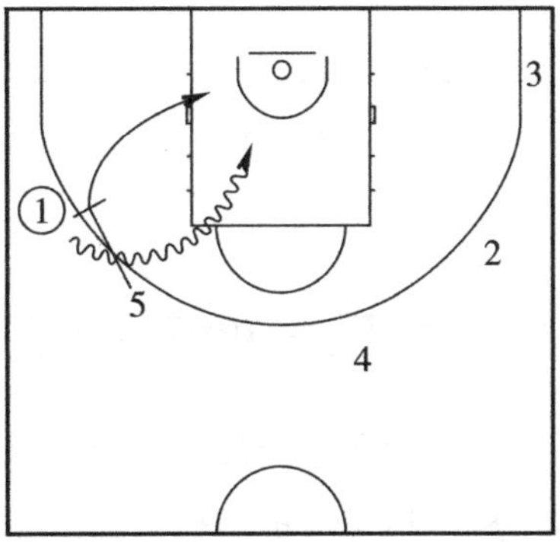

图 3-10

三、双拖车掩护

双拖车掩护是指两名球员在转换中给持球球员做掩护。通常双拖车掩护在中路发生，而另外两名球员则分别落位在底角。双拖车掩护通常由 4 号位和 5 号位球员完成。

如图 3-11 及图 3-12 所示：在转换过程中，4 首先给 1（持球人）做拖车掩护，而后移动到外线，5 给 1 做第二个拖车掩护然后下顺。5 在掩护后下顺能够给防守方的换防增加难度。如果防守方换防，就可以通过 5 内线错位单打或者 1 面对较慢的防守球员来寻求突破。

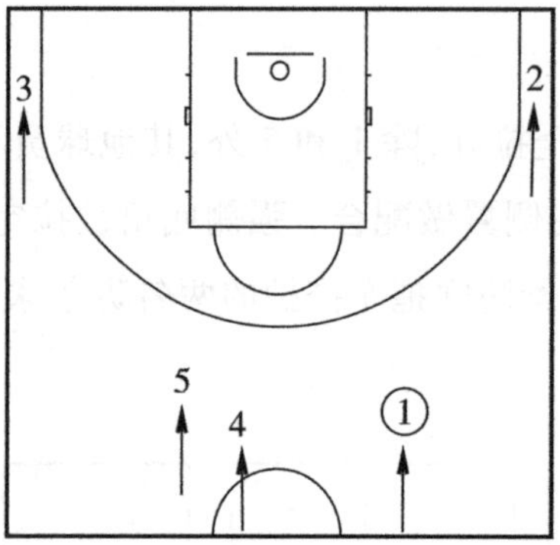

图 3-11

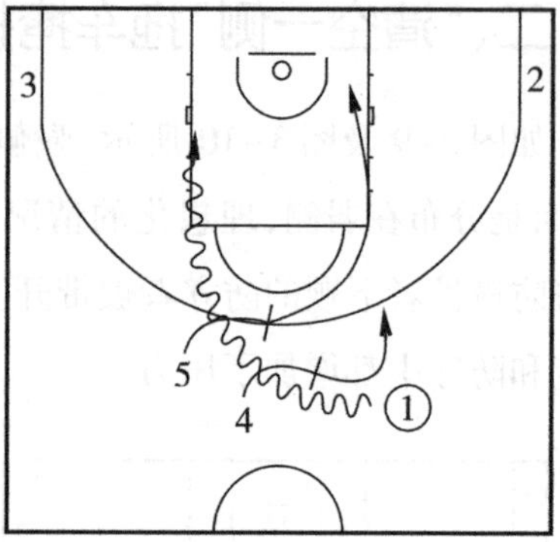

图 3-12

四、“手递手换位”拖车掩护

“换位”拖车掩护是另一个常用的“5 外”移动进攻拖车掩护战术。其落位与“分散”拖车掩护类似。该战术能够很好地发动早期进攻，并通过迫使防守者转换中立即防守连续进攻动作（手递手+拖车掩护）来施加压力。

如图 3-13 及图 3-14 所示：转化进攻中 1 首先与强侧的 2 做手递手换位。在 5 做拖车掩护前，2 快速移动接 1 手递手传球。1 顺势向底角移动。2 与 5 做拖车掩护，5 下顺而 2 中路突破。此时，1 可以摆脱防守或提上到侧翼原本 2 所在的位置，准备接突破分球投篮。弱侧球员（3 和 4）与“分散”拖车掩护中的选择相同。

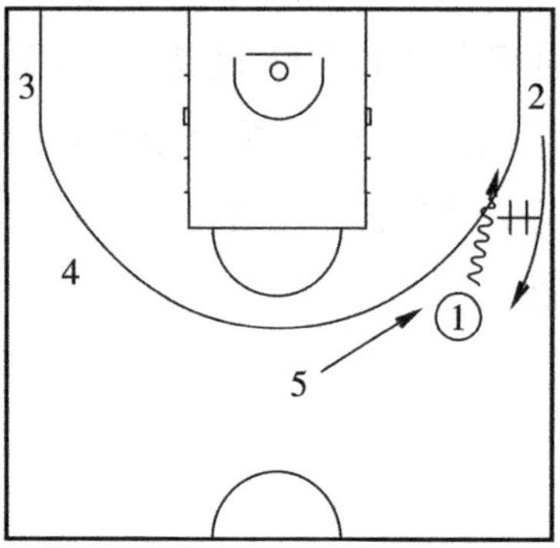

图 3-13

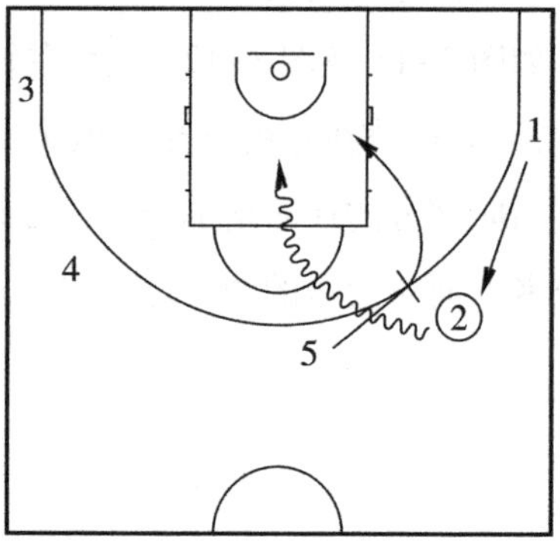

图 3-14

此外,该战术中有很多得分选择——2可以借掩护中路突破伺机得分,也可以传球给下顺的5,或者分球给外线做投篮、突破或内线塞球。

第二节 手递手掩护发动进攻

一、“Zoom”配合

如图3-15及图3-16所示:1(持球人)传球给弧顶跟进的5。然后5可以沿三分线向任何方向运球。此时,强侧侧翼的4给底角的3做低位掩护。3(底角球员)会在快速通过掩护之前调动防守者,然后与5做手递手配合。3在手递手后伺机传球给底角并攻击内线。

如图3-17所示:手递手之后,5向篮筐下顺。同时,做低位掩护的4摆脱防守或直接提到侧翼准备接突破分球。这个上提也迫使防守者做出选择——协防下顺的5,或者继续跟防侧翼的4。

弱侧球员(1和2)与“分散”拖车掩护中的选择相同。

此外,球员运球加速通过手递手传球给底角,同时5要坚决向篮下下顺。这能够使防守崩溃从而形成分球给底角的空位投三分球。

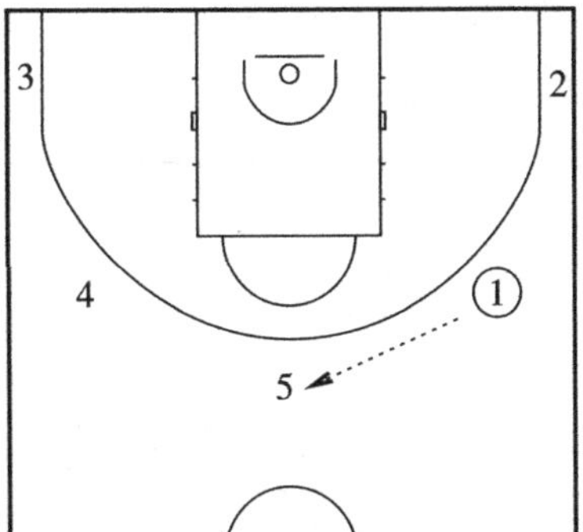

图3-15

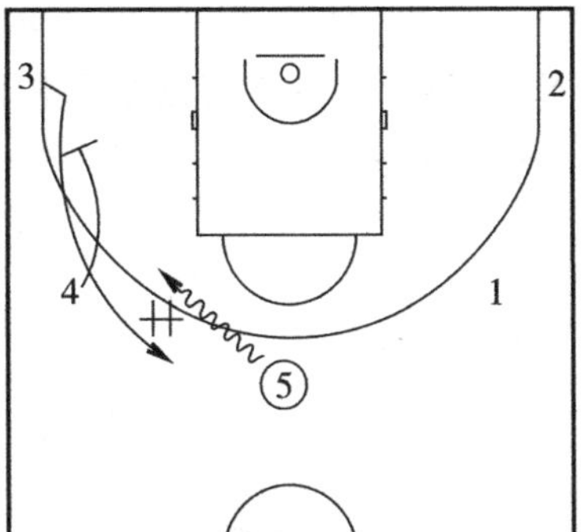

图3-16

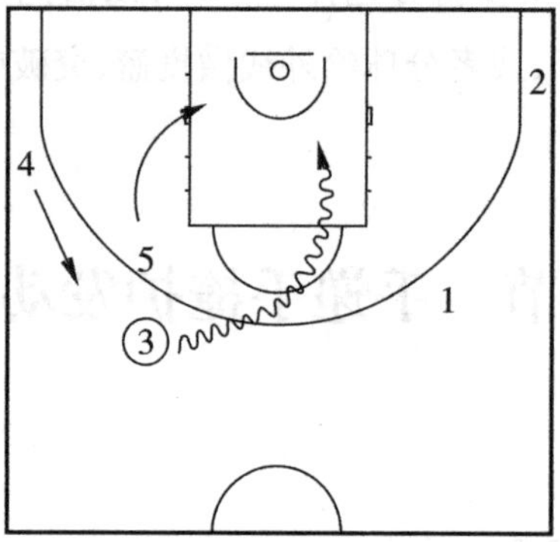

图 3-17

二、"Get"配合

"get"配合时形成早期进攻是"5 外"移动转换进攻的最后一个战术。在该战术中,持球者传球给一名球员(通常是大个儿球员)并立即通过手递手配合再次持球。接下来所做的进攻选择与挡拆配合相同。"get"配合是一种快速而高效的双人配合,当 5 在罚球线以外接到球时很容易触发。

如图 3-18 及图 3-19 所示:从边路推进到前场的 1 传球给弧顶的 5,5 随即用外侧手向 1 运球移动,1 迎上做手递手配合。

如图 3-20 所示:1 持球向中路突破,5 向内线下顺。如果 1 的防守球员跟随他穿过手递手到弧顶,则 1 伺机传球到底角从而突破内线。同时 5 向篮筐切入。当 1 的防守球员绕过手递手时,如果 1 是一名纯射手就可以伺机接球投篮;如果 1 不是,5 可以在手递手后转身切入篮下。

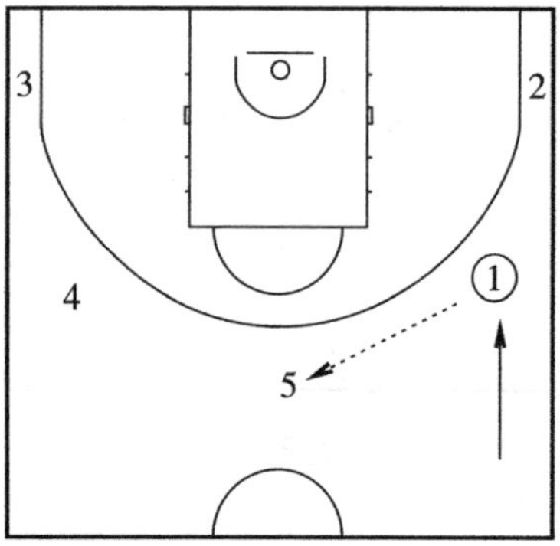

图 3-18

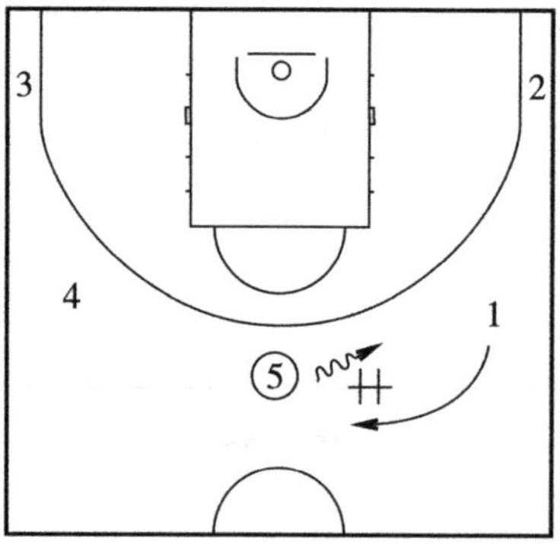

图 3-19

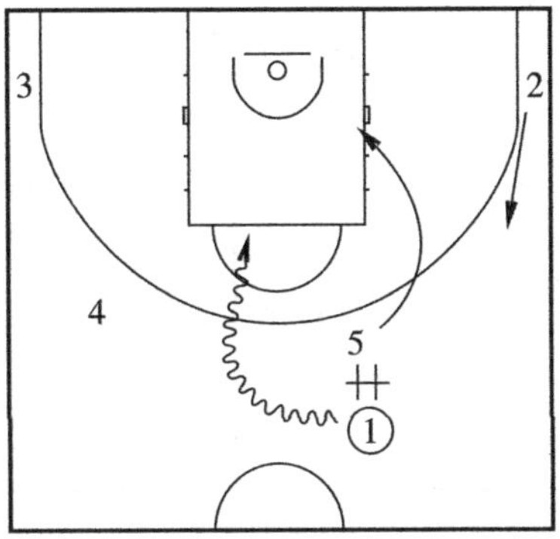

图 3-20

第三节 无球掩护发动进攻

一、传球后连续掩护

如果球队中有纯射手在场上,传球后连续掩护在“5 外”选项之内,能够在进攻回合中实现高命中率的投篮。该战术的优势在于应用起来非常简单。连续掩护非常难以防守,因为它要求三名球员参与防守,而且他们必须始终保持交流。

如图 3-21 及图 3-22 所示:战术开始后,1(持球人)传球给中路跟进的 5,然后 5 回传给对侧侧翼的 4。1 和 5 接着给 2 做连续掩护,2 借掩护移动到弧顶接 4 的传球投篮。

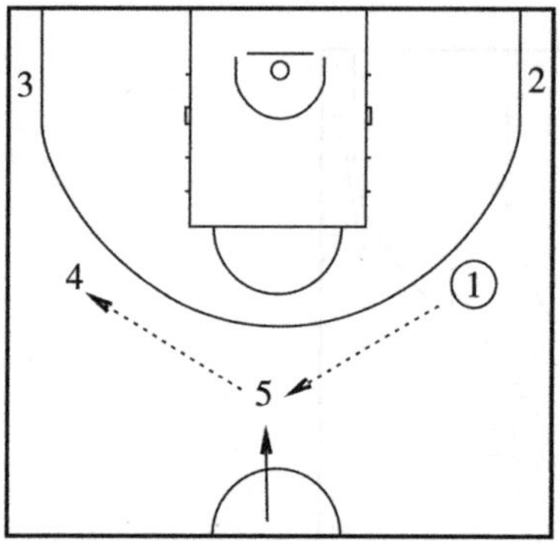

图 3-21

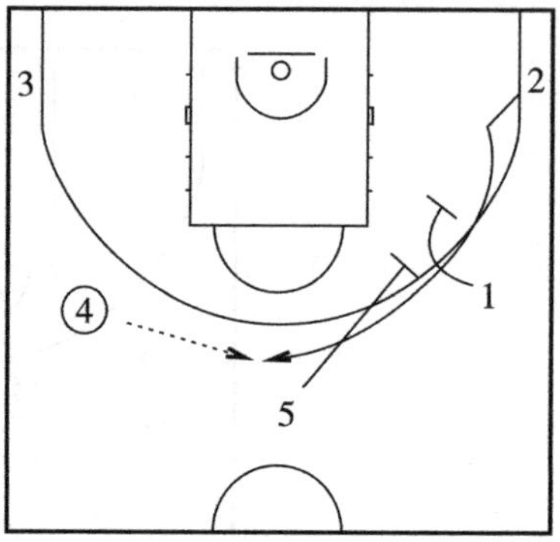

图 3-22

根据防守者的不同防守方式,可以做出以下变化。

(一)传球后连续掩护+绕掩护切入

如图 3-23 所示:中路跟进的 5 接 1 传球后,回传给对侧侧翼的 4。

如图 3-24 所示:1 和 5 给 2 做连续掩护,而×2(2 的防守球员)跟随 2 穿过掩护,那么 2 就伺机绕切篮下并接 4 的传球上篮。

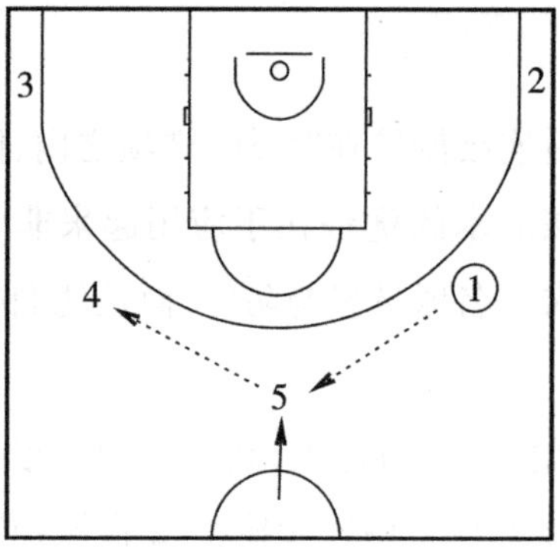

图 3-23

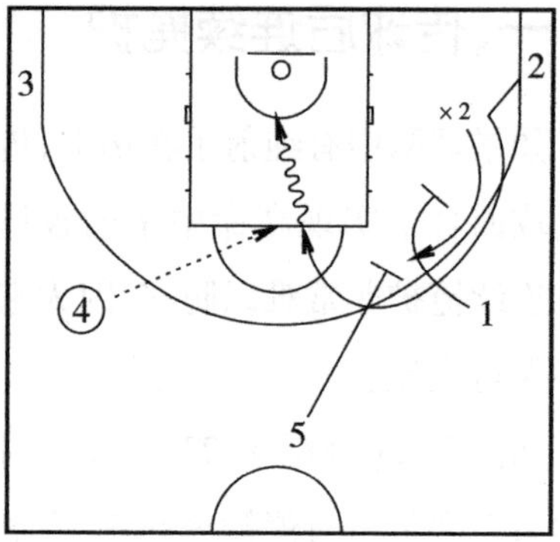

图 3-24

(二)传球后连续掩护+直接背切

如图 3-25 所示:中路跟进的 5 接 1 传球后,回传给对侧侧翼的 4。

如图 3-26 所示:×2(2 的防守球员)强延误,2 可以不再借助掩护而伺机背切,此时 1 可以借助 5 的下掩护弹出到弧顶。

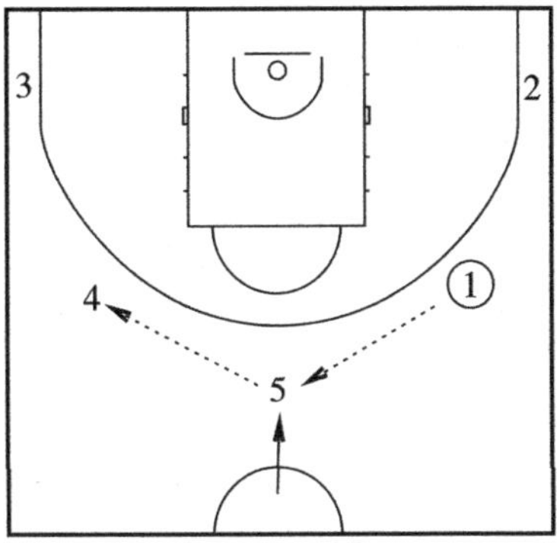

图 3-25

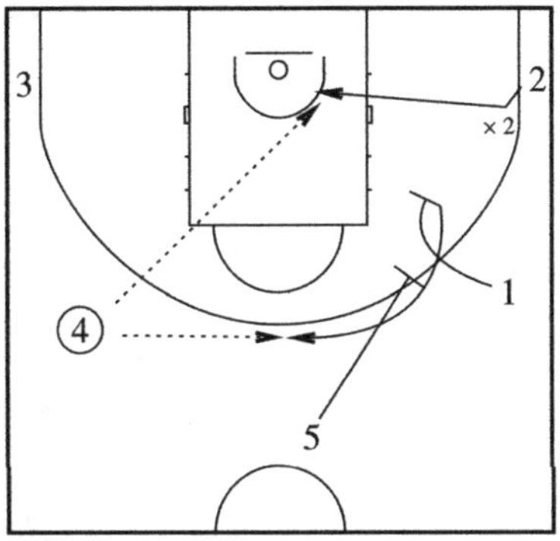

图 3-26

(三)传球后连续掩护+中路挡拆配合

如果最初的连续掩护没能传造出进攻优势,就可以采用中路挡拆配合继续进攻。

如图 3-27 及图 3-28 所示:中路跟进的 5 接 1 传球后,回传给对侧侧翼的 4。1 和 5 给 2 做连续掩护。

如图 3-29 所示:如果掩护后没机会,5 随即给 2 做有球掩护,进行挡拆配合。

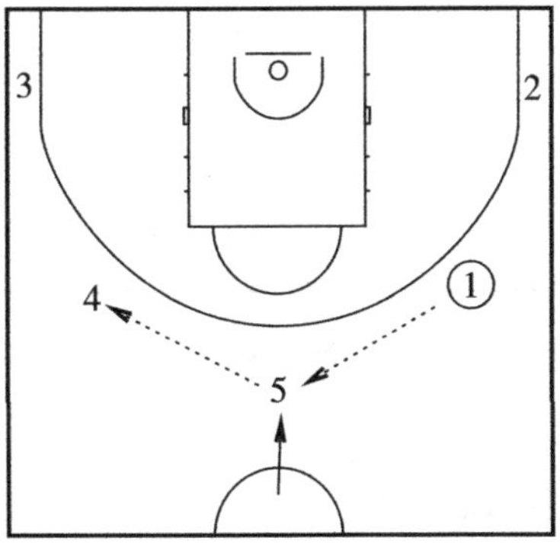

图 3-27

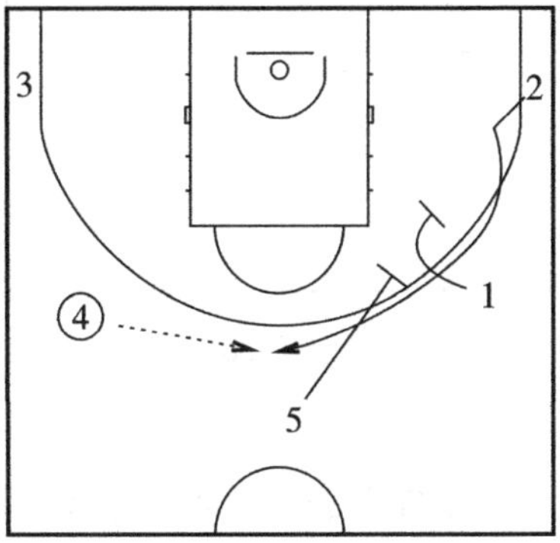

图 3-28

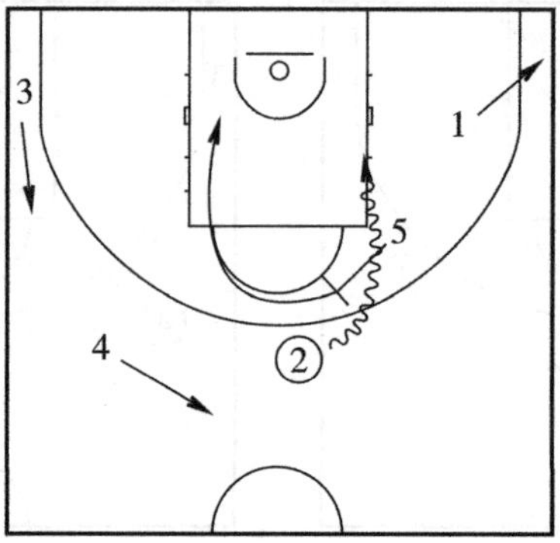

图 3-29

二、单人无球掩护

如图 3-30 所示：1 传球给弧顶的 5，然后 5 传给对侧侧翼的 4。

如图 3-31 所示：5 传球后随即给 1 做反掩护，1 移动到弧顶接球投篮。

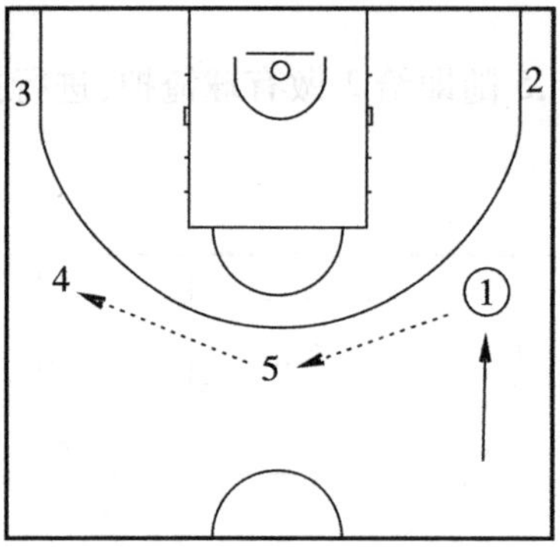

图 3-30

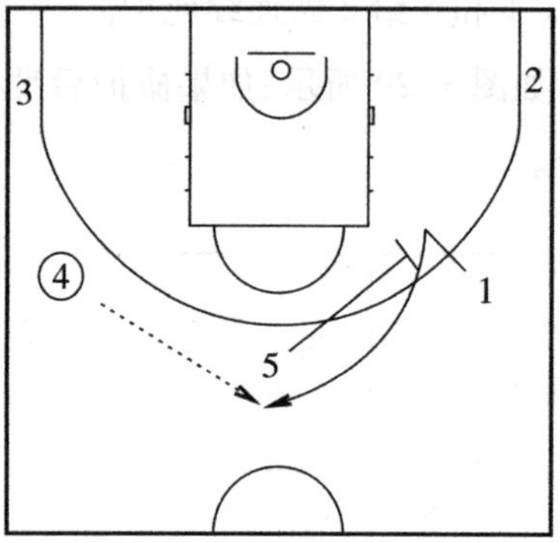

图 3-31

根据防守者的不同防守方式，可以做出以下变化。

（一）单人反掩护+绕切

如图 3-32 所示：1 传球给弧顶的 5，然后 5 传给对侧侧翼的 4。

如图 3-33 所示：如果×1（1 的防守球员）抢过掩护，1 应该伺机向篮下绕切并接球上篮。

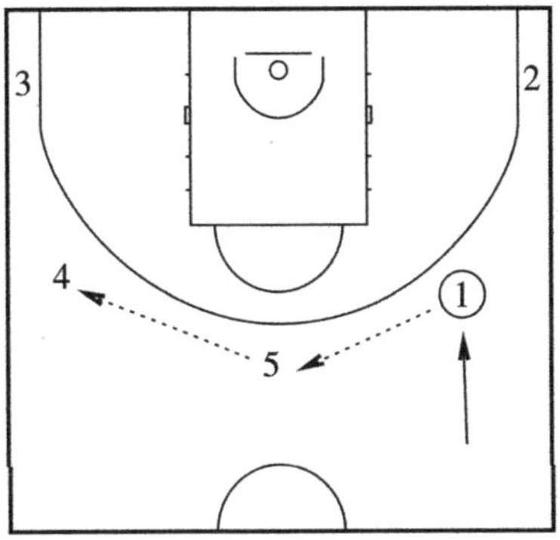

图 3-32

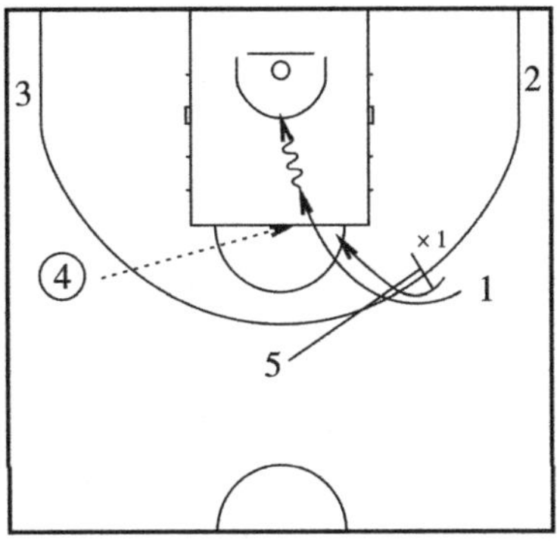

图 3-33

(二)单人反掩护+背切

如图 3-34 所示:1 传球给弧顶的 5,然后 5 传给对侧侧翼的 4。

如图 3-35 所示:当×1(1 的防守球员)强延误时,1 直接背切到篮下接球上篮。

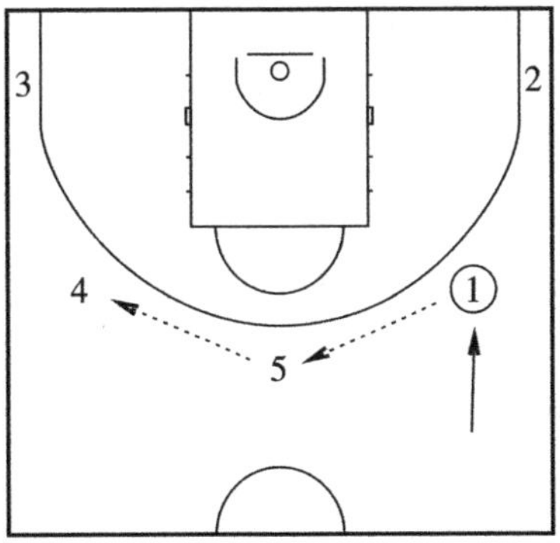

图 3-34

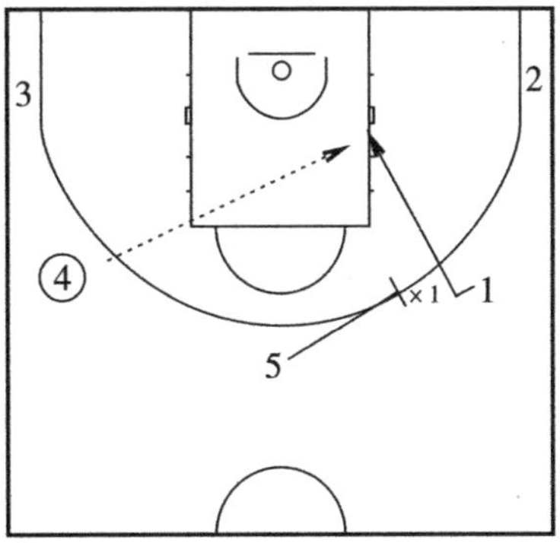

图 3-35

(三)单人反掩护+中路挡拆配合

如果两名参与防守反掩护的球员选择换防,5 可以直接切入并背身单打“小号”防守球员(×1)。

如图 3-36 及图 3-37 所示:1 传球给弧顶的 5,然后 5 传给对侧侧翼的 4。5 随即给 1 做掩护,1 弹出到弧顶接球。

如图 3-38 所示:如果 1 没有机会进攻,5 和 1 进行挡拆配合,弱侧球员轮转补位。

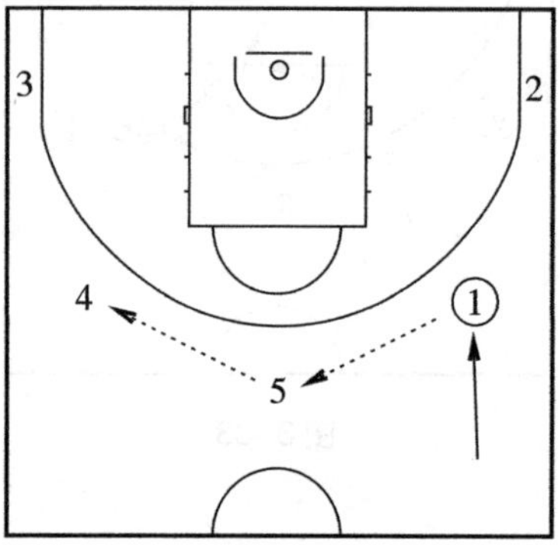

图 3-36

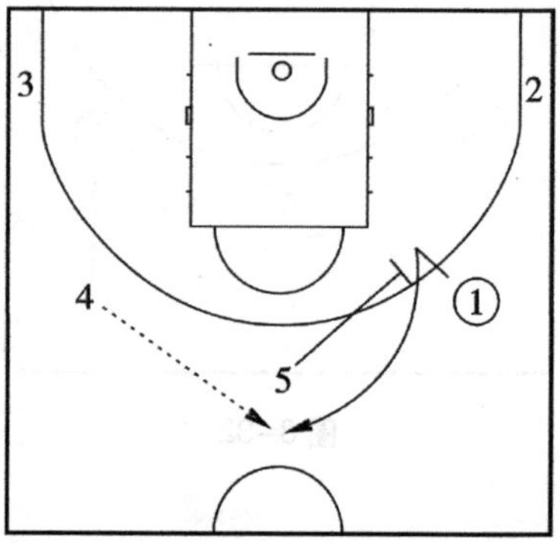

图 3-37

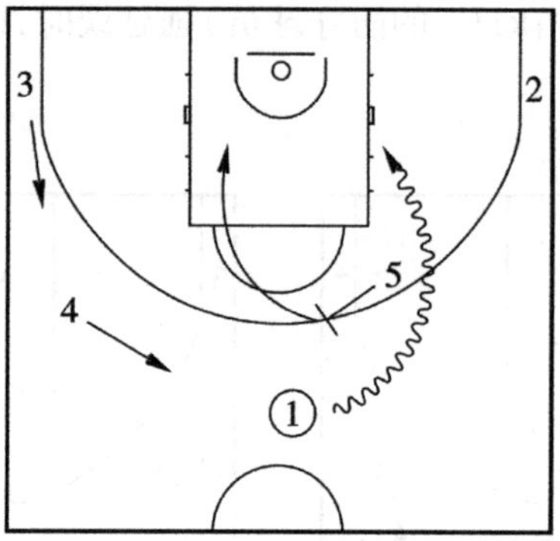

图 3-38

第四章
“5 外”移动进攻训练方法

第一节　传切系列

一、练习 1

练习名称：传切训练。

练习方法：

● 持球球员在弧顶站立，一名传球球员在侧翼站立。

● 弧顶队列前放置一个锥桶作为防守球员。

● 弧顶球员传球给侧翼，然后向右侧压缩防守距离，随即从强侧向篮下绕切。

● 侧翼球员伺机回传球给 2，2 接球后按照要求投篮、上篮或者抛投。

● 完成进攻后，3 抢下篮板，排到队尾。2 到侧翼准备接球。

如图 4-1 所示。

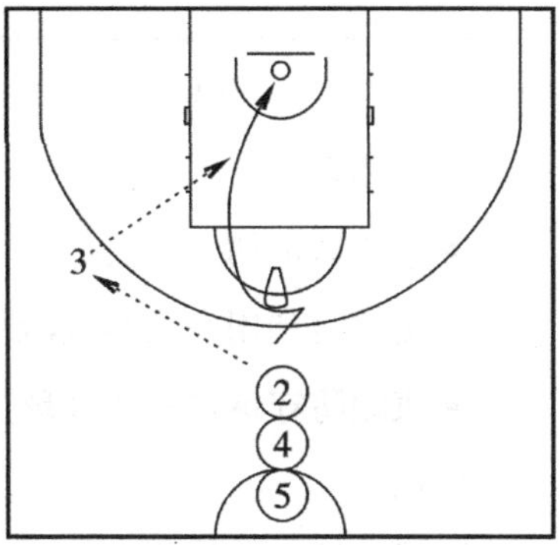

图 4-1

练习要点：

● 切入球员要看向持球球员，先向弱侧靠近防守者，然后通过改变节奏，突然向强侧迈步插入，保持双手打开，利用对抗占据身位优势。

• 传球队员注意传球过程中“球领人”，不要担心传球质量好坏。

• 每完成 7 ~ 10 次传球，就换一名球员作为侧翼传球者。

二、练习 2

练习名称：“V 字”切后“1 对 1”。

练习方法：

• 进攻和防守队员在任一点位站立，教练与球员间隔一个点位站立。

• 其他球员在场外等候。

• 1 持球传给教练（c），向中间点位做“V 字”切。×1 跟随防守。

• 1 向侧翼弹出，接到教练的回传球。

• 1 尝试在不超过三次运球的情况下投篮。

• 投篮（不中）之后，两名球员都争抢篮板球。当进攻球员抢到篮板球时，可以再次尝试内线投篮。如果防守球员抢到篮板球，训练结束且交换攻防。

如图 4-2、图 4-3 所示。

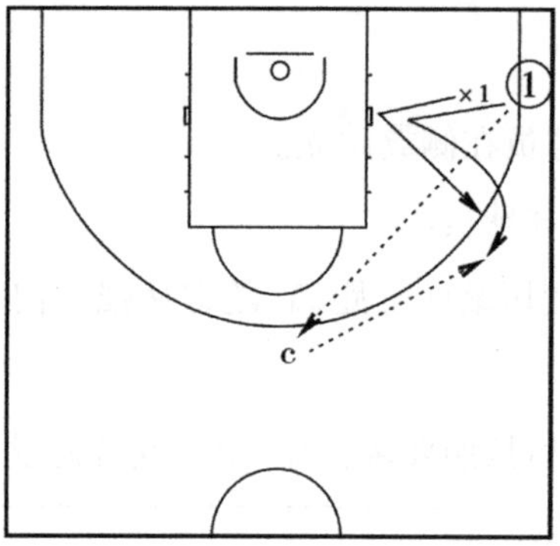

图 4-2

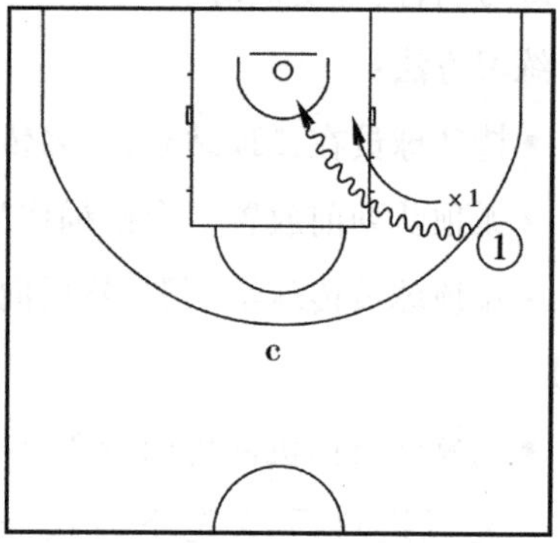

图 4-3

练习要点：

• 进攻球员切入内线后要紧贴防守球员，从而伺机借力弹出。

• 接球时利用交叉步或滑步快速移动。

• 兼顾防守球员和传球球员，接球时手要打开。

变化：

同伴对抗——让所有练习球员按照身高和能力分组对抗。5 分后交换。

球员传球——让球员代替教练，获得在侧翼练习及时、准确的传球机会。

3 次成功：如果没有其他球员在场下等待练习或者场地足够多，可以让进攻球员在面对篮框(面框)接球进攻前成功做 3 次 V 字切并接球。

三、练习 3

练习名称：背切训练。

练习方法：

• 攻防双方在底角站立，传球球员在弧顶站立。其他球员在靠近练习区域的篮板后等待。

• 进攻球员从底角向侧翼做“V 字”切，而当防守球员有意强延误时，进攻球员随即做背切。

• 传球球员击地传球给进攻队员上篮。

如图 4-4、图 4-5 所示。

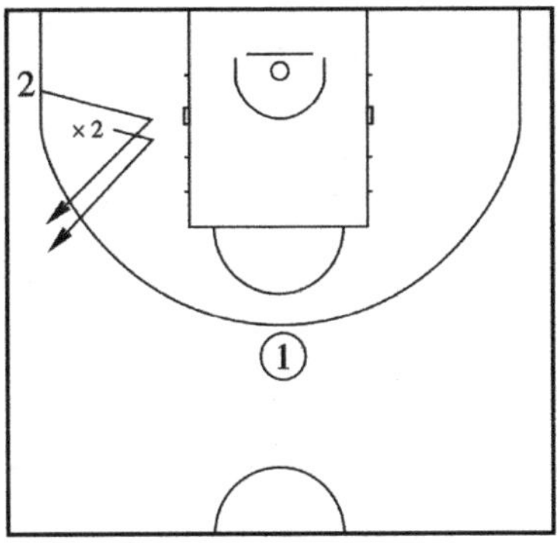

图 4-4

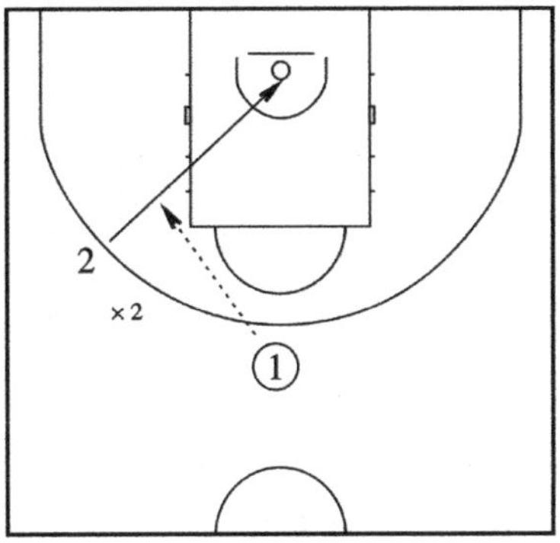

图 4-5

练习要点：

• 可以在左右两侧同时练习，增加球员的练习次数，同时让他们左右手都熟练。

• 不要佯装背切，一旦开始就坚决切入。进攻球员迈出外侧脚抢位并张开双手示意传球。

• 每 7 ~ 10 次，轮换传球球员。让球员去练习传球而不是让教练代替。

变化：

防守传球者——加入一名防守球员去防守传球球员，从而更加贴近比赛情况，伺机选择做假动作或传球。

四、练习 4

练习名称:“V 字”切接球投篮。

练习方法:

• 球员持球在底角站立,另一名球员在弧顶站立作为传球球员。其他球员持球在边线列队。

• 侧翼放置一个锥桶作为防守者,使得进攻球员练习绕切。

• 第一名底角球员传球给弧顶球员,然后向侧翼做“V 字”切并在侧翼接到回传球。

• 球员会自己抢下篮板并排到队尾,下一名球员进入场内进行训练。

如图 4-6、图 4-7 所示。

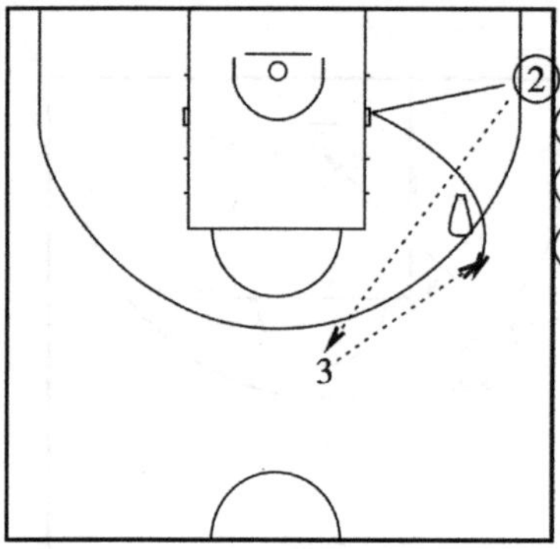

图 4-6

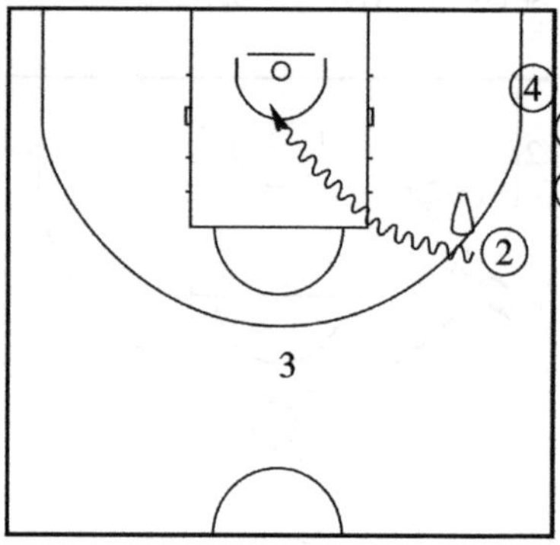

图 4-7

练习要点:

• 传球者应该确保传球的及时性与准确性,不要用教练代替球员作为传球人,这个位置能够给球员提供练习传球技术的绝佳机会。

• 攻击篮筐上篮的过程中,运球不要超过两次。

五、练习 5

练习名称:绕切“1 对 1”。

练习方法:

• 两个锥桶连续摆放(一个比另一个高)。×1 作为防守者而 1 是进攻者。教练在距离二人一个点位的地方负责传球。在同一角色中完成三次后交换角色,在五个点位分别练习。

- 1 传球给教练后,利用优势绕着距离教练最近的锥桶切入篮下。
- ×1 同时从另一个锥桶绕切,此时 1 获得了微弱的身位优势。
- 1 接到回传球后必须利用绕切获得的优势得分。

如图 4–8、图 4–9 所示。

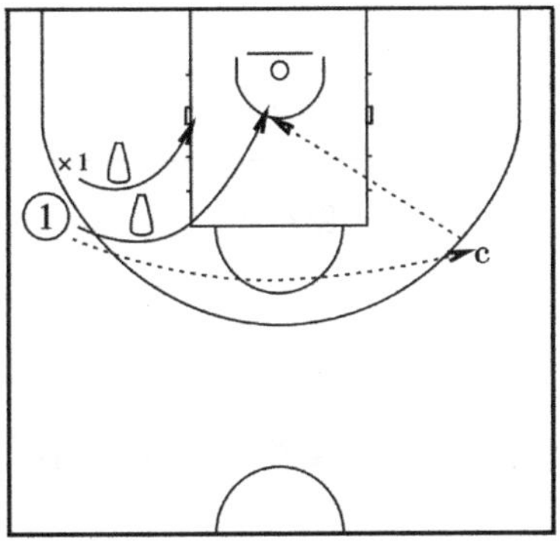

图 4–8

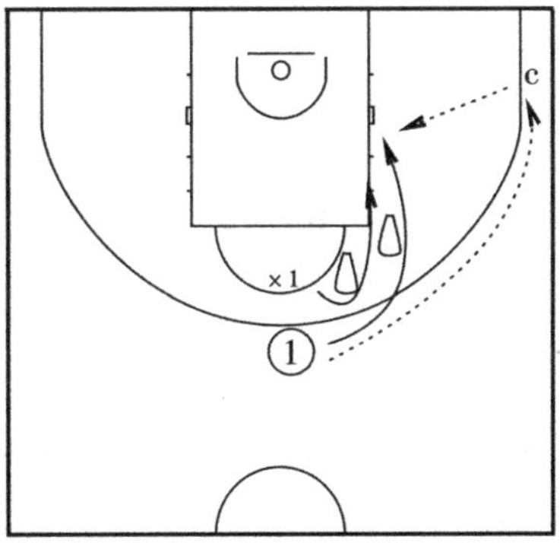

图 4–9

练习要点:

- 在一个角色中练习两次以上然后交换。
- 绕切时应当迈出腿占领身位,同时双手张开看向教练示意传球。

六、练习 6

练习名称:“1 对 1”连续传切。

练习方法:

- 两名教练分别在侧翼站立。进攻球员持球站在弧顶,另一名球员进行防守。
- 1 先将球传给一侧教练,然后切入篮下。如果没有形成接球上篮机会,则利用“V 字”切弹出到侧翼接回传球。此时 1 再次将球传给对侧侧翼的教练,然后再次伺机切入篮下。
- 如果 1 完成投篮或上篮,他仍留在场上进攻,防守换人。而如果两次传球后投失或者没有出手,1 与防守球员(×1)交换角色。

如图 4-10、图 4-11 所示。

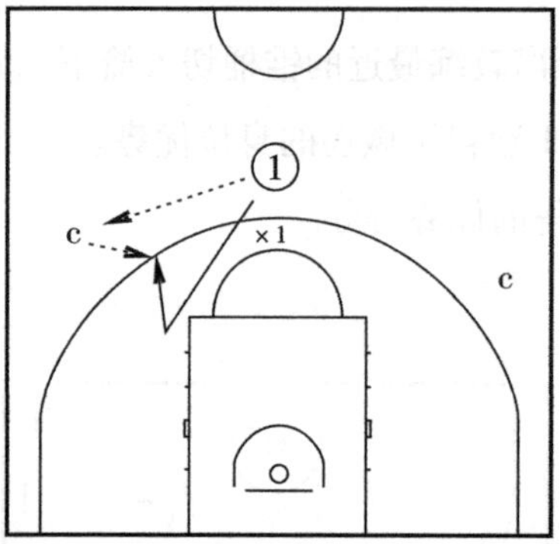

图 4-10

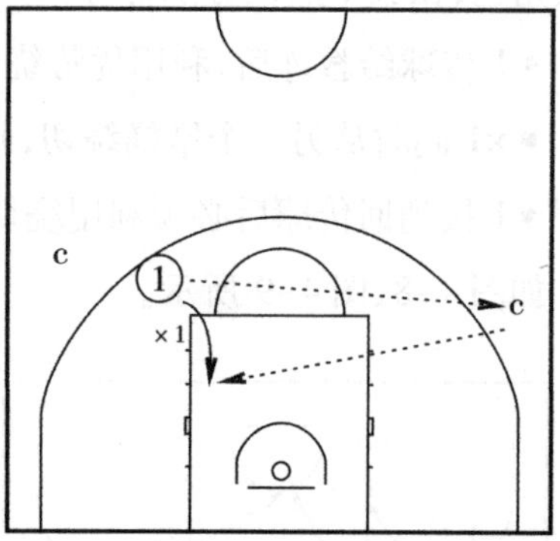

图 4-11

练习要点：

• 限制球员，只能在接球后运球一次，从而迫使其将重点放到利用切入获得空位。

• 防守者应该在进攻球员切入时打开双臂并给予身体对抗，阻断传球。

七、练习 7

练习名称："3 对 3"三角传球切入。

练习方法：

• 球员分为三组，一组在弧顶持球，另外两组分别在侧翼站立。

• 弧顶球员传球给任一侧翼球员后切入篮下。另一侧侧翼球员轮转到弧顶补位。

• 持球的侧翼球员将球回传到弧顶，切入的球员切出到弱侧外线。

• 弧顶球员将球传给第一个切入球员，随即切入篮下。

如图 4-12、图 4-13、图 4-14 所示。

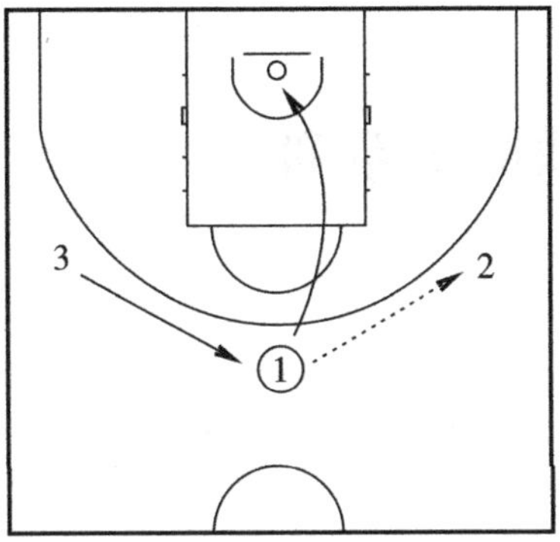

图 4-12

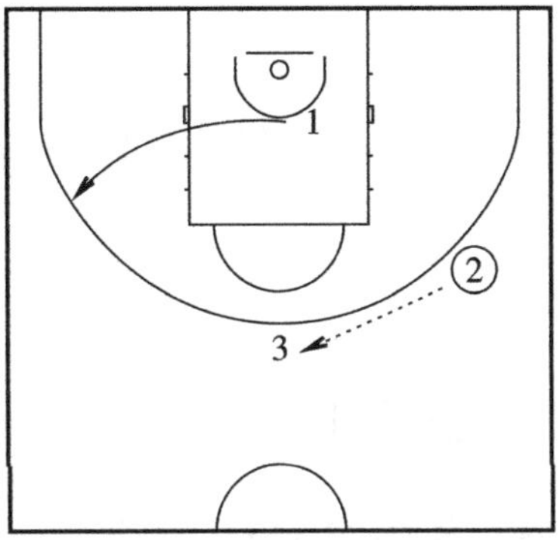

图 4-13

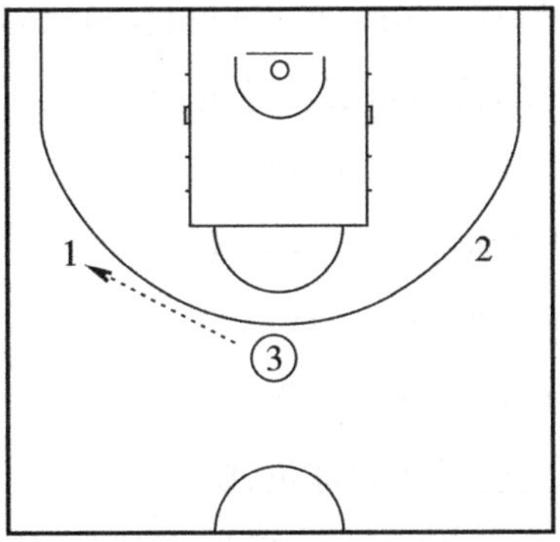

图 4-14

练习要点：

● 要求切入球员在要球时进行大声呼叫交流。

变化：

可以增加三名防守球员从而提高训练难度，传切得手后记为 1 分，先得到 7 分的获胜。

第二节　无球掩护系列

一、练习 1

练习名称："2 对 1"无球掩护。

练习方法：

• 两队球员分别站在弧顶和一侧侧翼。一名球员在对侧侧翼作为传球人。弧顶的球员持球，另有一名防守球员负责防守侧翼球员。

• 弧顶球员首先将球传给负责传球的球员，然后给对侧侧翼的球员做无球掩护。掩护结束后，掩护球员回到弧顶位置。

• 防守球员可以决定是防守切入者还是防守掩护者。传球球员根据防守球员的防守情况做出判断，协助进攻球员得分。

• 得分后，掩护球员变成防守球员，防守球员加入侧翼队尾，切入球员拿球后加入弧顶队尾。

如图 4–15 所示。

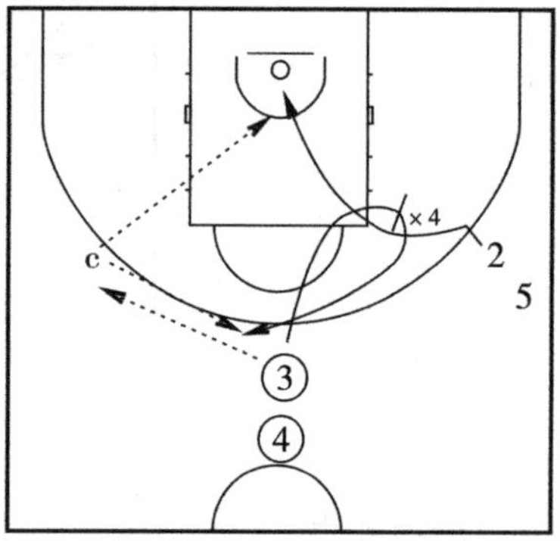

图 4–15

练习要点：

• 掩护球员设置掩护的角度至关重要。掩护应该位于防守者的身后，多数球员掩护位置过高，从而使防守球员能绕过掩护继续防守。我们通常希望掩护球员能与防守球员产生对抗。

• 切入球员应该在掩护到位后径直切入篮下，过早移动会造成进攻犯规。此外过掩护时，应该和掩护者紧贴，从而避免给防守者留下漏洞。

• 进攻球员应该伸出接球手示意传球。

变化：

改变练习位置——无球掩护应该运用到所有的进攻当中，尝试让球员在不同位置进行练习。

防守球员必须抢过掩护——给予进攻球员更多的优势,要求防守球员必须抢过掩护防守。

绕切或弹出——切入者也可以选择弹出到外线,当然掩护球员要根据具体情况选择下顺或弹出。

二、练习2

练习名称:“2 对 2”无球掩护。

练习方法:

• 指派一名球员在侧翼作为传球人,弧顶和对侧侧翼分别有两名球员,一名为进攻球员,另一名为防守球员。剩余的球员列队等待。

• 弧顶的进攻球员先将球传给侧翼传球人,然后切向对侧侧翼,给队友做无球掩护。

• 进攻球员观察防守形势后,尝试获得空位而接到传球。

• 当进攻球员接到传球后,有 7 秒的时间完成配合并得分。进攻结束后,进攻球员变为防守球员,防守球员则分别加入弧顶和侧翼的队尾,新的进攻球员加入练习。

如图 4-16 所示。

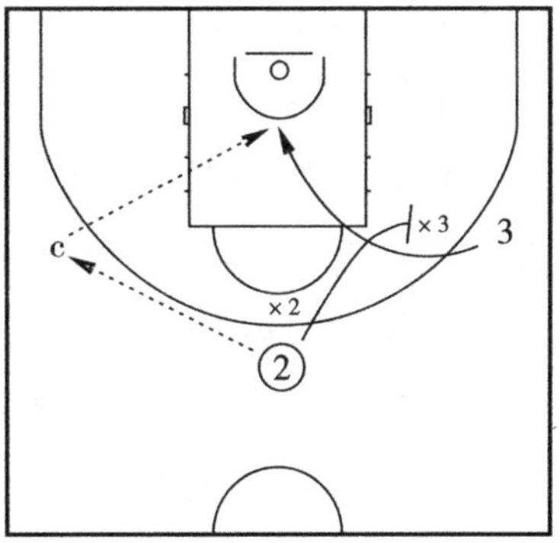

图 4-16

练习要点:

• 掩护球员应保持静止并尽量打开掩护面积,以正确的角度帮助队友获得机会。

• 在掩护到位前,侧翼切入球员不要提前移动。

• 适时更换传球球员,从而使他们能够练习传球技术。

• 两名进攻球员应该分别切入篮下和弹出到外线,注意拉开进攻空间。

变化:

比赛——每次得分后不再立即交换角色,所有球员两两组队参与练习。进攻得手后的组加 1 分,率先得到 7 分的组获胜。

不要换防——在训练年轻队员时，进攻无法轻易地适应换防。要求防守球员始终防守一名球员，从而降低练习的难度。

三、练习 3

练习名称："3 对 3"无球掩护。

练习方法：

• 3 名进攻球员沿外线站立（两侧侧翼和弧顶），弧顶球员持球。另外 3 名球员分别防守。

• 弧顶进攻球员将球传给任一侧翼队友，然后给另一侧队友做无球掩护。

• 攻防双方做"3 对 3"对抗，当进攻结束后，进攻球员变为防守球员，防守球员则退出练习。3 名新的球员作为进攻球员加入练习。

如图 4-17 所示。

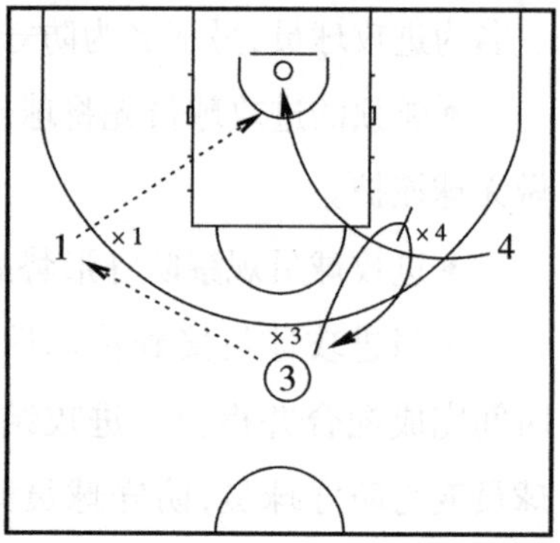

图 4-17

练习要点：

• 鼓励进攻球员保持积极移动从而获得空位。利用不同的假动作和技术。

• 确保无球掩护的角度合适，掩护者应该引导队友通过掩护获得机会。

• 如果第一次掩护未能直接产生得分机会，进攻球员可以再次进行无球掩护或者寻找最佳机会得分。

变化：

分组对抗——将球员分为每 3 人一组，率先获得 11 分或 21 分的组获胜。

胜者为王——让获胜的队伍继续留在场上进攻而不是交换角色。

进攻限制——加入 7 ~ 10 秒的进攻时间限制。

四、练习 4

练习名称：借无球掩护接球投篮。

练习方法：

• 球员站在外线五个点位中的任一点列队，每个球员都持球。教练在距离球员一个点位的位置站立。在队首放置一个锥桶作为掩护位置的可见参照物。

• 第一名球员传球给教练，然后绕锥桶切向篮下，或者弹出到弧顶接球投三分。

• 进攻后的球员自己抢到篮板球，然后回到队尾。

• 所有球员分别练习5次切入篮下和弹出投篮。

• 所有球员都进行练习后，更换到下一个点位进行练习，直到5个位置都完成。

如图4-18所示。

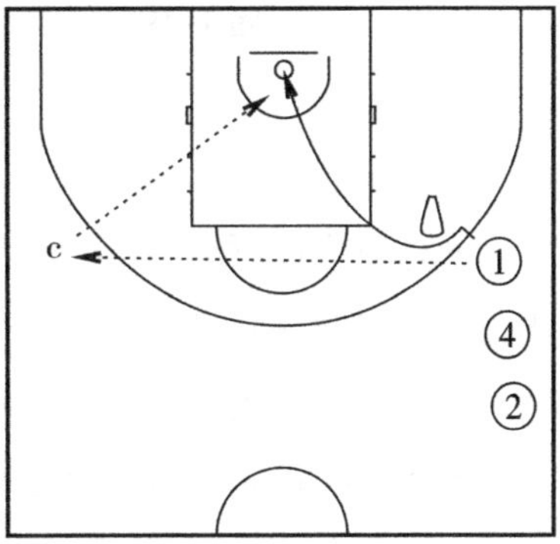

图4-18

练习要点：

• 必须伸出接球手并看向传球人示意传球。

• 第一个传球应该是一个头上传球。球员练习这种困难的传球方式，使练习更加接近现实，因为现实中球员很少能在球场上投出一个胸前传球。

五、练习5

练习名称：掩护球员掩护后投篮。

练习方法：

• 球员持球在弧顶（或者侧翼）列队。教练在与球员相邻的点位站立。锥桶作为防守者，供掩护者作为参照物。

• 队首的球员传球给教练，然后对锥桶进行无球掩护。掩护之后，球员要么向篮下切入接球上篮，要么弹出到原位接球投三分。

• 球员在投篮后随即抢到篮板球回到队尾。在练习完成之后，换到下一个点位。

如图4-19、图4-20所示。

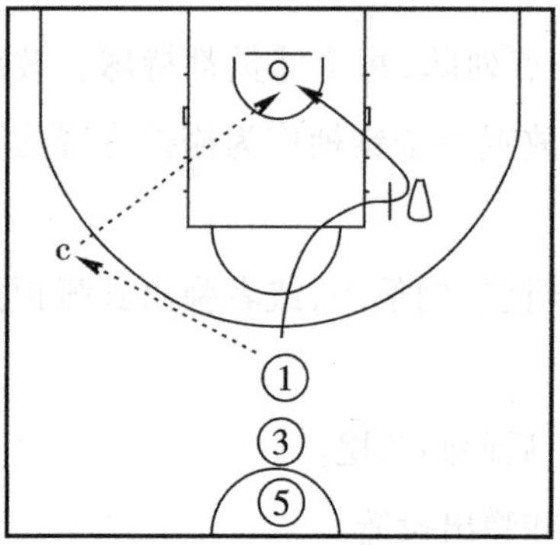

图 4-19

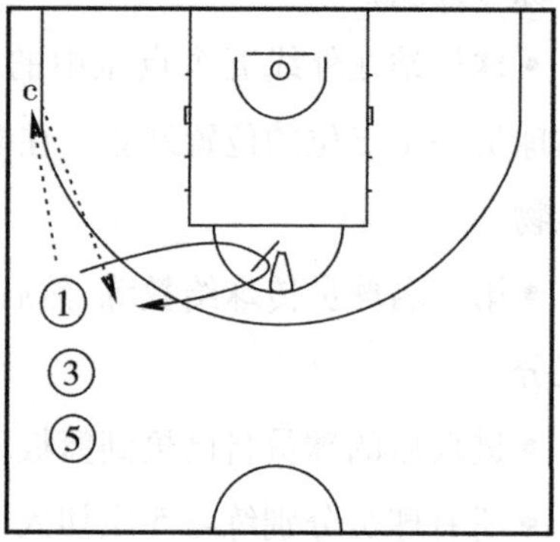

图 4-20

练习要点：

• 球员应该呼喊并伸出接球手示意传球。如果球员呼喊的声音不够大,就不要传给他。以此养成习惯。

• 球员在切入篮下或弹出投篮的过程中不应该运球。

• 确保掩护者的掩护角度合适,该掩护应该保持 1 ~ 2 秒后再进行下一步行动。

变化：

让球员代替教练传球——如果可以,让球员担任传球者从而提升其传球的技术。

六、练习 6

练习名称：无球掩护投篮/上篮。

练习方法：

• 一队球员在弧顶站立,每个人都持球。另一队站在侧翼,不持球。两名教练或球员站在对侧侧翼负责传球。距离最近的那个教练或球员持球。

• 弧顶队首的第一名球员传球给距离最近的那名教练,然后给对侧侧翼的球员做无球掩护。

• 侧翼球员借掩护切向篮下接距离底线最近的教练的传球上篮。而掩护球员回弹到原本弧顶的位置做跳投。当然,侧翼球员也可以借掩护弹出投篮,那么掩护球员就要根据情况切入篮下上篮。

• 外线投篮的球员自己抢篮板球，然后传给教练，而上篮的球员自己持球。两名球员完成练习后交换队伍。

如图 4–21、图 4–22 所示。

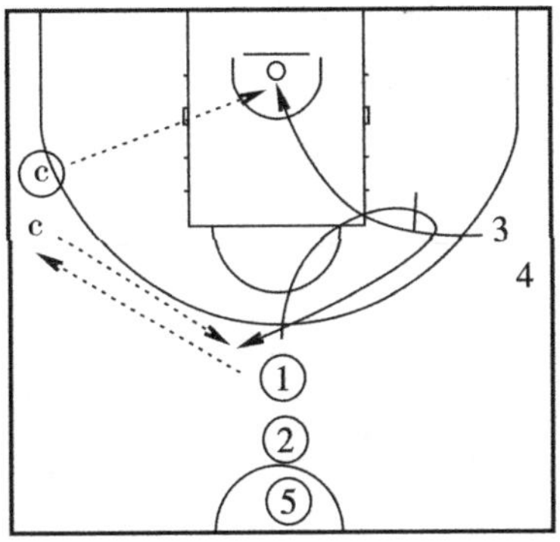

图 4–21

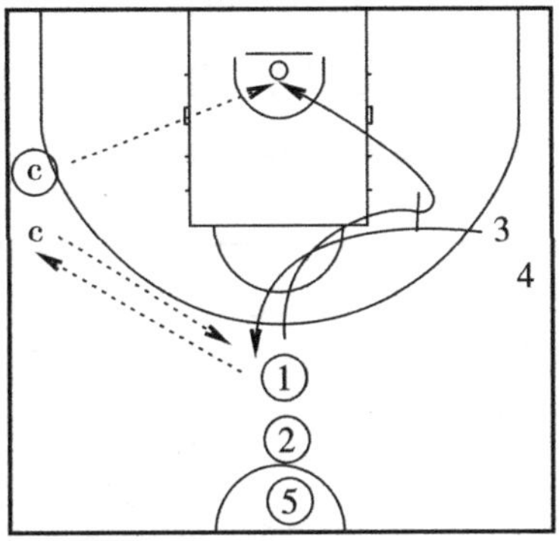

图 4–22

练习要点：

• 如果教练让球员自己决定利用何种切入方式，那么掩护球员和侧翼球员必须提前交流，从而互相知道下一步要往哪里去。

• 切入应该调整好脚步，接球上篮时避免运球。确保掩护球员掩护角度的正确性。

• 外线投手应该做完投篮动作后再去抢篮板球。

变化：

加入防守球员并减少一个球——球员执行无球掩护配合时只有一个球和一名教练，并且在场上加入防守球员，球员根据情况做出动作，而教练依据时机选择传球给切入球员或投篮球员。显而易见，教练可以被球员代替。

七、练习 7

练习名称：“2 对 2”教练传球。

练习方法：

• 两名进攻球员分别站在弧顶和侧翼，教练在同侧底角站立，其中侧翼球员持球。另外有两名球员分别进行防守。

• 侧翼球员传球给教练后，给弧顶球员做掩护，弧顶球员借掩护切入篮下。此时教练可以传球给其进行上篮，而同时掩护球员弹出到原位准备接球投三分。

• 如果没能传球和投篮，侧翼球员再次接球后向弧顶移动，切入的球员弹出到对侧侧翼，球员可以重新组织进攻，直到投篮完成。

• 每次得分记为 1 分。率先获得 7 分的组获胜。

如图 4-23、图 4-24 所示。

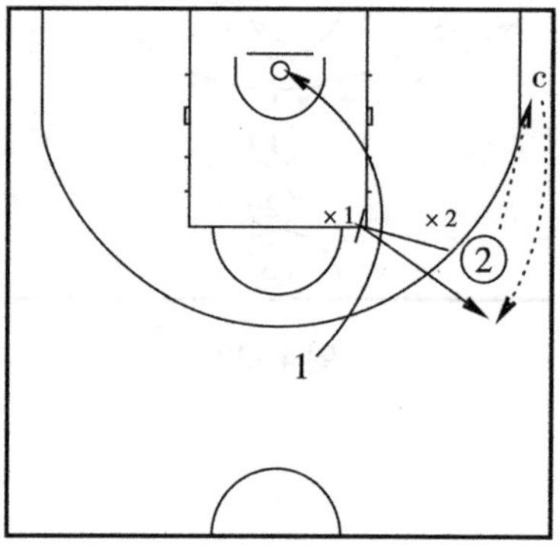

图 4-23

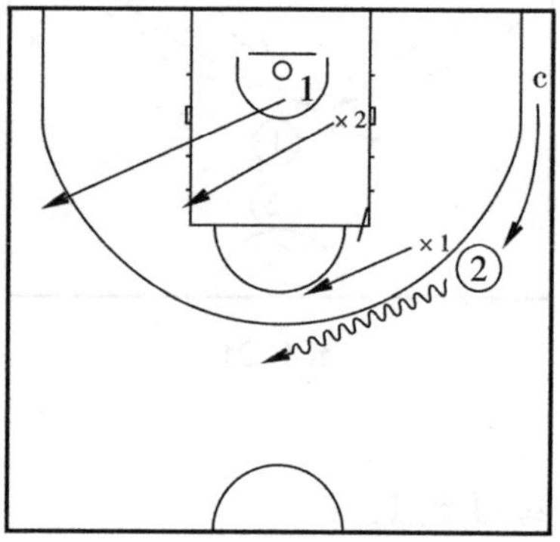

图 4-24

练习要点：

• 球员可以在球场的任一点位进行配合，但注意只能掩护和切入。

八、练习 8

练习名称：下掩护团队配合。

练习方法：

• 两队球员持球在篮板两侧列队，两名教练在弧顶站立。两侧侧翼分别有一队球员。

• 低位球员传球给同侧教练，同时侧翼球员分别给同侧低位的队友做下掩护。

• 低位球员借掩护提到侧翼准备接球投篮，而掩护球员随即切向篮下，教练可以传给任一人终结。此外，低位球员可以绕掩护切出到底角接教练传球投篮，而掩护球员顺势低位要球，切到底角的球员可以塞球给掩护球员快速内线单打。

如图 4–25、图 4–26、图 4–27 所示。

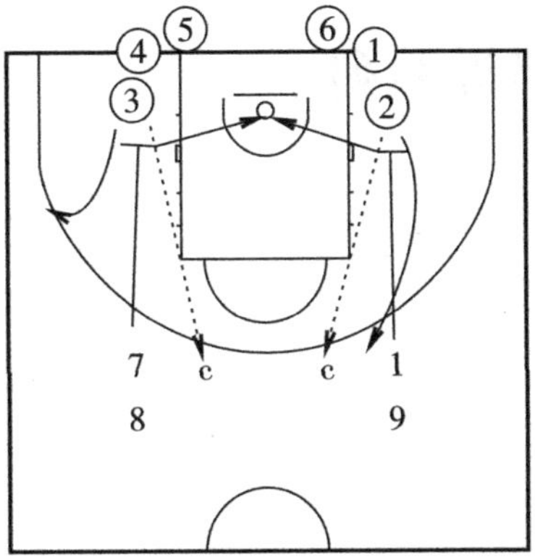

图 4–25

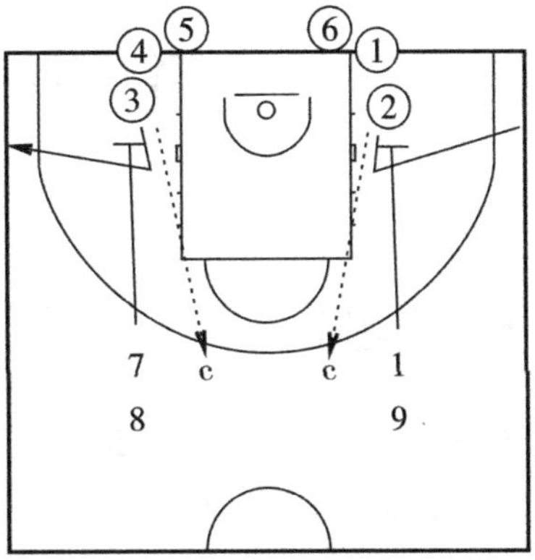

图 4–26

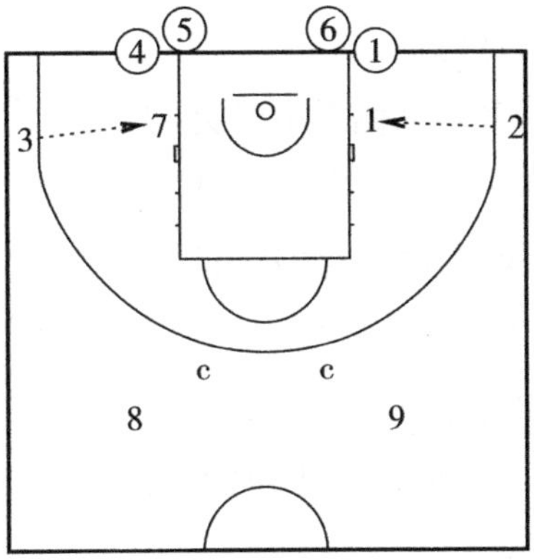

图 4–27

练习要点：

• 确保球员在接球弧线跑动时利用内侧脚（转身时最接近篮筐的脚）做出正确的脚步——“1–2”步法。

第三节 挡拆系列

一、练习 1

练习名称："2 对 1"有球掩护。

练习方法：

• 两队球员分别在弧顶和侧翼站立，弧顶所有球员持球，一名球员对侧翼球员进行防守。

• 侧翼进攻球员做"V 字"切，获得位置接弧顶传球。传球球员在传球后随即给侧翼球员做有球掩护。

• 侧翼球员借掩护利用外侧手中路突破，掩护球员转身向篮下下顺。突破球员根据防守球员的位置，可以选择急停跳投或上篮，也可以传球给下顺的队友终结。

• 得分或进攻停止后，控球球员变为防守球员，防守球员加入弧顶队尾，掩护球员加入侧翼队尾。

如图 4-28 所示。

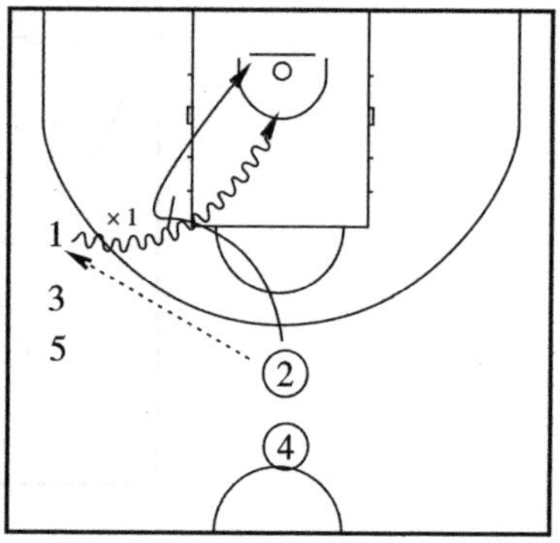

图 4-28

练习要点：

• 持球球员在突破前要等待掩护到位，提前移动往往会造成进攻犯规。

• 该训练给予进攻方较大的优势，进攻方必须在每个回合都得分。

• 运球球员在过掩护时应该保持紧贴掩护，不给防守球员留下可趁之机。

变化：

练习位置——可以在外线不同的点位练习。

防守组合必须抢过防守——在原来版本的练习中，防守球员可以根据掩护情况选择是否抢过，而要求防守球员必须抢过就给了进攻方更大的优势。

二、练习 2

练习名称：“2 对 2”有球掩护。

练习方法：

● 两队球员分别在弧顶和侧翼站立，弧顶所有球员持球，分别有一名球员对进攻球员进行防守。

● 侧翼球员做“V 字”切，与防守球员对抗获得位置接弧顶传球。弧顶球员在传球后横切到侧翼给侧翼球员做掩护。

● 此时球员处于随机情境中，进攻球员必须在 10 秒内于半场一侧完成进攻。

● 当得分或进攻停止后，进攻球员变为防守球员，防守球员分别加入侧翼和弧顶队尾。两名新的球员作为进攻方加入练习。

如图 4-29 所示。

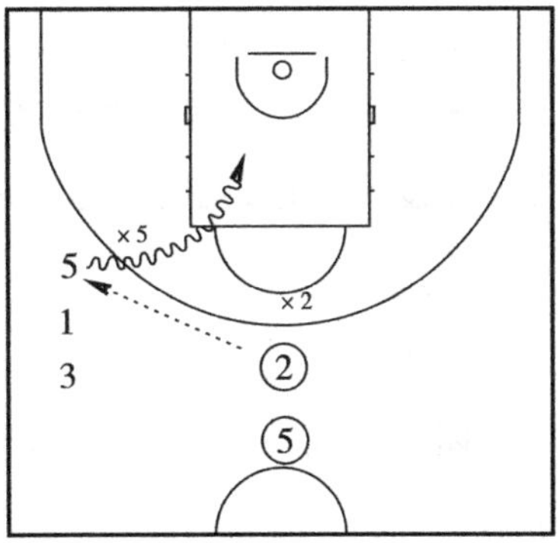

图 4-29

练习要点：

● 持球球员在突破前要等待掩护到位，不要让球员养成提前移动的习惯。

● 仍然可以通过禁止换防和必须抢过掩护来降低进攻难度。

● 强调掩护角度的重要性，传球球员应该举起手引导被掩护球员。

三、练习 3

练习名称：“3 对 3”有球掩护。

练习方法：

● 3 名进攻球员沿外线分布（弧顶和两侧侧翼），3 名球员分别进行防守。弧顶进攻球员持球。

● 弧顶球员传球给任一侧翼球员，然后给其做有球掩护。在防守球员进行防守的过程中,进攻队伍必须在10秒内创造进攻机会得分。

•运球时要注意在过掩护时观察协防的动向。如果遭遇协防,就分球给外线投手,投手应该随突破沿着外线向下移动,形成良好的传球角度。如果没有协防,就进攻篮筐伺机得分或传球。

•进攻完成后,进攻球员变为防守球员,原防守球员退出,3名新的球员作为进攻球员加入练习。

如图4-30所示。

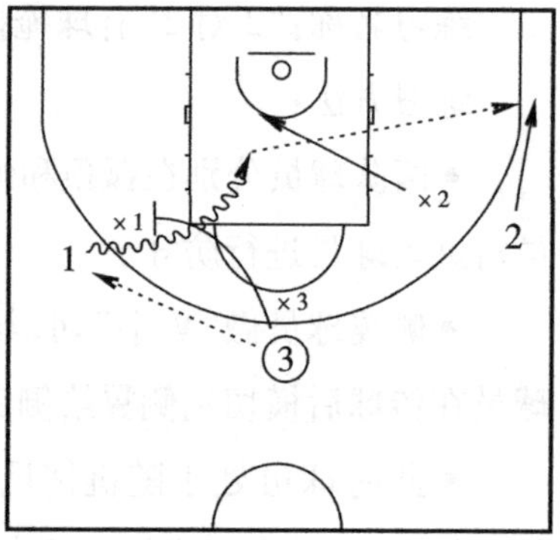

图4-30

练习要点:

•确保球员在掩护到位前不要提前移动。

•球员必须注意掩护角度的合理性,如果角度不合适,则防守球员就能轻易地抢过或绕过。

变化:

团体对抗——每3名球员分为一组。率先获得11分或21分的队伍获胜。

胜者为王——让获胜的队伍继续留在场上进攻。

四、练习4

练习名称:掩护后弹出投篮。

练习方法:

•两队球员分别在弧顶和侧翼站立,其中弧顶球员持球。教练在强侧短角负责传球。

•弧顶球员先传球给侧翼球员,随即切到侧翼做有球掩护。侧翼球员借掩护中路突破,利用不同动作终结。

•负责掩护的球员在掩护后弹出到三分线外,接到教练的传球后投三分。

•所有球员自己抢篮板球。掩护者将球传给教练,然后加入侧翼队尾。

运球者抢到篮板后,持球加入弧顶队尾。

如图 4-31、图 4-32 所示。

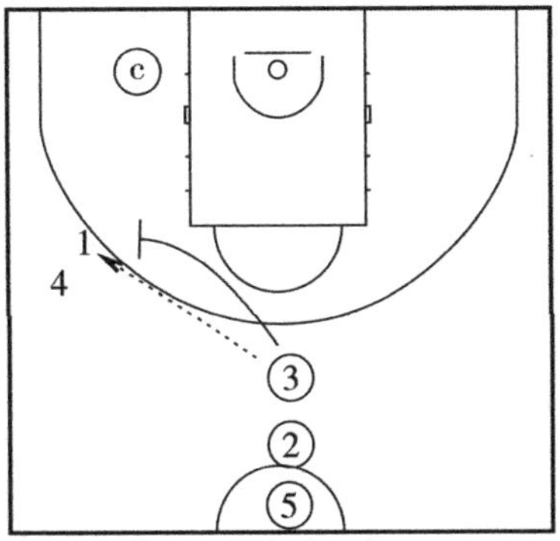

图 4-31

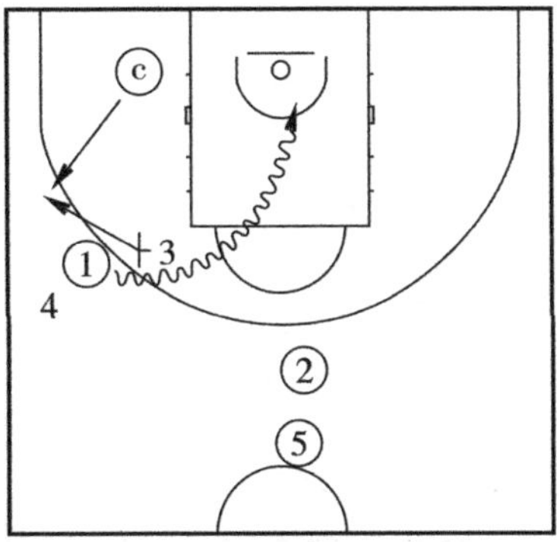

图 4-32

练习要点:

● 在半场两侧同时进行练习,从而增加球员重复练习的机会。

● 负责掩护的球员掩护的角度应该是背部朝向控球者突破的路线。

● 运球时以比赛速度进攻篮筐,如果只以 50% 的速度进攻,则不利于实战。

变化:

控球者投篮选择——球员突破后可以选择常规上篮、抛投、欧洲步或者中距离干拔。

五、练习 5

练习名称:挡拆配合投篮。

练习方法:

● 两队球员分别站在弧顶和侧翼,其中弧顶球员持球。锥桶被放置在侧翼队首作为防守球员。

● 弧顶队首的球员传球给侧翼球员后,切到侧翼做有球掩护。接球的球员等到掩护的球员掩护到位后借掩护中路突破。这时,运球的球员可以选择投篮、传球给下顺的掩护球员或者上篮。

● 投篮之后,侧翼球员抢到篮板球加入弧顶队尾,而弧顶球员则加入侧翼队尾。

如图 4-33、图 4-34 所示。

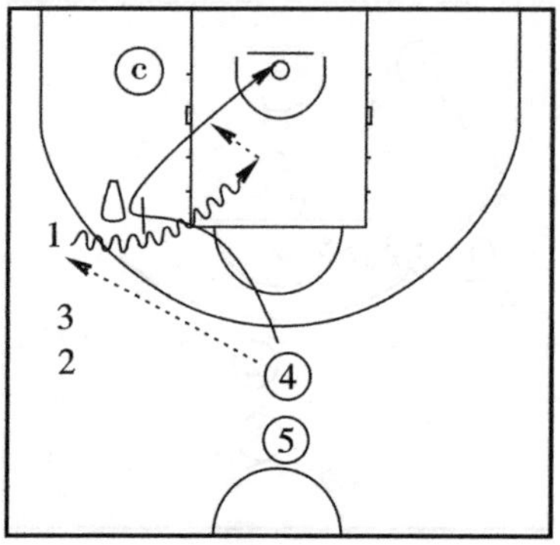

图 4-33

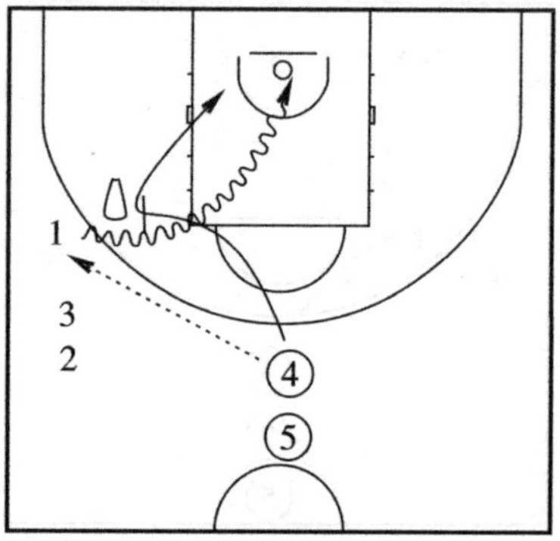

图 4-34

练习要点：

• 运球的球员必须待掩护到位后再移动，否则会造成进攻犯规。而且在通过掩护时要紧贴掩护球员，避免给防守者留下挤过空间。

• 让球员养成在掩护到位前做刺探步和投篮假动作的习惯。

• 下顺者必须高举双手并做好准备接球上篮。

变化：

特定投篮——教练可以要求球员以特定方式完成终结。

第四节　突破系列

一、练习 1

练习名称：突破后分球。

练习方法：

• 3 名球员在两侧底角和弧顶站立，其余球员在一侧底角边线外等候。

• 左侧底角球员持球，外侧手运两次球向禁区突破，然后传球给弧顶球员。弧顶球员接球后立即以同样的方式运两次球突破禁区，然后传球给右侧底角球员。接球的球员随即投篮。

• 每次传球后，球员会随着传球并轮转到下一个点。

• 投篮的球员自己抢篮板球，传球给下一名左侧底角球员，然后加入队尾。

如图 4–35 所示。

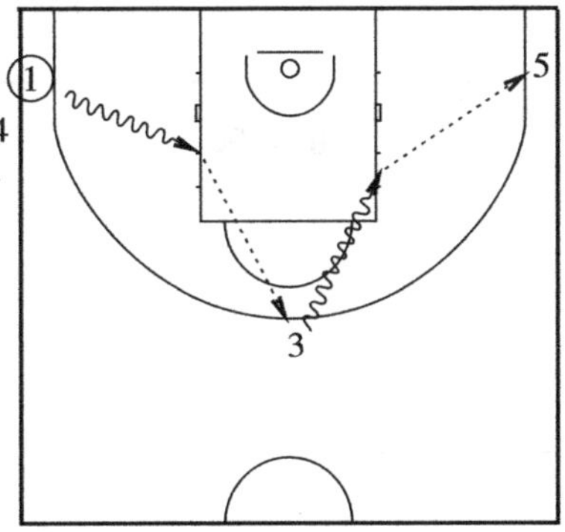

图 4–35

练习要点：

• 尽量在球场两端进行练习，让球员在更少的等待时间中更多地重复练习。

• 球员必须接球后立即突破，避免持球停在外线。

• 确保球员利用正确的脚步动作，避免走步。

• 球员在抢篮板球前必须完成完整的投篮动作，不要为了抢篮板球而在失去平衡中投篮。

变化：

5 个点位——在 5 个点位上都布置球员。球员一次运球突破后分球（如图 4–36 所示）。

投篮距离——如果球员的年龄较小，可以让他们尝试中距离投篮。

单手传球——当球员熟悉了双手传球后，要求球员用外侧手单手传球。

练习投篮假动作和刺探步——球员接球后在突破前先做投篮假动作和刺探步带动防守。

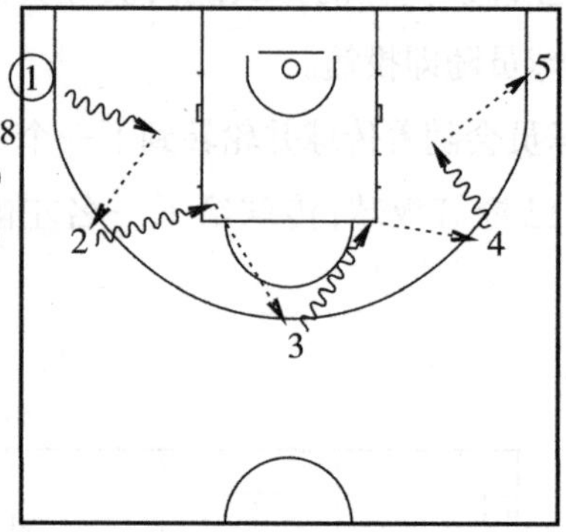

图 4-36

二、练习 2

练习名称:“2 对 2”突破选择。

练习方法:

• 该训练需要两名进攻球员分别在两侧侧翼站立,同时还有两名防守球员。

• 左侧侧翼球员持球准备进攻,防守者背对进攻球员,从而使其获得进攻优势。

• 持球球员可以自行选择时机运球突破,如果弱侧防守者没有协防,则直接投篮得分。

• 如果弱侧防守球员选择协防,则分球给弱侧侧翼的队友,然后移动到弱侧底角。

• 此时右侧侧翼的防守球员外扑防守,进攻球员伺机突破篮下,根据情况得分或分球。

• 在 5 个点位都可以进行练习。

如图 4-37、图 4-38 所示。

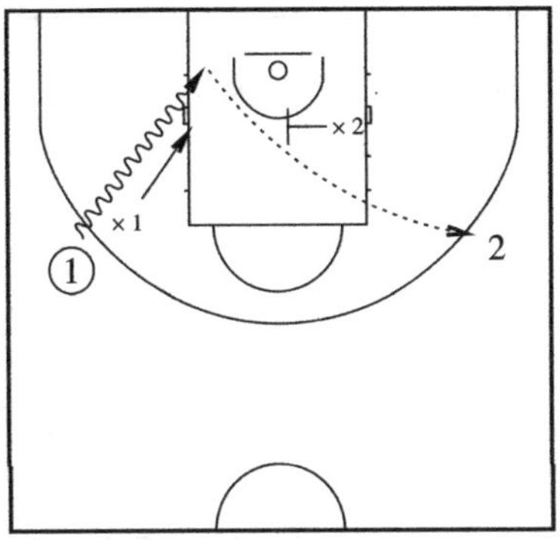

图 4-37

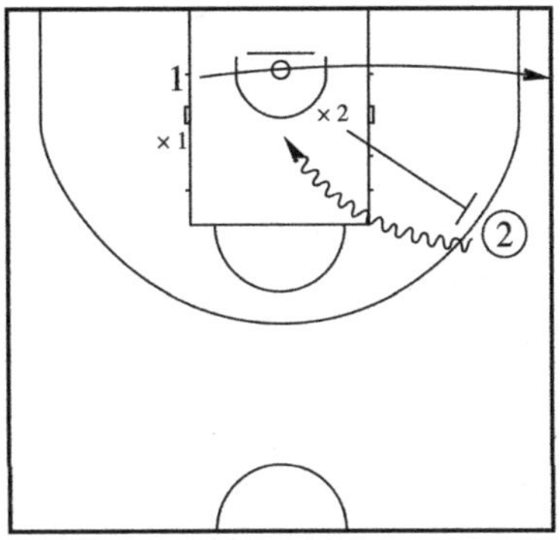

图 4-38

练习要点：

●运球时要注意分球的时机，如果协防未被吸引就过早传球，则会被干扰。

●接球的球员在接球后立即做假动作吸引防守球员回防，然后在其立足未稳之际突破篮下。

三、练习 3

练习名称：3 人无防守突破分球。

练习方法：

●3 名球员沿外线点位站立。

●2 向禁区突破，右侧侧翼的队友 3 向底角移动从而保持合理的传球角度准备接 2 的传球。同时 1 向弧顶移动补位。2 分球后转移到弱侧底角。

●3 接球后沿底线突破禁区，然后传球给左侧底角的队友 1。

如图 4-39、图 4-40 所示。

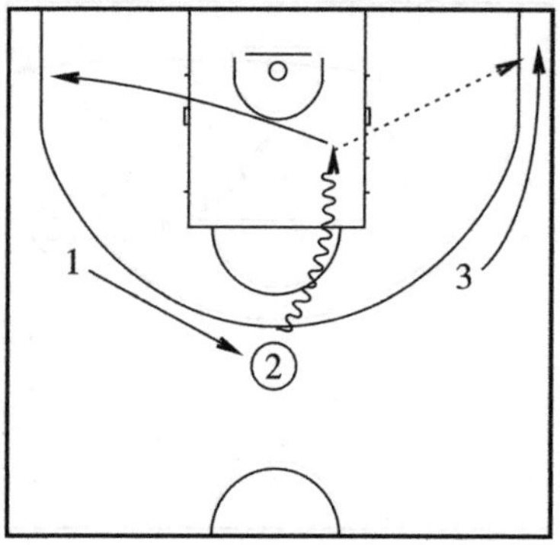

图 4-39

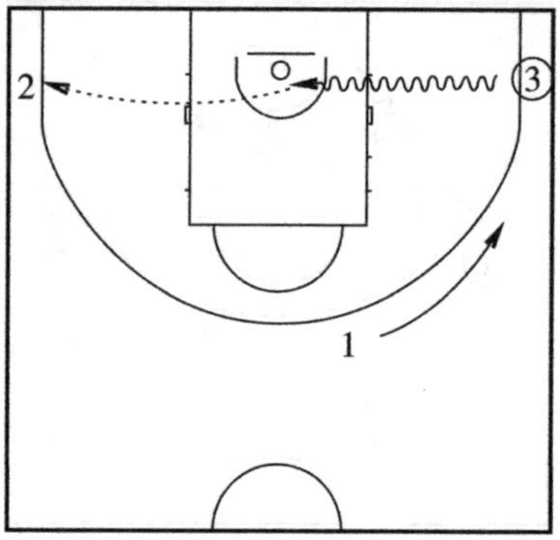

图 4-40

练习要点：

• 在练习中，当球员熟悉了突破分球轮转的规则后，逐渐增加到“4 对 0”和“5 对 0”。

四、练习 4

练习名称：“3 对 2”突破分球。

练习方法：

• 练习中有 3 名进攻球员和 2 名防守球员，其中 1 名防守球员必须始终防守持球者。

• 进攻球员运球突破并进行相应的轮转。2 必须找到空位队友，创造进攻机会。在 8 次传球之前，不能投篮或上篮。

• 球员通过切入和突破分球获得得分机会。

• 同一组完成 3 次之后，进攻和防守交换。

如图 4-41、图 4-42 所示。

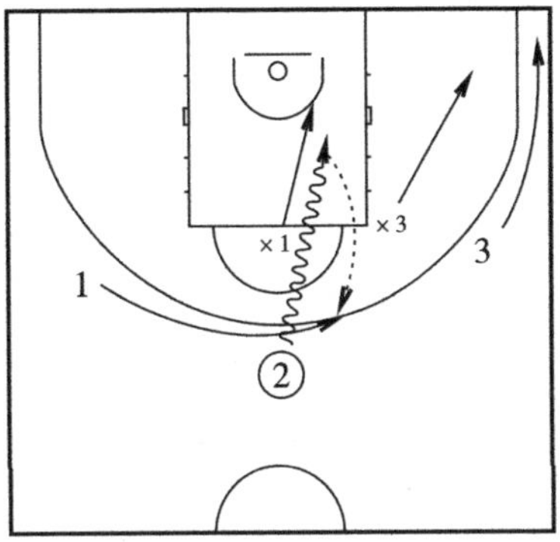

图 4-41

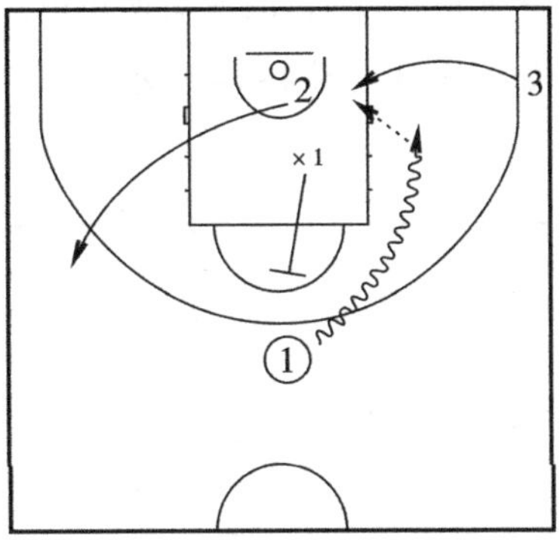

图 4-42

练习要点：

• 球员要始终保持移动而不要待在原地。

• 找到空位后再进攻，选择好的进攻时机至关重要。

第五节 个人技术系列

一、“1 对 1”练习

（一）练习 1

练习名称：“1 对 1”攻防。

练习方法：

• 底线篮板两侧分别有两队球员，以左侧侧翼为例。靠近左侧侧翼的为进攻球员，另一队为防守球员。教练站在弧顶负责传球。

• 进攻球员 1 切到左侧侧翼接教练的传球，而防守球员 2 立即跟随进行防守。

• 1 要根据 2 的防守方式选择突破方向，当 2 左脚在前时即从左侧突破，反之则从右侧突破。当 2 平步防守时，1 就随即选择突破方向。

• 完成进攻后，两人交换角色加入各队队尾。

如图 4–43、图 4–44 所示。

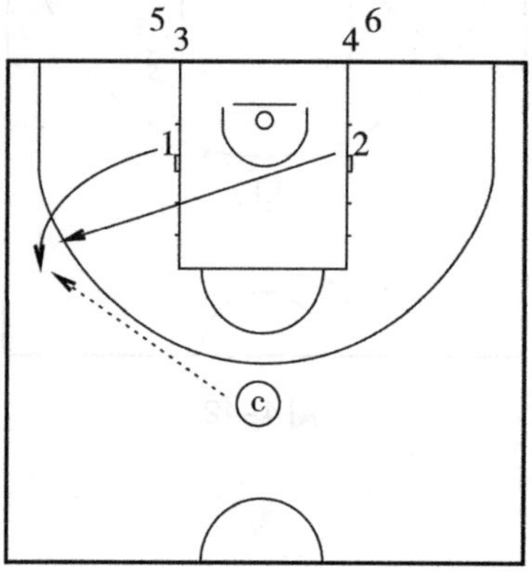

图 4–43

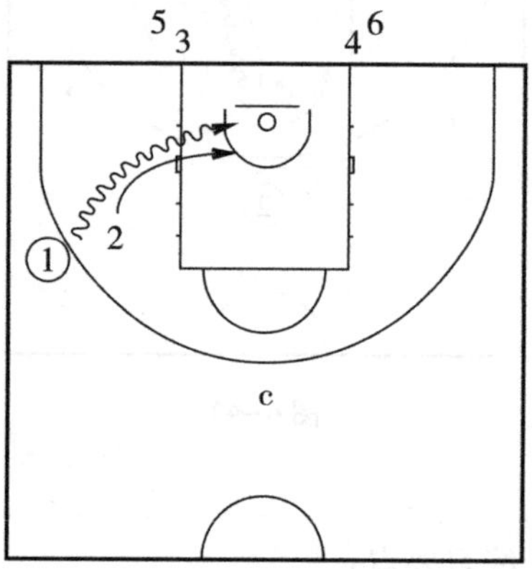

图 4–44

练习要点：

• 进攻球员可以在突破中选择常规上篮、抛投、欧洲步或急停跳投。

（二）练习 2

练习名称：外扑“1 对 1”。

练习方法：

• 在该练习中，进攻球员通过让防守球员传球给教练后再进行长距离的外扑防守，从而获得了进攻优势。当进攻球员接到球时，练习开始。

• 如果防守者补防不到位，进攻球员可以直接投篮；如果防守者防守到位，进攻者随即在其立足未稳之际，伺机突破。

• 3 个回合之后，攻防双方交换角色。两名球员都完成 3 次后，则换到下一个点位。

如图 4–45、图 4–46 所示。

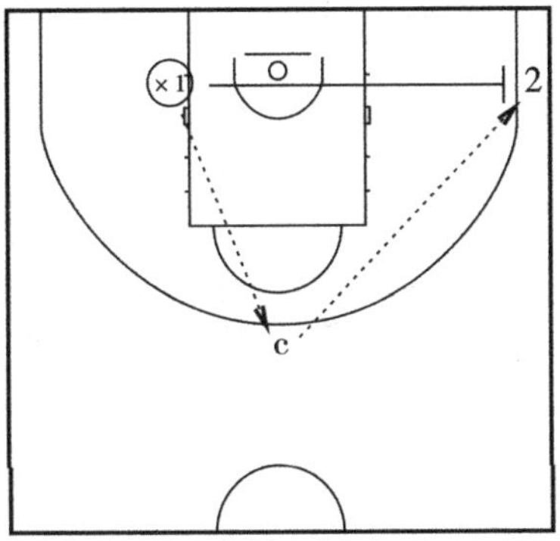

图 4-45

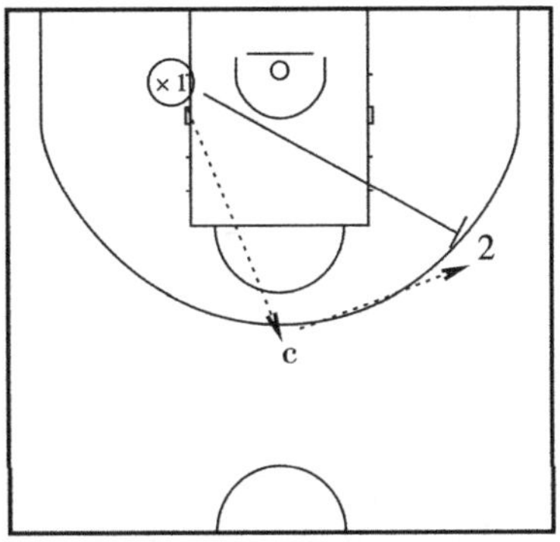

图 4-46

练习要点：

• 球员在外线的每个点位都进行练习，要注意如果出现空位就要果断投篮。

（三）练习 3

练习名称：绕锥桶防守“1 对 1”。

练习方法：

• 在场上其中一个点位上放置两个锥桶，距离 2.5 米。一对球员进行攻防练习，每 3 个回合交换角色，然后换到下一个点位进行练习。

• 防守球员（×1）传球给进攻者（1），然后立即随机绕过其中一个锥桶，并对 1 进行防守。1 可以在接球后直接突破篮下，但必须根据×1 的位置，从反方向突破。

• 练习直到得分后停止。所有投篮必须在禁区或更近的地方完成。

如图 4-47、图 4-48 所示。

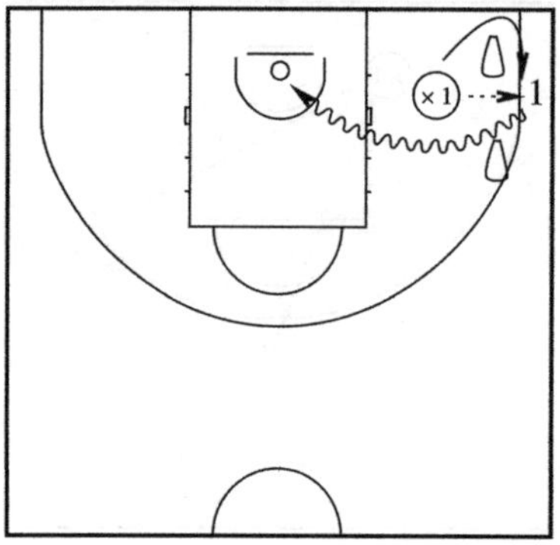

图 4-47

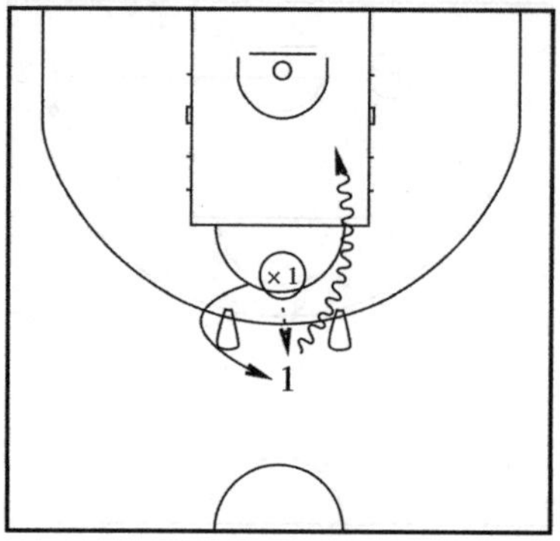

图 4-48

练习要点:

• 球员可以选择常规上篮、抛投、欧洲步及急停跳投。

(四) 练习 4

练习名称:传球切入补位"1 对 1"。

练习方法:

• 球员沿着底线列队。两名球员站在弧顶,第一名球员持球。

• 底线球员 1 补位切到侧翼。弧顶球员 5 传球给 1 后跑到底线。接下来弧顶队伍的球员 3 接到回传球,然后攻击篮筐,5 进行防守。

• 两名球员进行 1 对 1。在投篮尝试之后,防守球员进攻,传球球员防守。如图 4-49、图 4-50 所示。

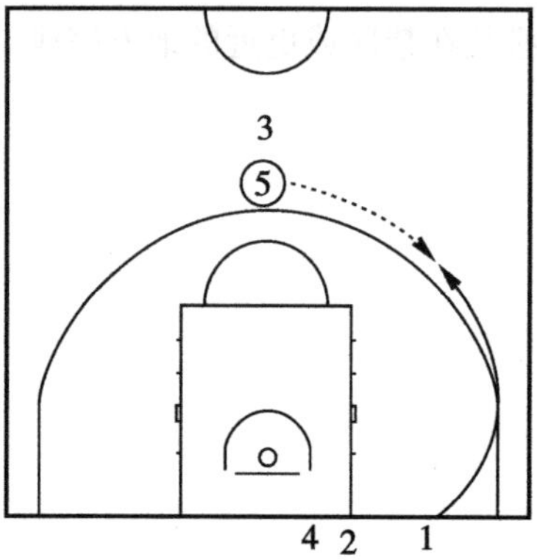

图 4-49

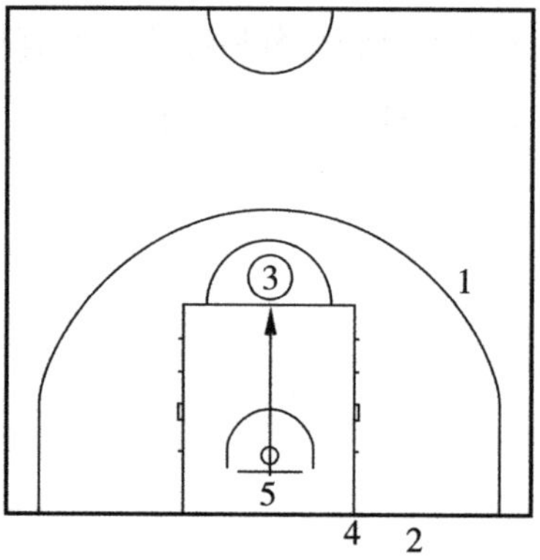

图 4-50

练习要点：

● 进攻球员有很大的优势，并且应该每次都将球打进。

● 确保进攻球员站在三分线后，直到他接到传球。

（五）练习 5

练习名称：福斯特“1 对 1”。

练习方法：

● 在每侧侧翼和中圈边缘放置锥桶。一名球员从弧顶持球，另一名球员在罚球线。进攻和防守的球员在边线列队。

● 进攻球员运球到中圈处的锥桶，防守者跑动到任意一个侧翼，二人进行“1 对 1”。在投篮尝试之后，抢篮板球并到对侧队伍中。

如图 4-51、图 4-52 所示。

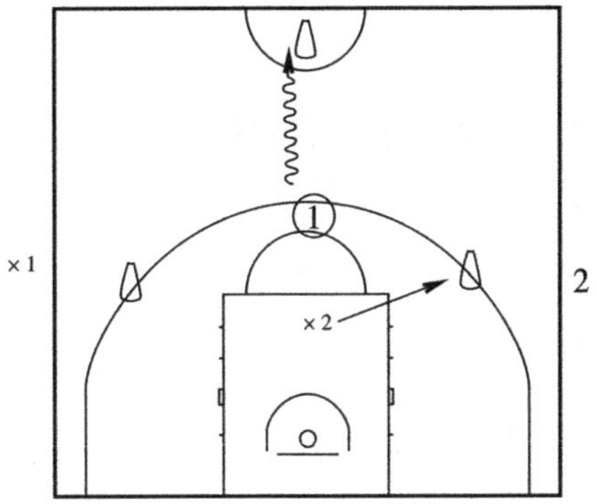

图 4-51

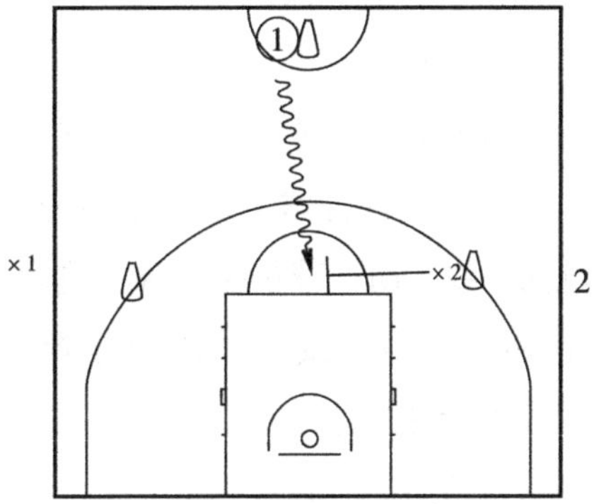

图 4-52

练习要点：

● 确保向球员强调冲刺。冲得最凶的人会在“1 对 1”中获得优势。

根据球员的水平调整锥桶的距离。例如，不善于运球的年轻球员可能需要将锥桶放得更近，这样阻碍会更小。

（六）练习 6

练习名称：“1 对 1”锥桶训练。

练习方法：

● 球员在底线站成两队，对面放两个锥桶。外侧球员持球。

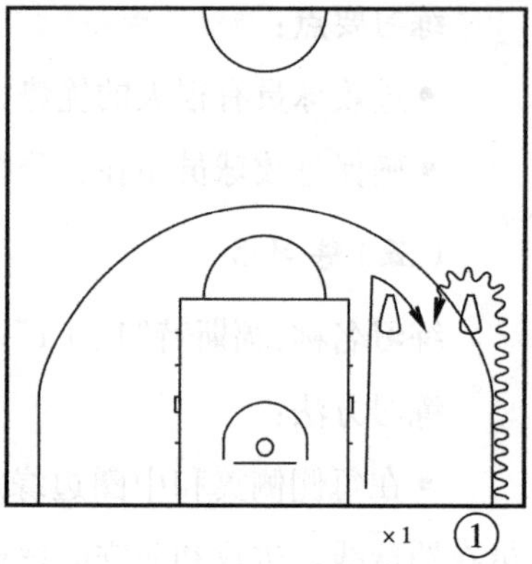

图 4-53

• 球员跑到/运球到对面的锥桶。过了锥桶后,球员有 3 次运球机会进攻篮筐得分。

• 在投篮尝试后,球员交换队伍。

如图 4-53 所示。

练习要点:

• 将锥桶放在球员需要练习的地方,例如弧顶、靠近底角或靠近禁区。

• 转过锥桶后球员有 3 次运球机会。年轻的队伍可以多运球。

(七)练习 7

练习名称:地滚球"1 对 1"。

练习方法:

• 球员成对进行"1 对 1",进攻者站在三分线,防守者持球站在篮下。

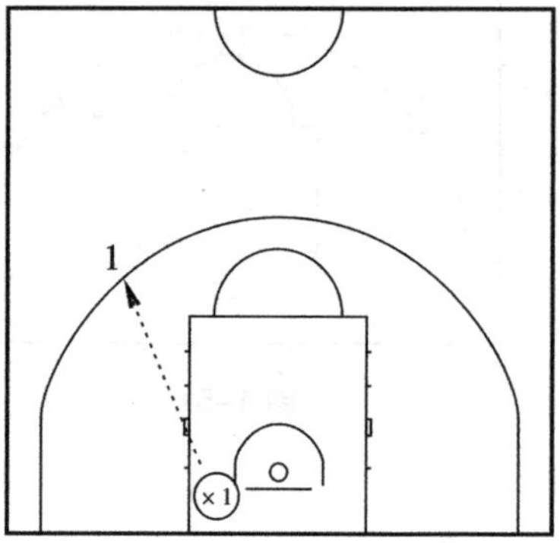

图 4-54

• 防守者将球从地面滚向进攻者,并跑向外线补防。球员接到球并进攻。如果完成投篮,他继续进攻而防守者换人;否则,进攻者被替换。

如图 4-54 所示。

练习要点:

• 确保进攻球员等着球过去——在球没到三分线之前,他们不可以拿起球。

• 该训练迫使球员保持降低重心进攻,确保他们低于防守者并且不要重新站起来。

二、内线进攻练习

(一)练习 1

练习名称:3 人内线进攻。

练习方法：

• 3 个身高体形以及能力相当的球员组成队进行练习。两名在低位，另外一名在侧翼。

• 低位的两人，靠近篮筐的作为防守球员，另一人作为进攻球员。进攻球员对抗后要位，侧翼球员伺机塞球给进攻球员。

• 进攻球员接球后在 3 秒内完成进攻，3 次进攻后，进攻球员变为防守球员，防守球员去外线传球。传球球员变为新的进攻球员。

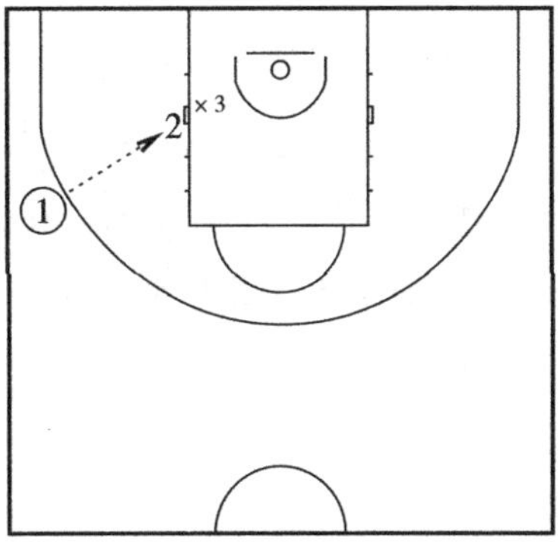

图 4–55

如图 4–55 所示。

练习要点：

• 进攻球员可以通过内线投篮、勾手、转身上篮等技术得分。要位接球时注意伸出接球手，示意传球。

（二）练习 2

练习名称：“炸球”投篮。

练习方法：

• 球员站在三秒区的边缘，持球面向篮筐。

• 球员向自己旋转球，双脚跳步接球。

• 大力运球后干拔跳投，然后自己抢篮板球并到另一侧的点投篮。

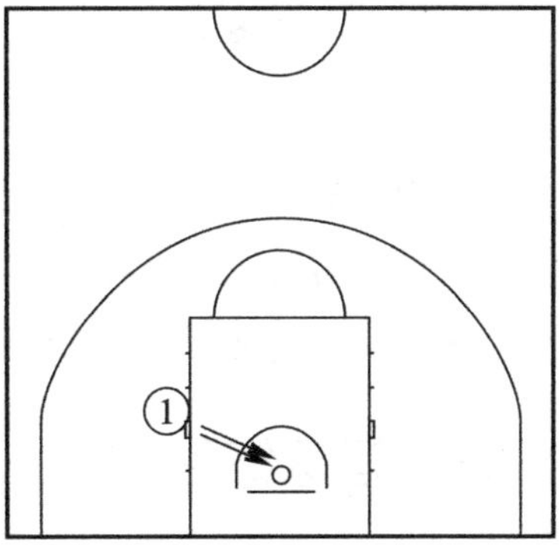

图 4–56

如图 4–56 所示。

练习要点：

• 球员需要在双手运球并投擦板球后练习干拔。

• 干拔跳投的时机是投手带球到投篮位置并在一个连贯动作中举起球。

• 对于右手球员，这个位置在胸和腰之间，微微偏向右侧肩膀，在其右脚上方（脚应该指向篮筐）。

（三）练习 3

练习名称：肘区麦肯训练。

练习方法：

●球员持球站在底线一侧的低位。

●球员快速运球到对角肘区，然后向自己转球并接住球，之后转 180°面向篮筐并且运一次球上篮。在另一侧重复这个训练。

如图 4-57、图 4-58 所示。

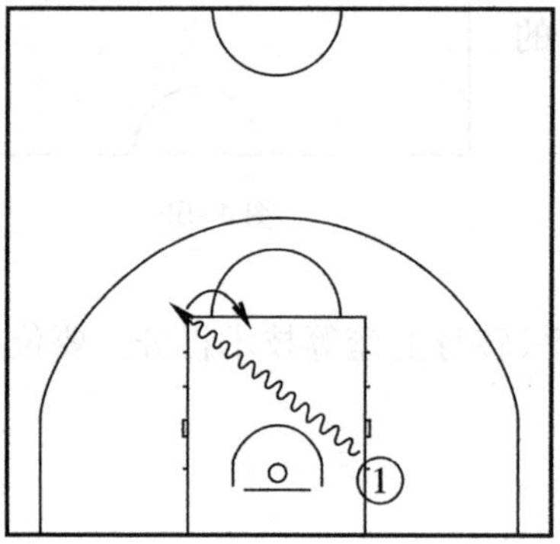

图 4-57

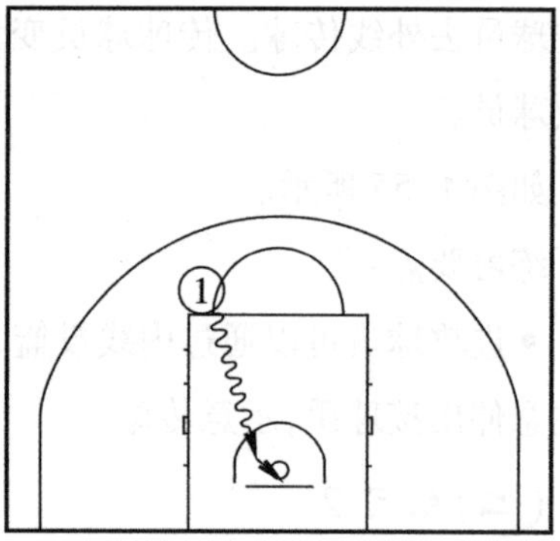

图 4-58

练习要点：

●球员需要练习双脚转身。

●尽可能高强度多上篮终结。

三、运球练习

（一）练习 1

练习名称：沿线对抗。

练习方法：

●球员沿着底线站立。一名进攻球员，一名防守球员。

●进攻球员尝试运球到罚球线，并尽量通过限制区。

●防守球员需要滑步防守切断进攻球员的前进路线并迫使其向边缘移动。

• 到达罚球线后，他们转而必须返回底线，进攻队员尽量保持在限制区内运球进攻。

如图 4-59、图 4-60 所示。

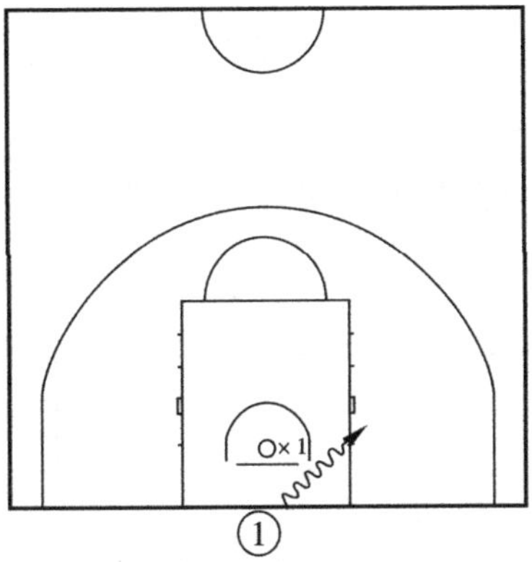

图 4-59

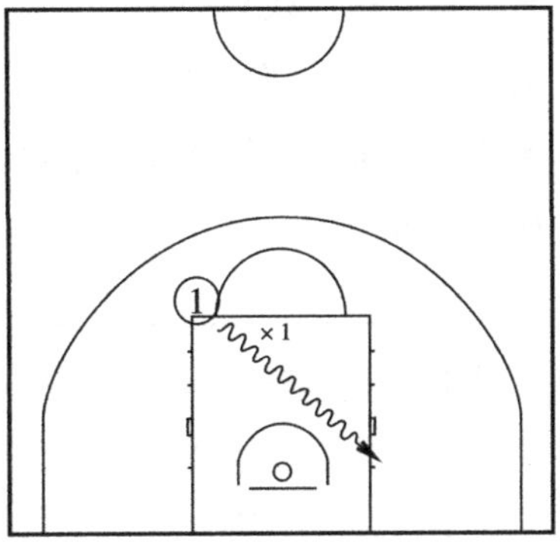

图 4-60

练习要点：

• 通过将球员分成两队并将训练改为接力赛能够提高训练的竞争性。

• 防守球员将无法阻止进攻球员到达罚球线，但是如果他迫使进攻球员到三秒区边缘，他就完成了任务。

（二）练习 2

练习名称：运球贴标签。

练习方法：

• 每个球员都持球站在三分线内。

• 一名球员被定义为“标记者”，哨声吹响后，标记者跑起来尝试标记其他球员。所有人被标记后结束。

如图 4-61 所示。

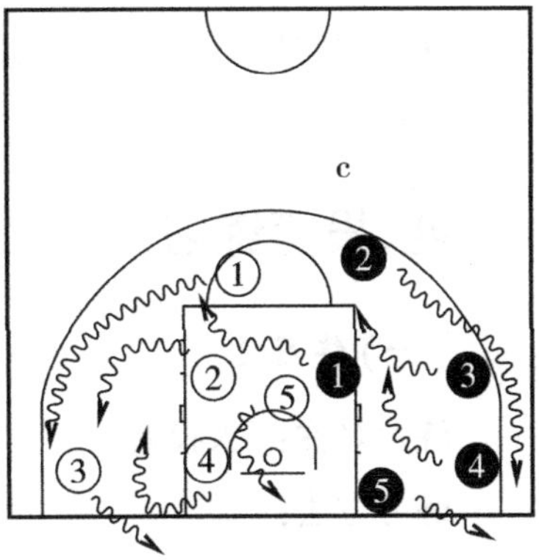

图 4-61

练习要点：

• 为了使练习对于年龄较大的球员更加真实，在其出局之前，让标记者抢断对面球员的球。

• 通过迫使球员只用一只手运球的方式，来训练其控球能力。

(三)练习3

练习名称:绕“8字”全场上篮。

练习方法:

• 在距离罚球线和中线15英尺(约4.57米)处分别放两个锥桶。球员在一侧底线开始,一队人持球,一队不持球。

• 球员从锥桶外侧绕8字前进。持球队员努力在另一端上篮得分。

如图4-62所示。

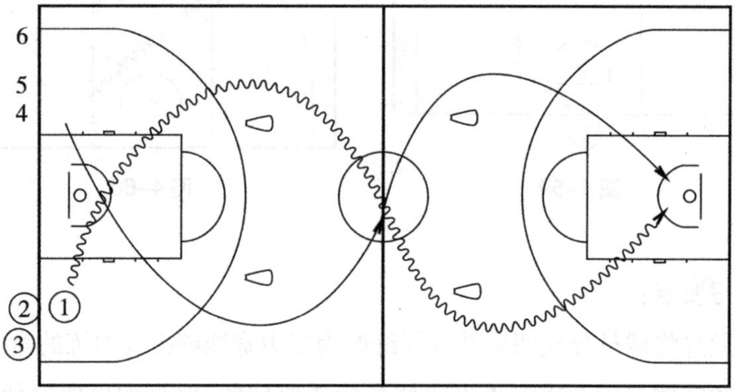

图4-62

练习要点:

• 增加球员需要绕过的锥桶数量以提高训练难度。

• 也可以在篮下增加一名协防者来增加挑战。

四、投篮练习

(一)练习1

练习名称:5人投篮。

练习方法:

• 外线5个点位各站一名球员,其余球员在左侧底角等待。

• 1运球突破禁区然后分球给弱侧底角的5,5接球后远投三分。此时2和3向弱侧底角轮转补位,5在投完篮后自己抢篮板球然后运球到左侧底角,而4也向左侧侧翼补位。

• 6 传球给侧翼的 4，1 传球后弹出到弧顶。然后继续进行练习。

如图 4-63、图 4-64 所示。

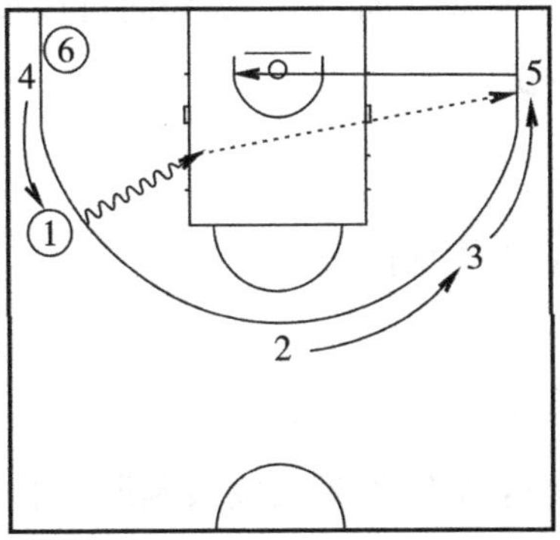

图 4-63

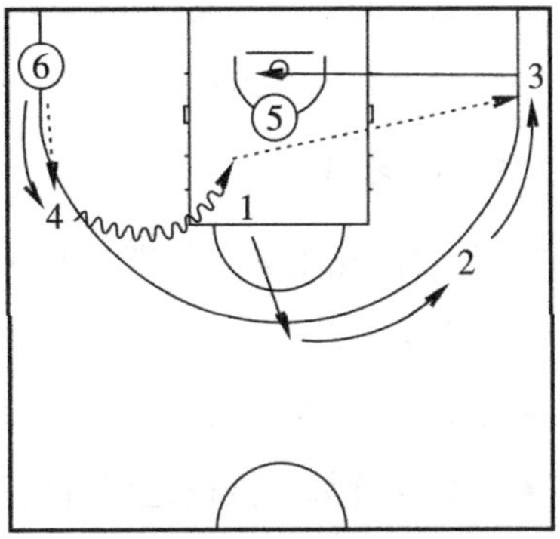

图 4-64

练习要点：

要让球员明确轮转的原则和练习的重点，所有人保持移动。

（二）练习 2

练习名称：向外跑动—两次改变方向—跳投。

练习方法：

• 球员站在篮下。一名教练站在弧顶持球。锥桶放在侧翼。

• 球员跑向锥桶并绕出。他们接到教练的传球，做两次运球移动，然后突破底线上篮。

如图 4-65、图 4-66 所示。

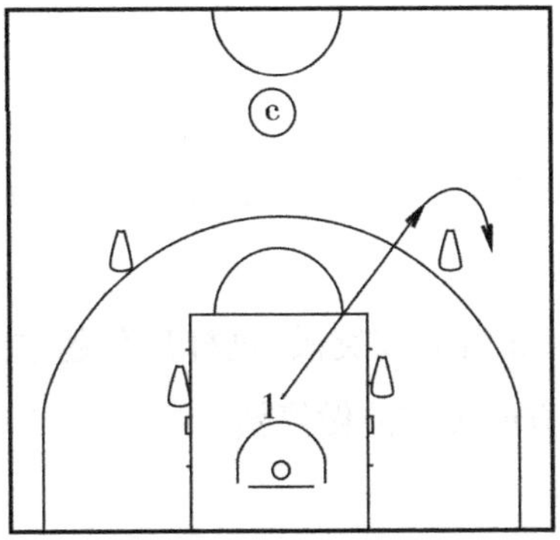

图 4-65

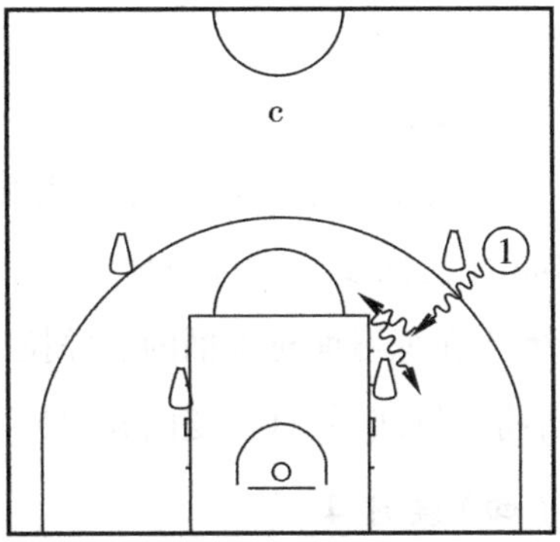

图 4-66

练习要点：

• 两次组合运球移动的关键是速度的变化。在快和慢之间交替，并以朝着某一方向的快速突破为结束。例如，做双变向，第一次变向可以很慢，带一些停顿，第二次变向后快速接一个突破。

(三)练习 3

练习名称：克里斯·保罗(Chris Paul)干拔跳投。

练习方法：

• 球员持球站在弧顶。教练在弧顶和两个肘区放上锥桶。

• 每个球员都向锥桶运球，进行两次运球移动，然后突破到肘区的锥桶处；进行另一个运球移动，在锥桶任意一侧干拔跳投。

• 球员自己抢到篮板球并回到队尾。

如图 4-67、图 4-68 所示。

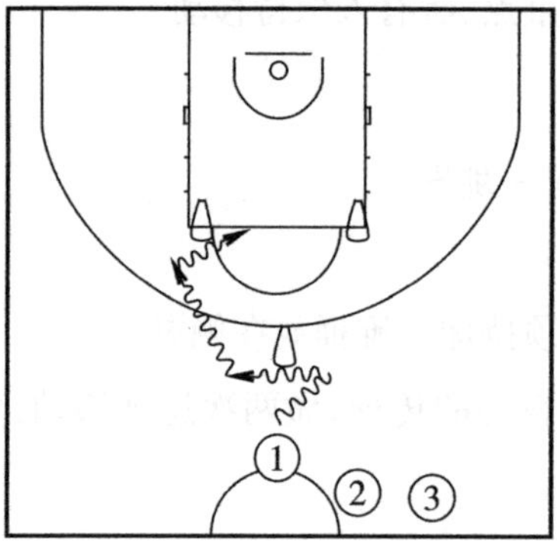

图 4-67

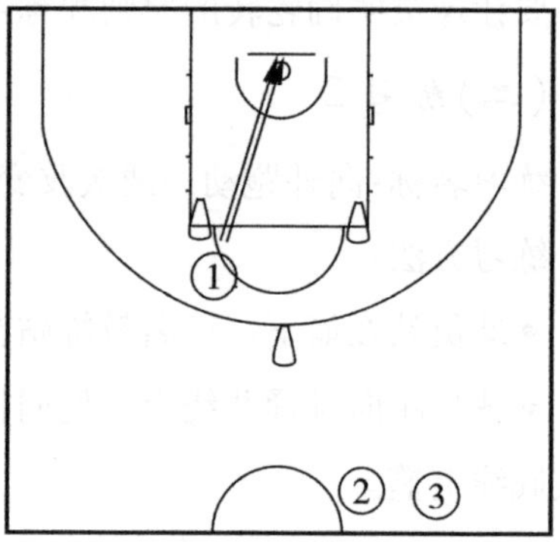

图 4-68

练习要点：

• 球员需要进行 3 次自由发挥的运球。包括变向、背后、胯下、“in&out”、犹豫步、急停拉回。

• 当在练习面对锥桶的急停拉回时，球员应该突破，这样球就超过了锥桶，再将球拉回，并且在变向和向另一个方向突破前做停顿。

(四)练习 4

练习名称：绕椅子变向急停投篮。

练习方法：

• 球员在半场列队持球。教练在场上放 4 把椅子，间距 3 英尺（约 0.91 米），呈一条直线垂直于罚球线。

• 每个球员都攻击椅子，变向并移动到下一个椅子前。最后一个椅子处，球员变向并运一次球在肘区干拔，自己抢到篮板球并回到队尾。

如图 4-69 所示。

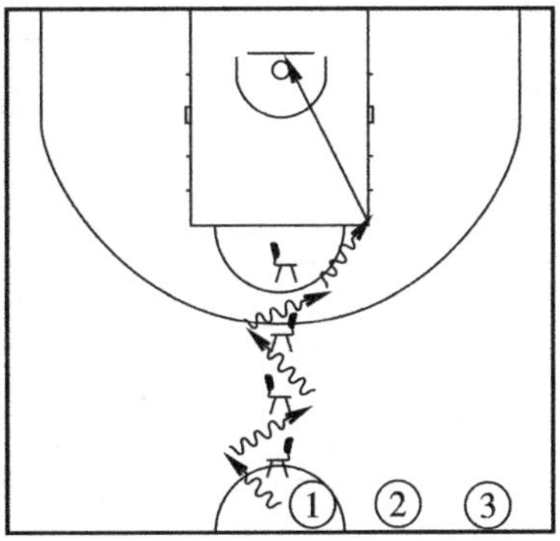

图 4-69

练习要点：

• 椅子无法移动，球员需要做大幅度变向过掉椅子。

• 椅子的另一个用处是参照点——确保每个球员的球在变向时候低于椅子的座位部分。

（五）练习 5

练习名称：持球/底线组合跳投。

练习方法：

• 球员持球在侧翼列队。教练站在对侧侧翼。

• 锥桶被安排为延误防守。球员一次运球进攻第一个锥桶并绕过它，然后突破一次运球干拔。

• 球员抢到篮板球并传给侧翼的教练。

• 球员切到底角，投出底角三分，并自己抢篮板球。

如图 4-70、图 4-71、图 4-72 所示。

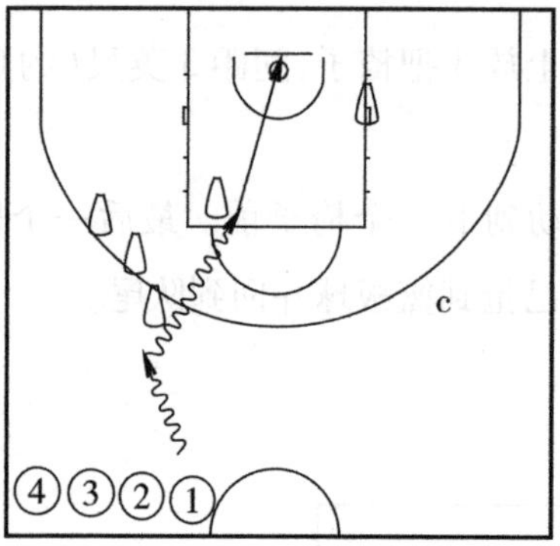

图 4-70

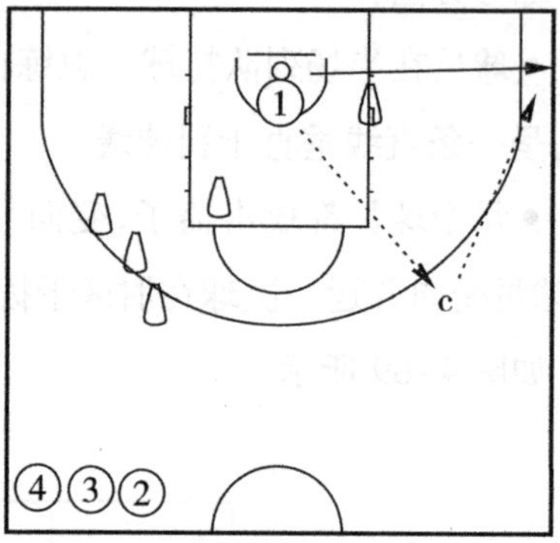

图 4-71

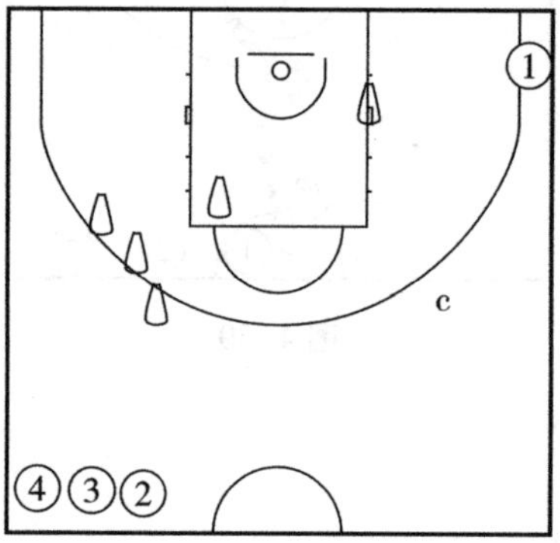

图 4-72

练习要点:

• 如果有空闲的教练或球队管理者,最好用真实的人模拟掩护。让教练要么延误(退回再加速)要么绕过掩护(干拔跳投),这样球员可以做出判断。

• 提醒球员在后撤时用身体保护好球。让他们的身体侧对防守球员,然后在突破时打开。

(六)练习 6

练习名称:高低位投篮。

练习方法:

• 一队球员沿着底线站立,其中两名球名持球,另一队站在对侧侧翼以上处。

• 一名侧翼球员切到弧顶，另一名到底角，都接到来自底线的传球并投篮。

• 投手抢到篮板球并传球给 3 和 4，回到 4 队尾，1 和 2 回到 8 队尾。两边都进行练习。

如图 4–73、图 4–74 所示。

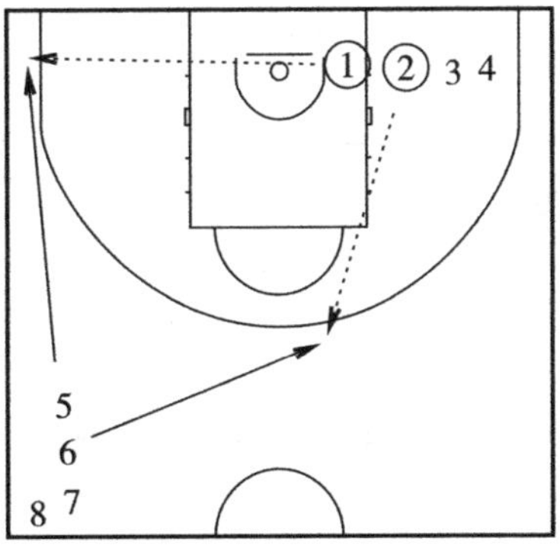

图 4–73

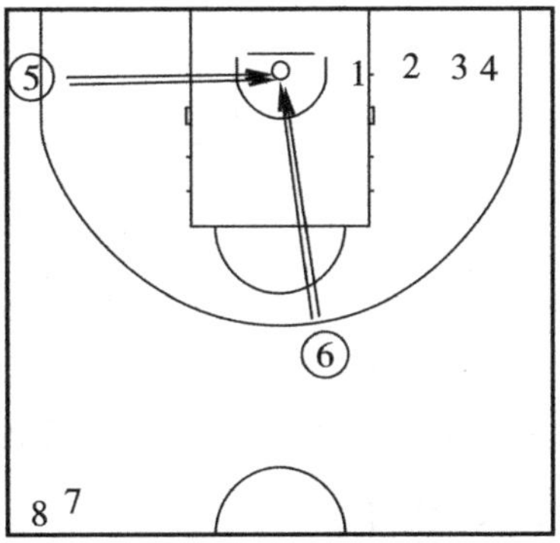

图 4–74

练习要点：

• 另外在这个位置能练习的投篮是中距离投篮、运球突破，以及上篮、一次运球干拔、两次运球抛投。

• 底线跳投对于采用“1–2”步伐的球员非常困难，因为他们必须做一个 90°急转弯到达投篮位置。尝试练习跳步从而降低难度，在空中接球并采用正确的脚步动作落地。

（七）练习 7

练习名称：180°转身投篮。

练习方法：

• 球员持球站在三秒区的边缘。

• 球员向自己的方向旋转球并双脚跳步接球，以一只脚为轴转 180°并跳投。

• 球员自己抢到篮板球并到另一端的点投篮。

如图 4-75 所示。

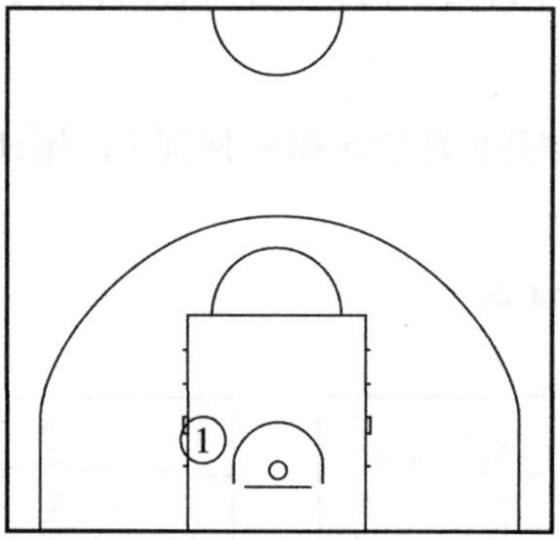

图 4-75

练习要点：

- 球员应该两只脚都做轴，背转身，并在训练过程中采用擦板投篮。

(八) 练习 8

练习名称：回传投篮。

练习方法：

- 球员在三分线外肘区以外持球列队。教练站在三秒区。
- 球员传球给教练，然后切入肘区。他们接到回传球并跳投。
- 球员自己抢篮板球并到对侧队伍中。

如图 4-76、图 4-77 所示。

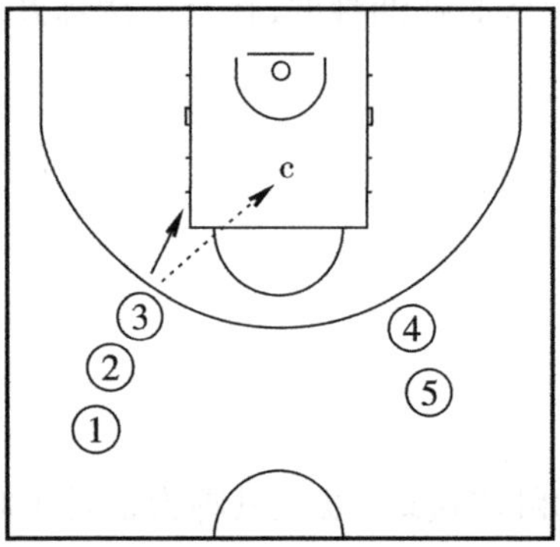

图 4-76

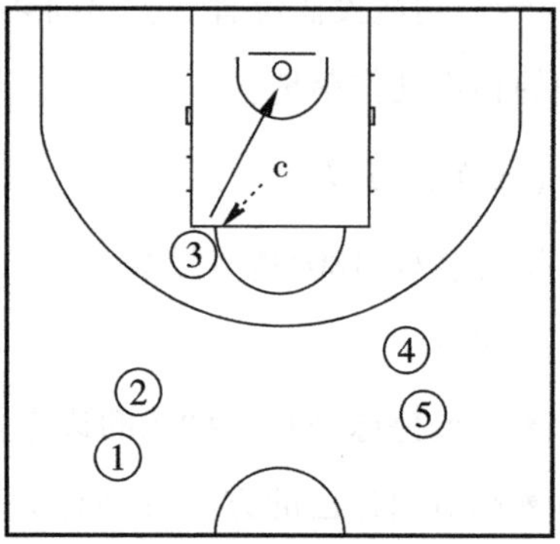

图 4-77

练习要点：

• 教练可以把训练重心调整到任何你的球员需要练习的方面，如底角三分、干拔跳投、上篮等等。

• 如果有一个空余的球队管理者可用，教练可以让其向球员外出补防从而使训练更接近比赛。

（九）练习 9

练习名称：“OSU”投篮。

练习方法：

• 教练在篮下持球列队。一个球员在侧翼持球，另一个在弧顶。

• 弧顶球员给持球球员做掩护。持球球员借用掩护向中路突破，到肘区后投篮。掩护者拉开到底角接球投篮。

如图 4–78、图 4–79 所示。

练习要点：

• 确保球员以比赛节奏训练。

• 合适的掩护角度，在突破过去时贴着肩膀通过。

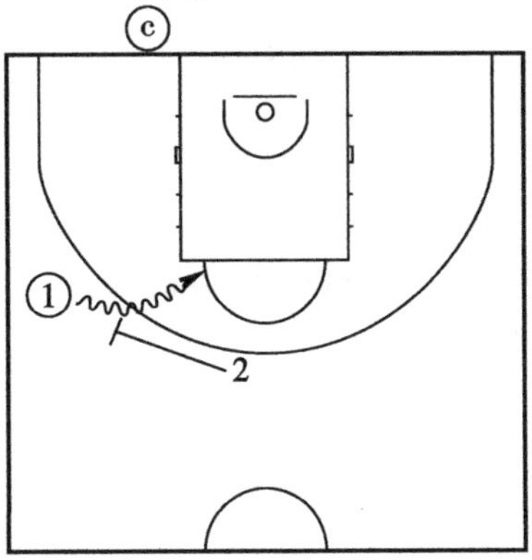

图 4–78

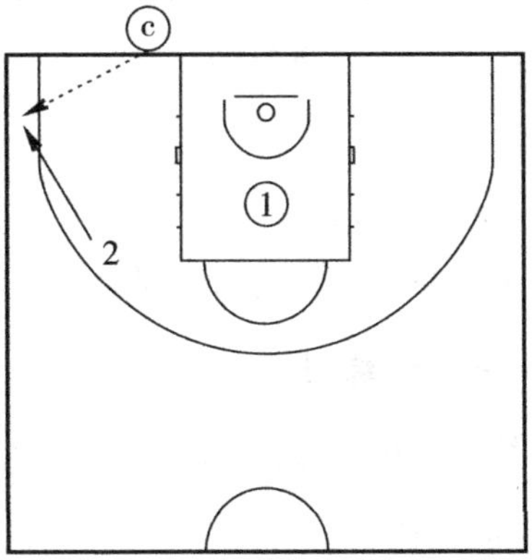

图 4–79

（十）练习 10

练习名称：运球突破，绕曲线组合投篮。

练习方法：

• 球员在侧翼上端持球列队。教练站在弧顶。

• 每个球员都用外侧手突破，在第一个锥桶处停顿，然后向底线突破完成一次运球投篮。

• 球员抢到自己的篮板球并把球传给弧顶的教练。然后，球员绕锥桶做低位掩护动作，之后在对侧肘区接到球后干拔跳投。

• 抢到自己的篮板球然后回到队中。

如图 4-80、图 4-81 所示。

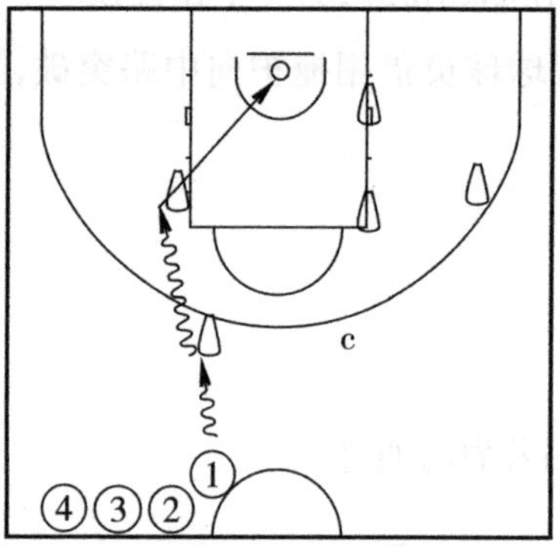

图 4-80

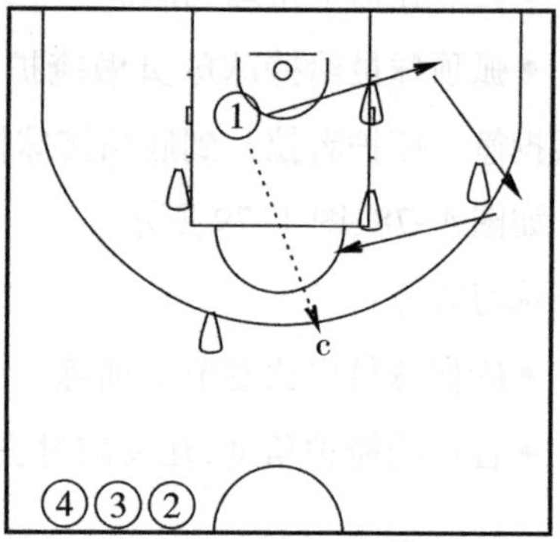

图 4-81

练习要点：

• 尽量在球场的两端同时进行训练，从而增加球员的训练机会。

(十一) 练习 11

练习名称：名人堂训练。

练习方法：

• 球员在端线后列 4 队。两队互相面对从而形成一个“+”。每一队第一名球员持球。

• 球员运球到球场中央，跳步急停然后转身面向另一支队伍传球。

• 做以下的转身动作（右手为优势手的球员，右脚在前）：

前脚为轴转身；

后脚为轴背转身；

前脚为轴背转身；

双转身，一边转 180°，然后左右转身并传球。

如图 4-82 所示。

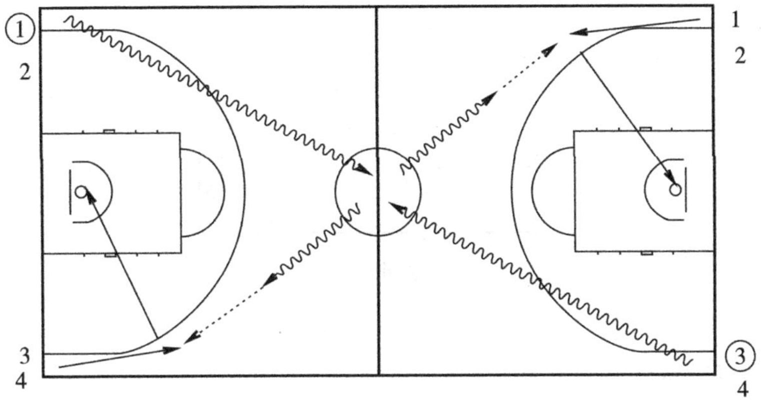

图 4-82

练习要点：

• 球员一旦熟悉了动作，为使该训练更接近比赛的变化就是让球员自己决定做什么转身，但是球员不能重复前面人做过的转身，而且不能传球给持球的球员。

（十二）练习 12

练习名称：“7 对 5”传球。

练习方法：

• 球员分为两组，一组 7 人，另一组 5 人。7 人组拿球。

• 球员分散开，7 人组开始互相传球。5 人组尝试断球。

• 如果被断到球，失去球的球员和抢断球的球员互换角色。

• 如果球超出了某个区域，例如三分线，也算失误。

如图 4-83 所示。

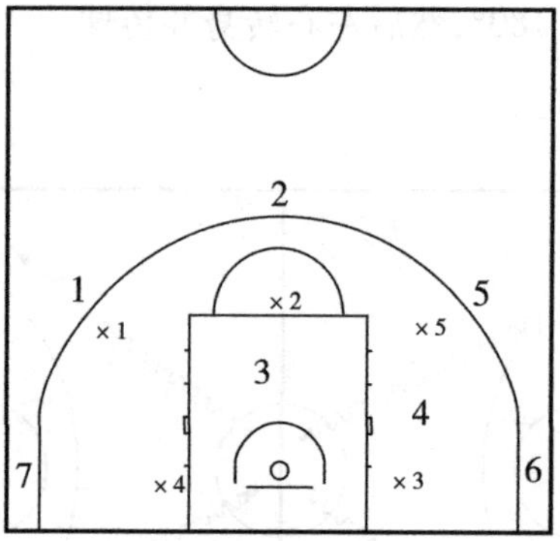

图 4-83

练习要点：

• 对于年轻球队，可以将区域限制为整个半场。年龄更大的球队则可以限制在三分线之内。

• 提醒球员不被防守包夹的关键在于传球和切入。如果球员在传球后站在原地，应要求他们立刻退出这次训练。

第二篇　运球突破移动进攻

第五章
运球突破移动进攻概述

第一节　运球突破移动进攻简介

一、战术体系介绍

运球突破移动进攻，是在美国高中、大学和职业篮球比赛中经常见到的、比较流行的进攻战术，最初的发明人是美国篮球教练万斯·瓦尔贝格（Vance Walberg），该战术又被称为“AASAA”进攻战术，意思是“进攻—进攻—长传分球—进攻—进攻”。在美国大学生篮球联赛里，约翰·卡里帕里（John Calipari）教练把此战术进行修改，重新命名为“运球突破移动进攻战术”。后卫的运球突破是此战术的核心部分，因为防守想阻止突破是最为困难的事情之一，这一战术能制造防守球员的犯规，使攻方获得罚球机会。

运球突破移动进攻的战术要点是：创造突破空间，运用突破进行攻击。本战术以后卫为进攻核心，在球场上分散落位，不停冲击篮筐，或者向外线分球投射三分球。瓦尔贝格教练称此战术为“限制区和三分”战术，意思是要么上篮得分，要么投射三分。为了满足上述要求，有利于突破的发动和运行，此战术经常运用“4 外 1 内”的战术落位。

如图 5-1 所示：1 和 5 是后卫，是队中最好的控球者，速度最快的球员，该战术是以突破进行攻击，然后进行外线投射。

2 和 3 在深位底角落位，要保持足够耐心，对他们来说，投射是第一位，突破是第二位,是球队中前两位的三分投手。

4是中锋,是内线终结者,尽量卡位、要位,而且落位到球对侧低位、拐角或者小角位置,两脚斜位站立,面向对侧罚球线拐角,这样可以为突破打开通道。中锋要时刻准备接应突破球员的高吊传球、击地传球,并在内线拼抢进攻篮板球。

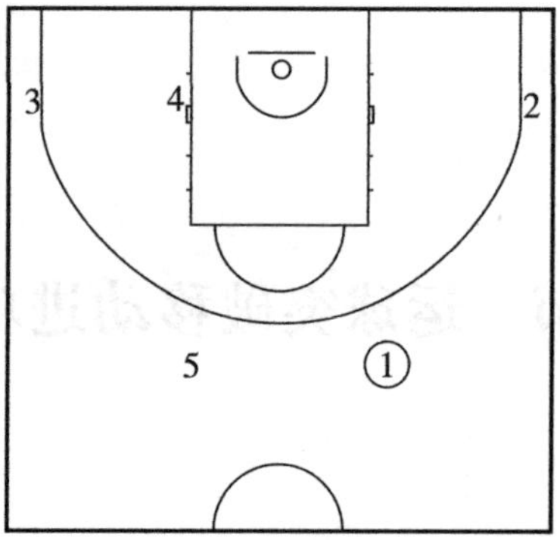

图5–1

二、战术优缺点

(一)优点

1.球员选择进攻

在遵循一定原则的情况下,球员选择怎样进攻,有着较大的自由度。

2.创造高命中率

如果能够有效地执行进攻,球员将会得到大量直接上篮机会和三分投篮机会,这些都能使得每个回合有较高的得分。

3.制造犯规

由于球员不断地冲击篮筐,就有很多机会制造对手犯规,从而得到罚球机会,使对手陷入犯规麻烦。

4.无位置篮球

尽管一般情况下只有一名中锋在内线,但是可以让所有球员落位到球场上的5个位置。

5. 内线空间

因为4名球员大都是在三分线外落位,所以内线有较大的空间可以利用。

(二)缺点

1. 过度运球倾向

由于运球突破移动进攻依赖突破,所以有其他更好选择时(比如传球给队友)一些球员会选择自己运球。

2. 导致较多失误

攻击到内线篮下区域再把球传给身后的三分线外的球员是比较困难的,因此会导致比中间区域传球更多的失误。

3. 缺少固定性

对那些被教会固定进攻配合的球员来说是比较困难的,因为在固定配合中他们会被要求去做什么,什么时间去做。

4. 缺少掩护

无论是挡拆还是无球掩护,都是现代篮球中创造优势较好的方式,但这些方式在运球突破进攻中不是主流。

5. “看球”的倾向

大部分年轻球员习惯于站着看队友攻击篮筐,而在这个进攻体系中他们必须学会在运球突破时移动到空位。

6. 保持空间平衡比较困难

由于需要大量的突破,所以观察队友的行动和保持空间均衡是比较困难的。

7. 过于依靠三分球

如果不能命中三分球,球员就不得不选择突破,这容易被对手有针对性地进行防守。

第二节 运球突破移动进攻基本原则

一、区域

突破发动区:外线球员在此区域阅读防守情况,判断最可能发生的情况,开始发动突破,特别是1号位球员最好能够直接进攻。

1区:突破球员被迫停球,没能进入2区,传球给外线队友,重新发动突破的一些选择。

2区:突破球员被迫停球,把球传给弱侧或后方包切的队员进行突破的一些选择。

3区:突破进入此区域,撕裂对手防线是每一次进攻所需要做的,也是本进攻体系成功的关键,进攻队员可以上篮结束进攻。

整个区域如图5-2所示。

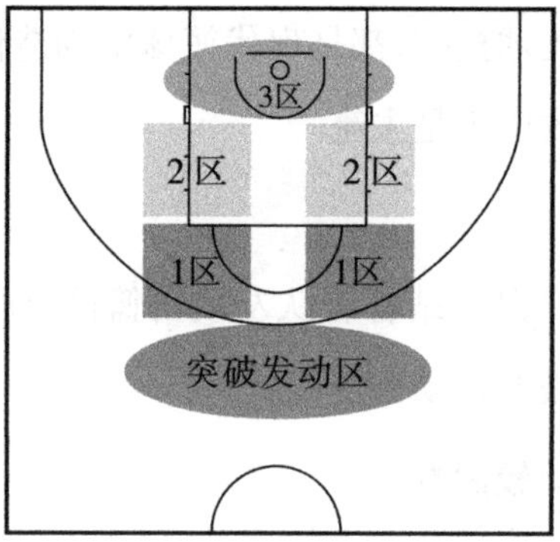

图5-2

二、空间和通道

为了能够更好地进行突破,球员必须留出良好的空间及突破通道。

当球转移时，外线球员必须轮转到正确位置，保持在三分线以外。如果外线球员突破到内线，他必须迅速回到三分线以外，以拉开内线空间。同样，如果他切入内线，一旦没有接球机会，应迅速回到外线。中锋球员 4 要不断地随着球的移动而移动，始终保持在弱侧。这样就可避免挡住突破通道。有时，当有球员从底线突破时，4 必须向上移动到分位线附近。图 5-3 中显示的是"一个位置距离"的空间，由于协防球员处于较好的协防位置，突破起来比较困难。

如图 5-4 所示：如果 2 和 3 移动到底角，这样就形成了"两个传球"距离的空间，比较容易突破。

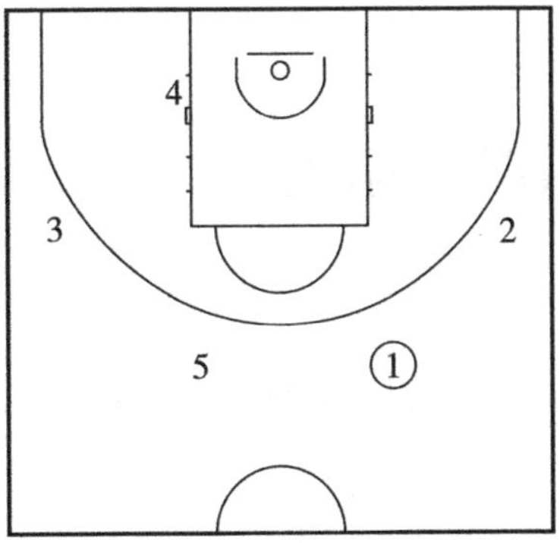

图 5-3

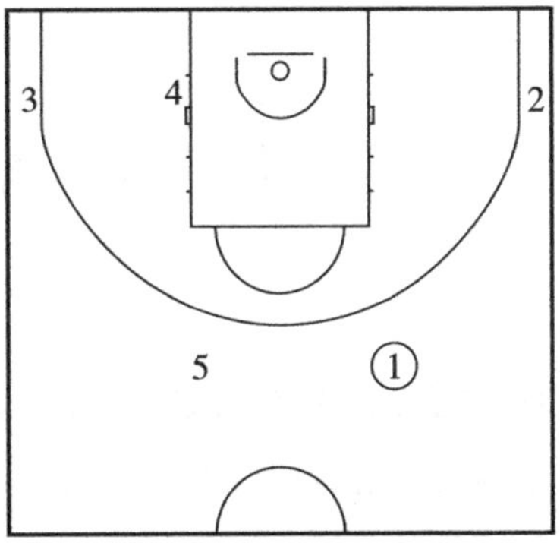

图 5-4

我们甚至可以创造"三个传球距离"的空间，瓦尔贝格教练在其代号为"415"的战术配合中就是使用"三个传球位置"的空间来进行的。

如图 5-5 及图 5-6 所示：1 传球给 5 后，向内切入，然后弹出到左侧侧翼，这样 5 就有"三个传球位置"可以利用。当 5 突破时移动到弧顶，1 向右侧弧顶移动，3 上提至侧翼。5 突破到拐角附近，2 反跑接 5 传球，同时 4 上提，3 再下顺到底角接可能的 2 的传球。

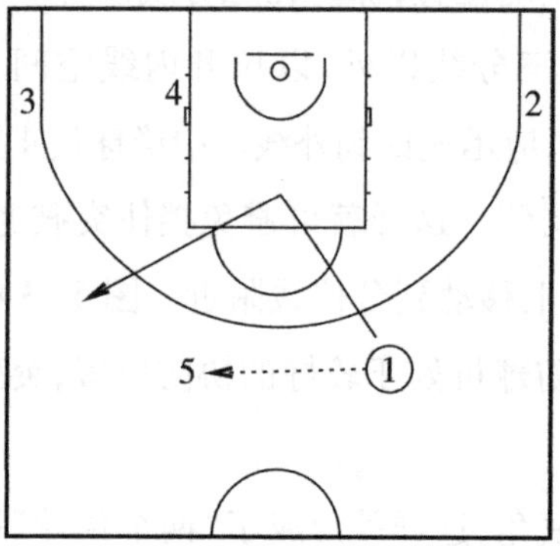

图 5-5

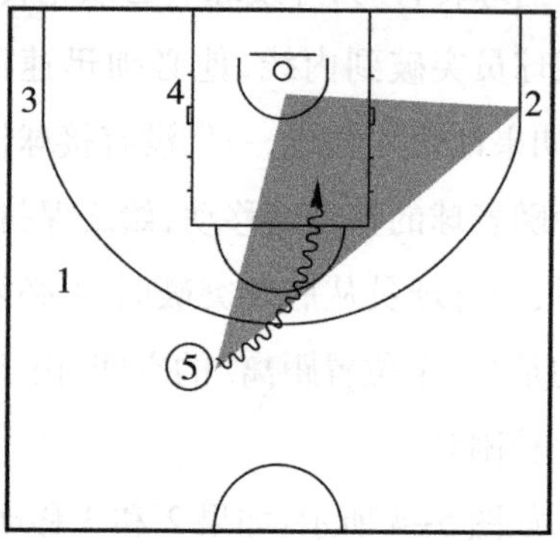

图 5-6

第三节 突破时的原则

球队需要有 4 名外线球员能够进行运球突破,并且能够投射三分。

运球突破时,球员的选择有:

- 上篮。
- 传球给弱侧中锋。
- 传球给反跑切入球员。
- 向外传球给外线球员投三分。

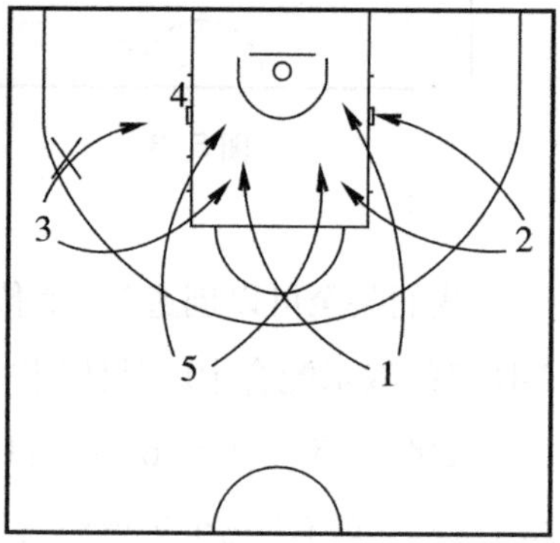

图 5-7

图 5-7 所示为外线球员的突破通道,1 和 5 可以从限制区内核限制区外突破,2 可以从中路和底线突破。由于 4 占据一定空间,3 仅仅有一条突破通道,即只能从中路突破。

一、球员 1 的突破原则

球员 1 有两条突破通道,一条是沿着限制区边线,一条是从限制区中间。如图 5-8 所示:当 1 沿限制区边路突破时,1 的首要任务是能够突破到

"3 区"直接得分,5 向右侧移动准备接回传球。如果 1 突破停止在"2 区",做后转身,向后传球给 5,此时 3 向上移动轮转到侧翼,寻找空位及传球路线,准备接 1 传球。4 留在弱侧拼抢篮板球。如果×4 协防,1 也可以传球给 4。1 传球后,快速向对侧底角移动。

如图 5-9 所示:当 1 从限制区中路突破时,4 向弧顶移动,寻找好的接球路线。2 向上移动,3 停留在底角。1 尽可能直接得分,或者传球给底角的 3、弱侧的 4、弧顶的 5,或者弱侧侧翼的 2。

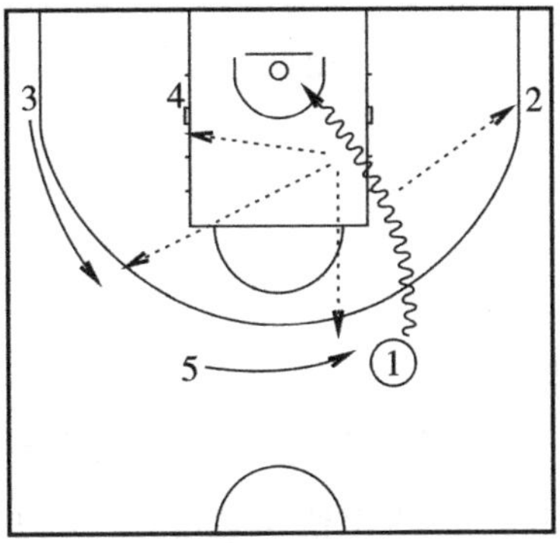

图 5-8

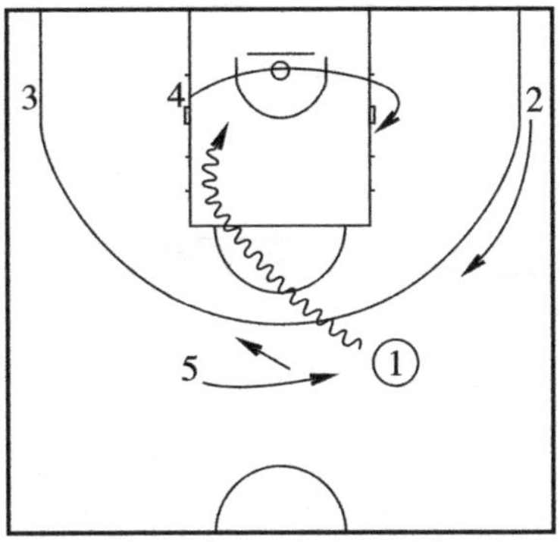

图 5-9

二、球员 5 的突破原则

球员 5 有两条突破路线,一条是沿着限制区边线,另一条是从限制区中路。

如图 5-10 所示:5 从边路突破(沿着限制区边线突破)时,5 首先要做的是突破到"3 区"直接得分。1 滑动到原 5 的位置,准备接 5 传球。4 移动到右侧低位,2 向上移动到右侧侧翼。非常重要的一点是,2 和 3 要移动到能够接 5 的传球且处于空位的位置。

如图 5-11 所示:5 从中路突破时,1 先向左侧移动,可以接 5 的回敲传球。一旦 5 突破到限制区,1 再向右移动,接 5 的安全传球。3 向上移动,2 保持在底角。

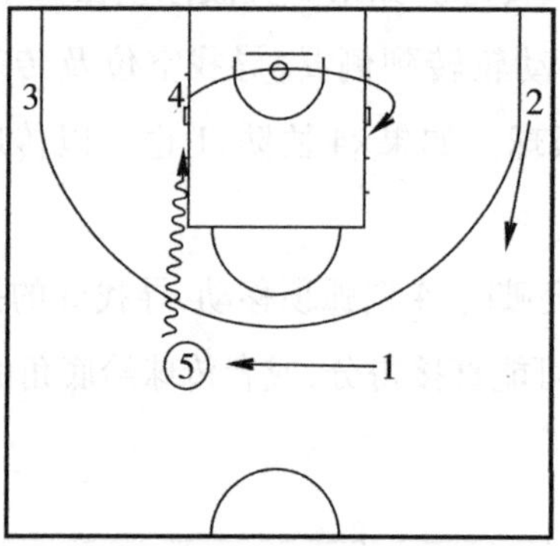

图 5-10

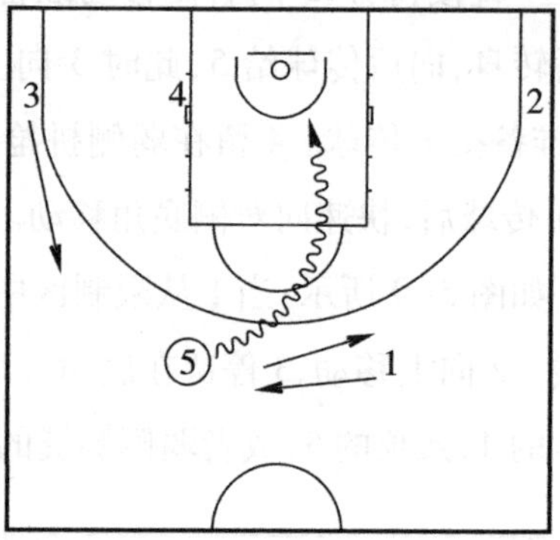

图 5-11

三、球员 2 的突破原则

球员 2 的两条突破路线是底线和中路。

如图 5-12 所示：当 2 从底线突破时，首先想到的是到“3 区”得分，1 向下轮转，5 向右移动，4 向上向限制区中间移动。3 停留在底角。2 可以传球给 4，1，5 或者 3。

如图 5-13 所示：当 2 从中路突破时，首先要到“3 区”得分。4 经篮下移动到右侧。1 和 5 向左移动到 45°和 90°位置。3 保持在底角。

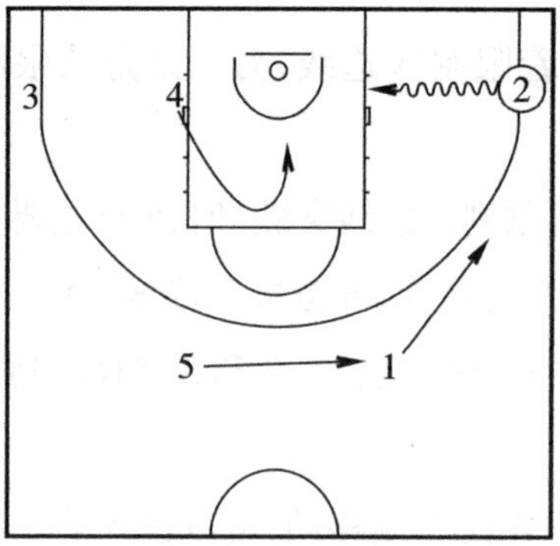

图 5-12

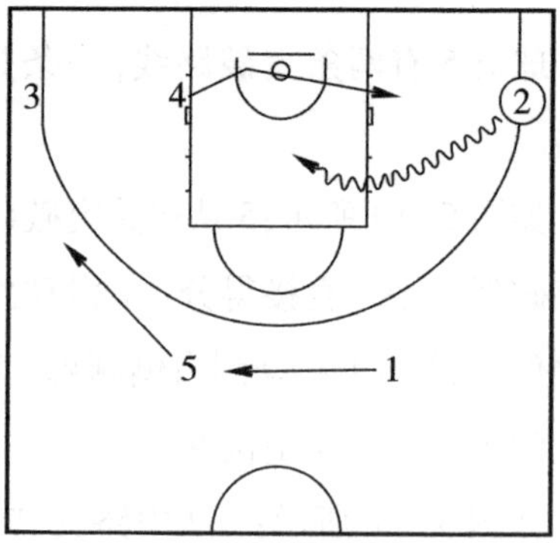

图 5-13

四、球员 3 的突破原则

3 只有从中路突破一条通道。3 从底线突破不是很好的选择,但是如果 3 从底线突破,4 应该向上滑动到拐角位置。

如图 5-14 所示:当 3 从中路突破时,首先是进攻“3 区”直接得分。4 保持不动,1 轮转移动。3 可以传球给 2 或 1 投 3 分,也可以传给 4,或者回传给 5。

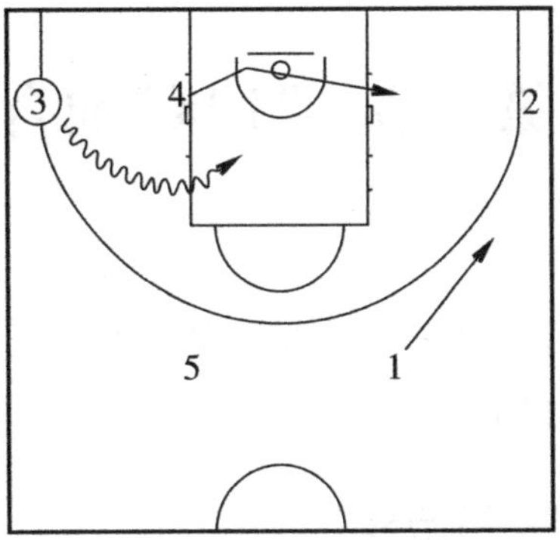

图 5-14

第六章
运球突破移动进攻基本战术

第一节 “1区”配合

“1区”被迫停球时,多数时候突破球员1不能攻击到“3区”,而是停在“1区”,此时可以选择以下配合。

一、右侧底角队员反跑

如图6-1所示:2和1进行配合,2先向上移动,呼喊要球,反跑切入“3区”接1传球。

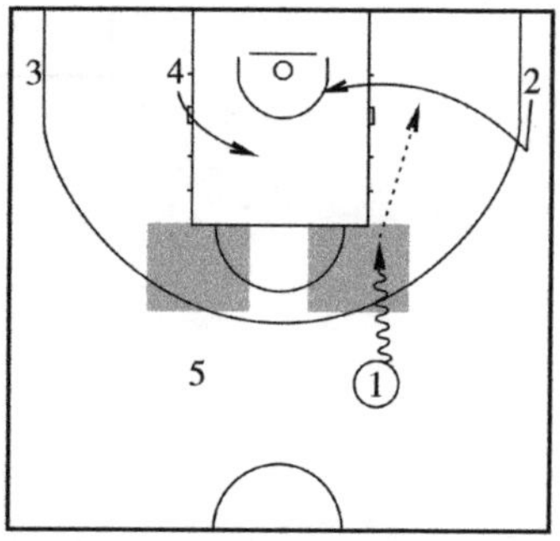

图6-1

同时,4向上向内移动。2可以直接得分,也可传球给4或3。1传球后移动到原来2的位置,5移动到原来1的位置。

如图6-2所示,2的选择有:

- 直接上篮得分。
- 传球给4。
- 传球给底角的3。
- 回传给1或5。

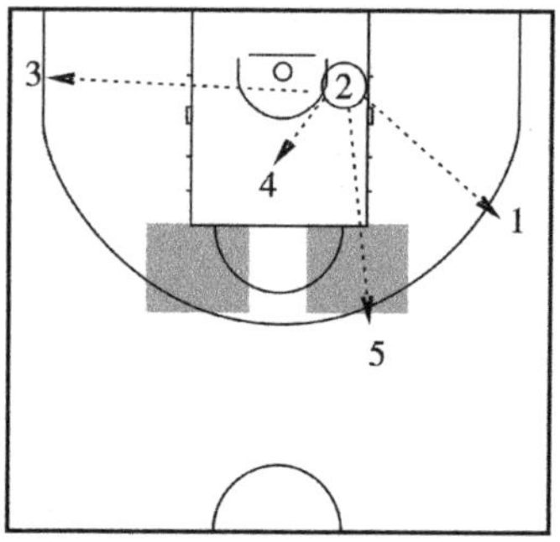

图6-2

如图6-3所示:如果2无接球机会,2移动到左侧底角。1传球给4,然后切入篮下接4传球,进行传切配合。

如图 6-4 所示:如果 1 无接球机会,移动到左侧底角,4 向内运球攻击篮下。

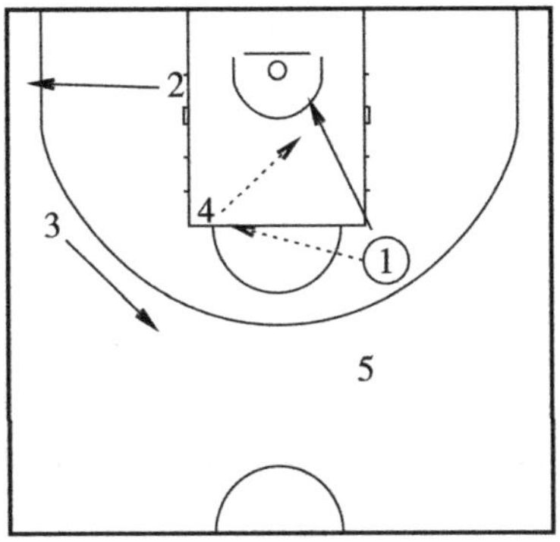

图 6-3

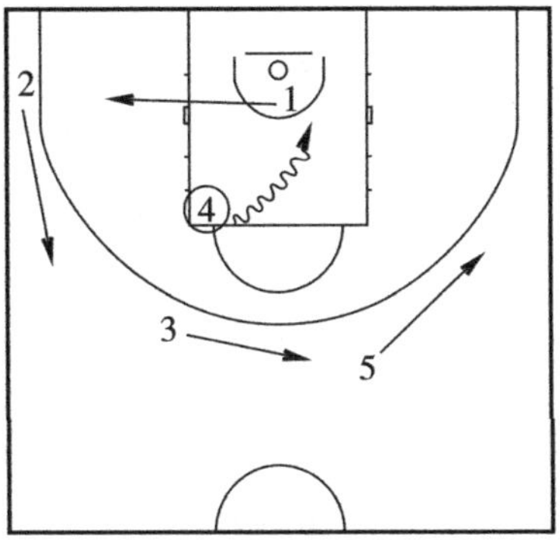

图 6-4

二、左侧底角球员反跑

如图 6-5 及图 6-6 所示:1 中路突破,停止在左侧“1 区”,4 移动到右侧低位,3 反跑切入接球。4 向上向内线移动,2 停留在底角,1 到左侧侧翼。3 可以上篮,或者传球给 2 或 4。

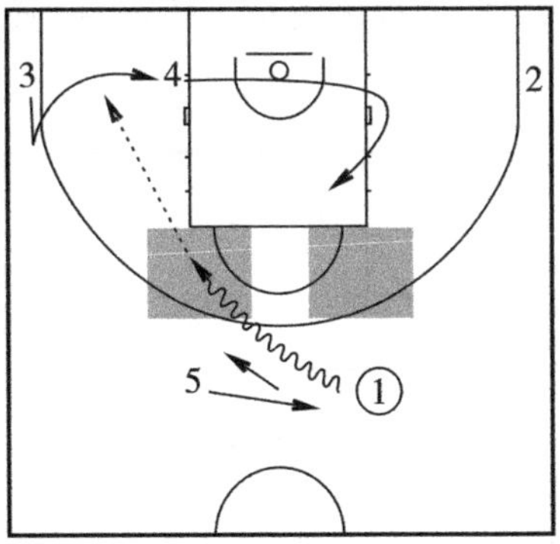

图 6-5

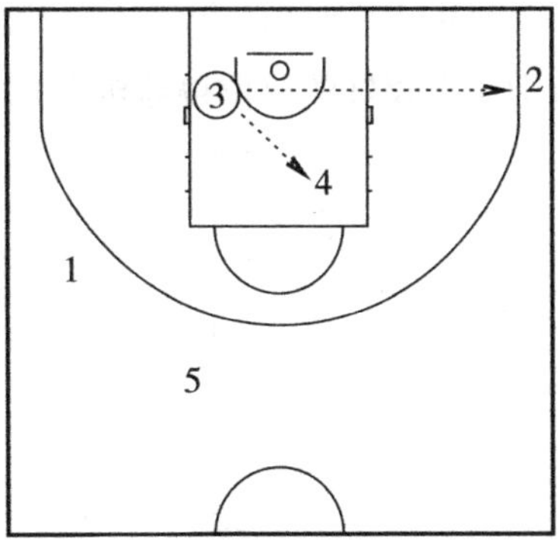

图 6-6

如图 6-7 所示:1 停止在左侧“1 区”,3 切入无接球机会,就移动到右侧底角,2 向上移动到侧翼。此时,1 传球给 4,然后切入篮下进行传切配合。

如图 6-8 所示:如果 1 无接球机会,移动到底角,3,2 和 5 顺时针轮转移动。4 从左侧突破攻击篮下。

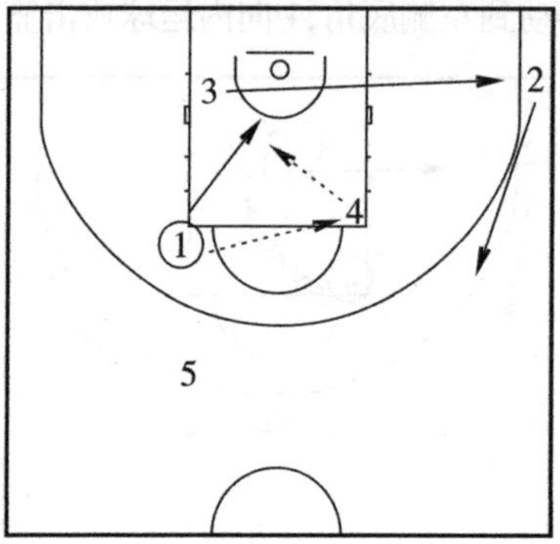

图 6-7

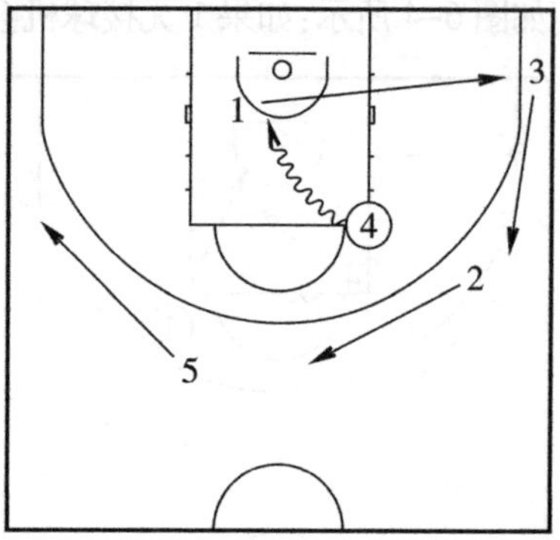

图 6-8

第二节　“2 区”配合

如图 6-9 所示：如果 1（或其他外线球员）右侧突破停止在“2 区”，他应该跳步急停，转身回传给 90°位置的外线队员。5 要跟随 1 的突破，在 1 停球时与 1 形成 90°。5 可以投三分球，也可以突破。

如图 6-10 所示：3 也可以跟随 1 的突破，上提侧翼接 1 传球，投篮或者传给 4（4 有较好的要位得球机会）。

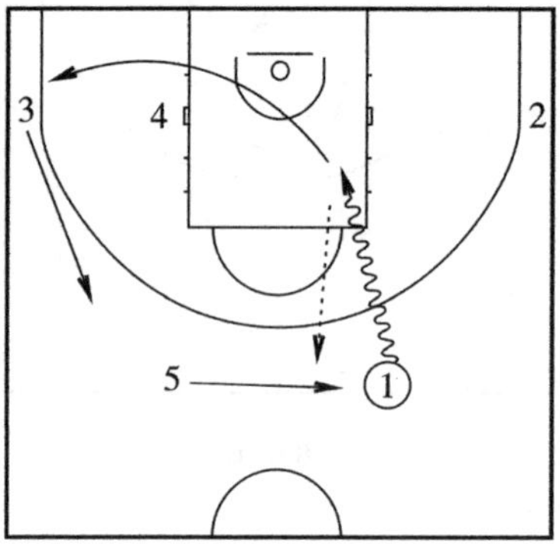

图 6-9

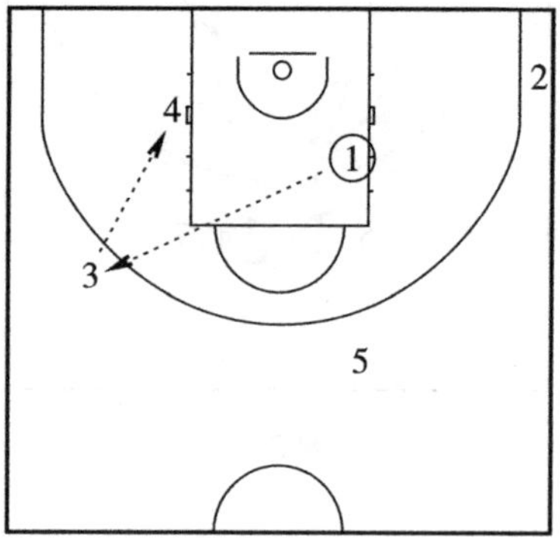

图 6-10

如图 6-11 及图 6-12 所示：如果 1 左侧突破停止在“2 区”，则 4 移动到对侧低位，而 5 切到 1 的身后三分线。1 可以传球给身后外线的 5，然后移动到右侧底角。

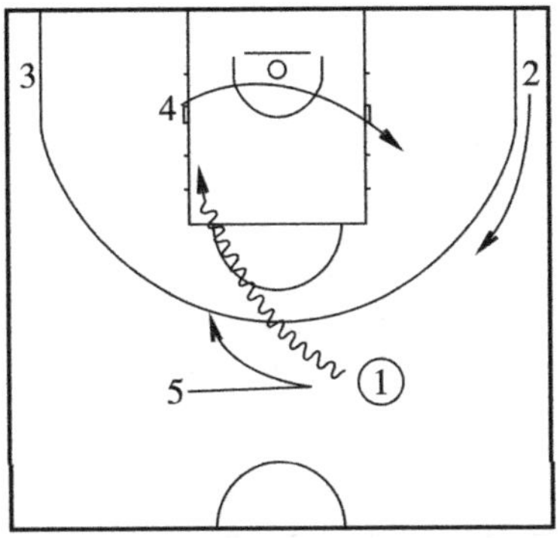

图 6-11

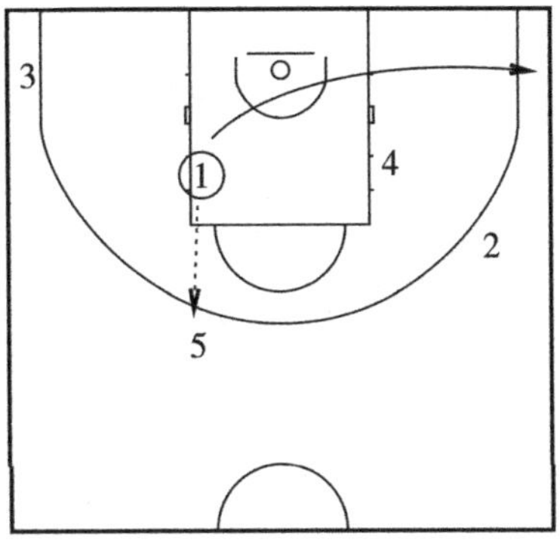

图 6-12

第三节　回敲传球

外线的运球攻击球员把球回传给临近并在他身后围绕其切入的外线球员。这个球员接球后立即可以运球突破。

回敲传球不是手递手传球，也不是“8”字围绕传球，它需要两个球员之间保持 1.8 ~2.5 米的距离。

如图 6-13 所示：1 从中路突破，回敲传球给 5，5 运球突破，如果停止在“1 区”，传球给 2 或 4。

如图 6-14 所示：回敲传球不要过早（消极回敲），接球球员的接球时机应该是在经过球时，接到球后应立即进攻（积极回敲）。

“×”表示一个消极回敲传球，5 得到球过早，不能获得较好空间组织进攻。

任何外线球员都可以在弧顶运用这种配合，无论是向左突破，还是向右突破。

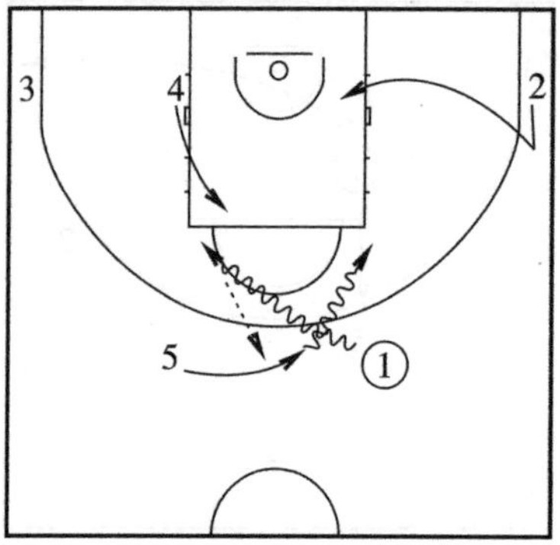

图 6-13

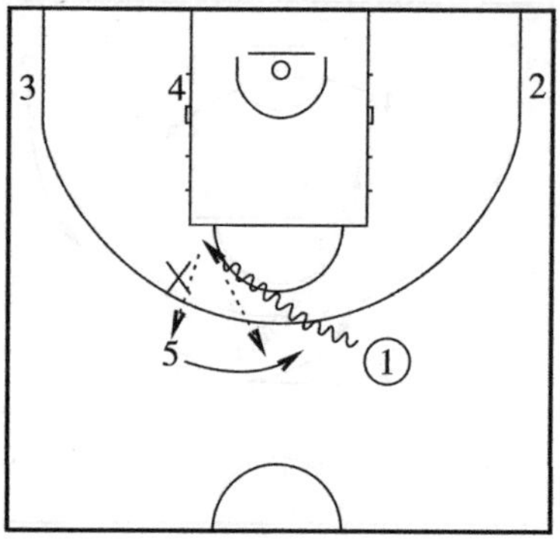

图 6-14

第四节 包切传球

包切传球是“1 区”传给向上包切的底角球员的传球。

如图 6-15 所示:1 右侧突破,停止在“1 区”,一般而言 2 反跑切入篮下。但是,若防守他的球员向内回缩,2 就向侧翼移动,进行包切,得到 1 的传球,1 移动到右侧底角。

和回敲传球一样,传球不要太早,2 应该在与 1 能够传球(不转身)的顶点位置接球,这样可以直接进攻。

如图 6-16 所示:1 包切传球给 2 后,移动到右侧底角。2 在侧翼接球后,从中路突破。4 经篮下向右侧低位移动。5 在 2 突破时先向右移动,再向左移动。

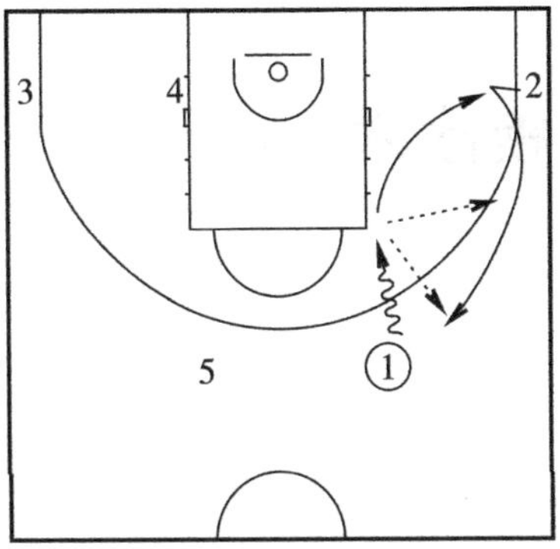

图 6–15

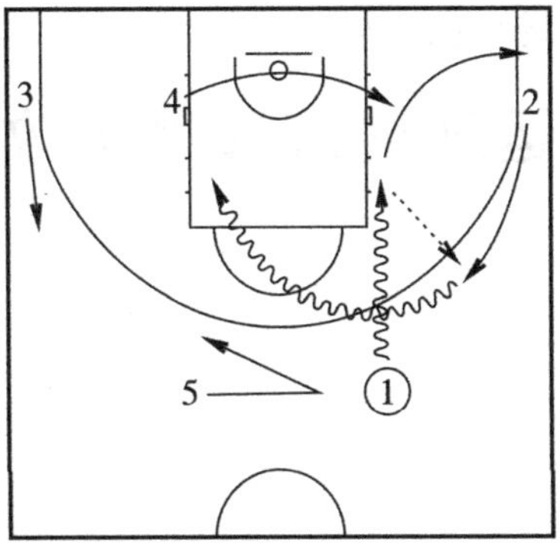

图 6–16

如图 6–17 所示:2 中路运球突破后,回敲传球给 5,并移动到左侧底角。同时 3 上提至侧翼,4 重新移动到左侧低位。5 运球进行突破进攻。这样可以连续不断地循环突破。

如图 6–18 所示:1 从中路突破,停止在左侧“1 区”,3 向上包切接 1 传球。1 移动到左侧底角,4 移动到右侧低位,3 进行突破进攻。

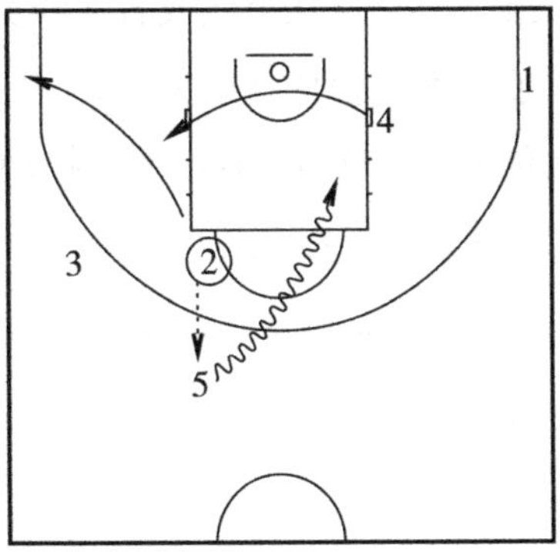

图 6–17

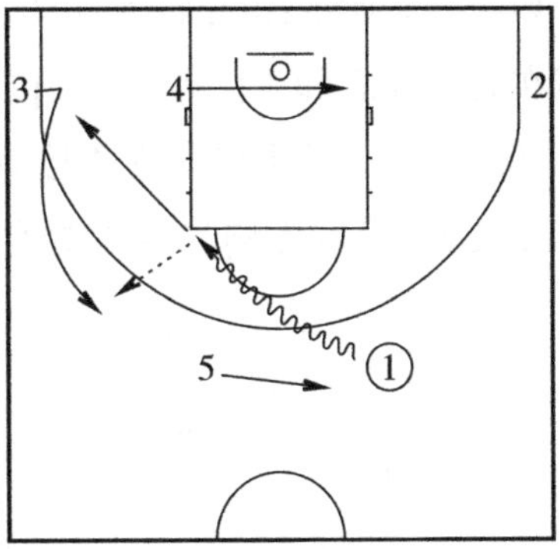

图 6–18

第七章
运球突破移动进攻转换战术

第一节　传球后发动突破进攻

如图 7-1 所示：当球在后场时，2 和 3 在侧翼，不要落位到底角，直到球进入前场。1 运球到前场发动左侧或右侧突破。这里，1 从中路突破，停止在左侧“1 区”，4 向右侧低位移动，3 反跑切入。

如图 7-2 所示：由守转攻时，2 发动突破。2 可以从上线或者下线突破。当球在后场时，2 和 3 在侧翼稍高位置，1 或者 5 尽快传球给 2 或 3。2 接球后，立即突破。2 从中路突破，4 移动到右侧低位，3 到底角，1 到原来 2 的位置。如果 2 停止在左侧“2 区”，转身向后传球给 1 或者 5。

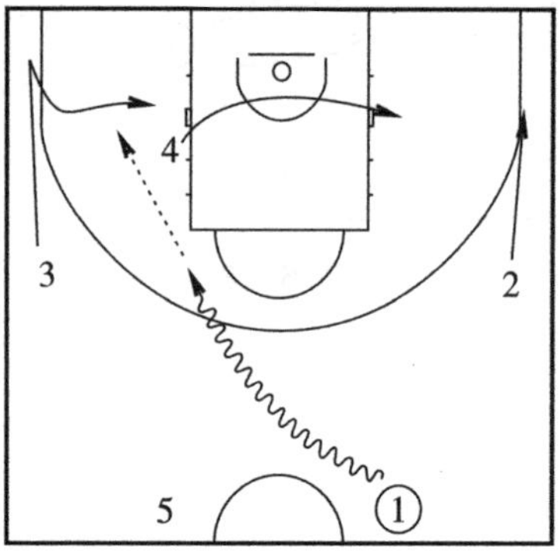

图 7-1

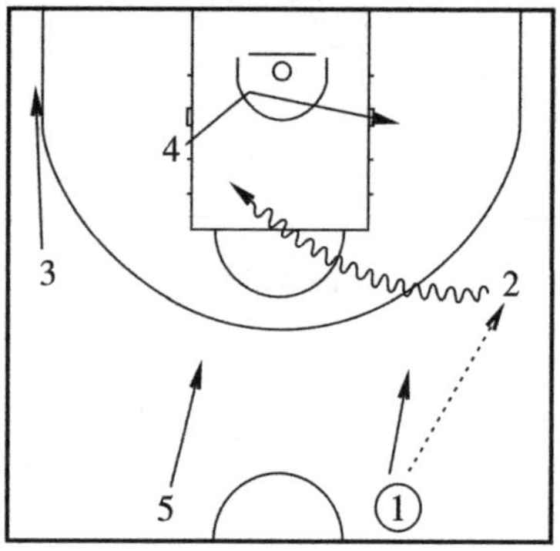

图 7-2

如图 7-3 所示：2 从底线突破，4 上提内移到限制区中间，接 2 击地或高吊传球。3 移动到底角。

如果 2 进入内线停球,转身向后传球给 1。

如图 7-4 所示:由守转攻时,3 发动突破。3 只有一条突破通道,尽量不要突破底线。

3 接球后,立即中路突破,2 滑动到底角,5 到 3 的常规位置,1 到弧顶右侧。

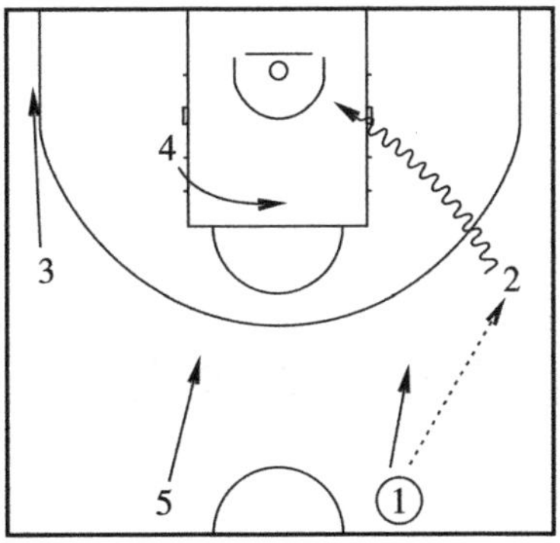

图 7-3

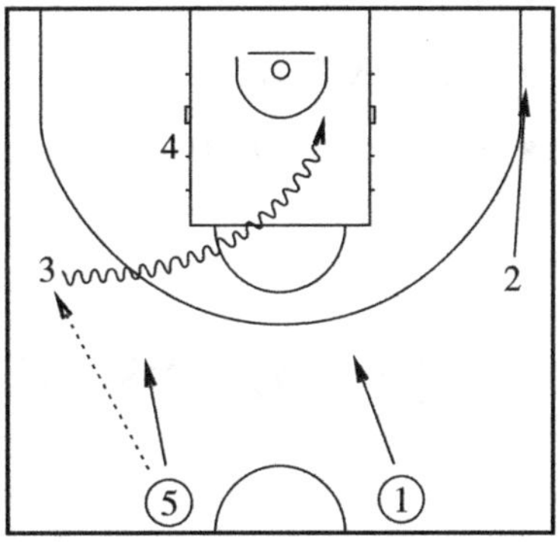

图 7-4

图 7-5 揭示了另一条重要原则:任何一名侧翼队员持球,另一侧的侧翼队员必须处于对角线上。

这里,3 持球在侧翼,2 进入底角,形成对角线。

转换时另一变化:传切配合。如图 7-6 所示,1 传球给 2,若 2 没有突破进攻,1 切入,5 到 1 的常规位置,3 移动到弧顶左侧,1 到底角。

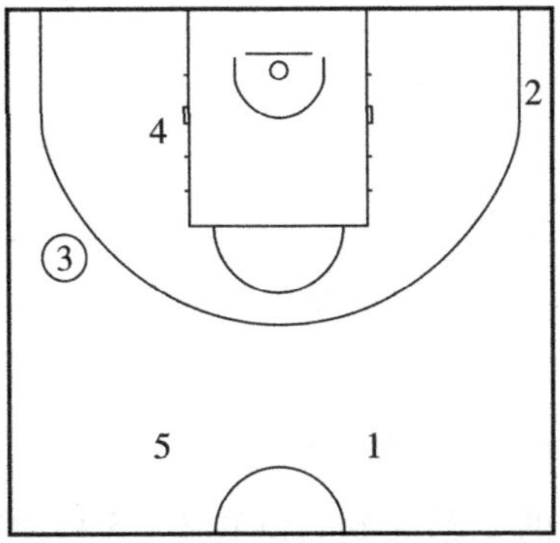

图 7-5

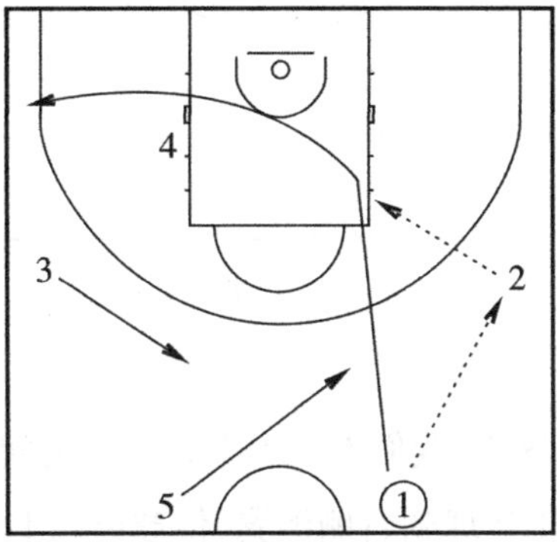

图 7-6

进入前场后，控球后卫 1 的选择是：

- 突破到“3 区”得分（中路或边路突破）。
- 中路突破传球给 5。
- 中路和边线突破配合。
- 创造突破空间。
- 传球后掩护配合。
- 传球给 2，传切配合。
- 朝 2 运球，2 背切。
- 转移球后，传球给中锋 4。

第二节　“8 字”围绕发动突破进攻

如图 7-7 所示：1 运球至侧翼，传球给包切的 2，由于×2 可能协防 1 的突破，所以 2 比较容易能够接到球。1 传球后移动到底角，5 移动到右侧低位。

如图 7-8 所示：2 从中路突破，可以上篮，也可以传球给 5，4 或者 3。

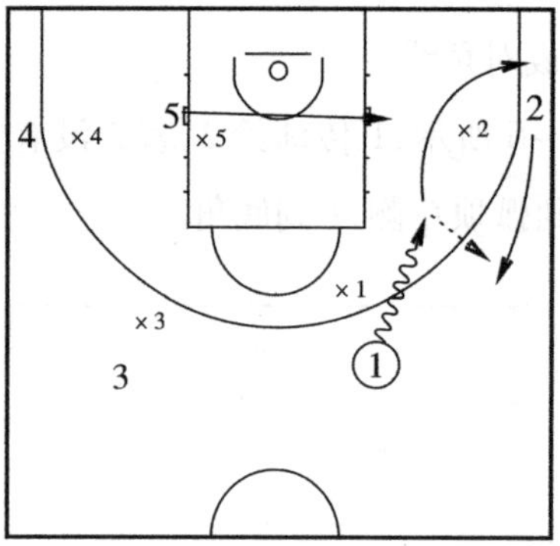

图 7-7

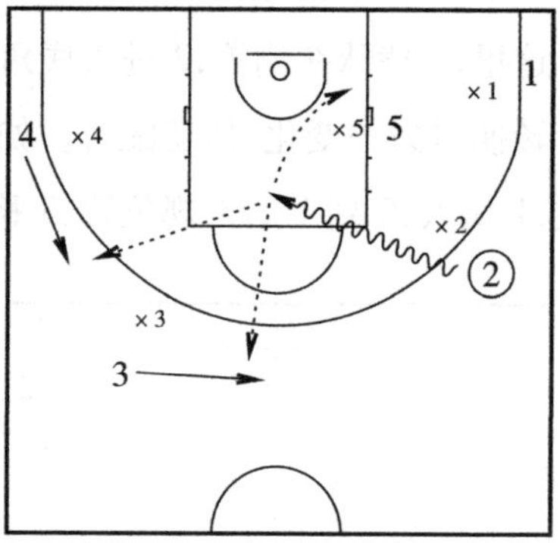

图 7-8

这里，我们看一下 1，2 和 3 之间的“8 字”围绕配合。

1 运球到右侧侧翼，传球给向上移动的 2，然后到右侧底角。3 移动到弧顶。2 从上线运球突破，可以传球给 5，4 或者 3。如 2 传球给 3，再移动到左侧侧翼。如图 7-9 所示,3 从右侧运球突破,如果被阻止,回传给 1,然后移动到右侧底角。

如图 7-10 所示:1 从上线突破,可以上篮,也可以传球给 5,或向外传球。这个“8 字”围绕配合可以一直进行,直到其中一个外线球员突破防守。

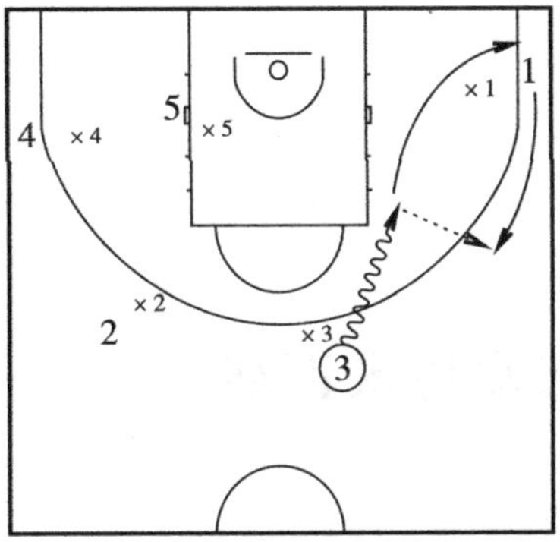

图 7-9

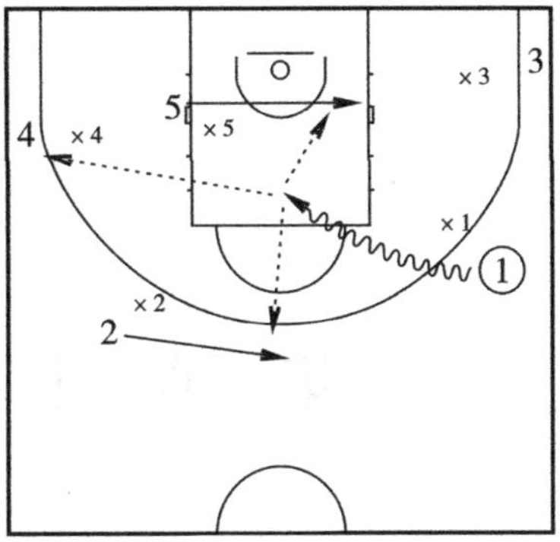

图 7-10

第八章 运球突破移动进攻训练方法

第一节 个人基本技术训练

一、练习1

练习名称:突破变向+跳步急停上篮。

练习方法:

•球员持球在弧顶位置列队。运球突破到右侧"1区",做虚晃假动作,然后跳步急停上篮。上篮时,双肩和篮板、端线平行。

如图8-1所示。

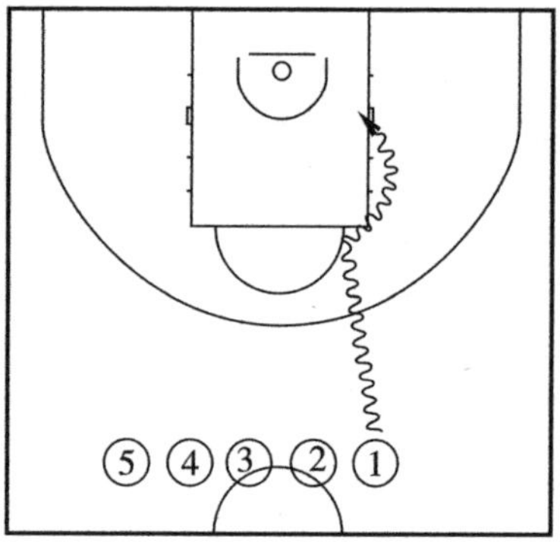

图8-1

练习要点:

•球员在做变向运球后要有意识地加速突破。

变化:

•左手运球突破到右侧"1区",变向运球上篮。

•左手运球突破到右侧"1区",胯下变向运球,然后跳步急停,半勾手投篮。

•左手运球突破到右侧"1区",背后变向运球,然后跳步急停,半勾手投篮。

二、练习 2

练习名称：侧翼运球突破。

练习方法：

所有球员持球在侧翼上线列队：

- 左手运球突破上篮。
- 右手运球突破上篮。
- 运球突破反手上篮。
- 运一次球，高手或低手上篮。
- 运两次球，高手或低手上篮。

如图 8-2 所示。

练习要点：

- 认真对待每次上篮并得分。
- 尽可能熟悉所有得分（终结）方式。

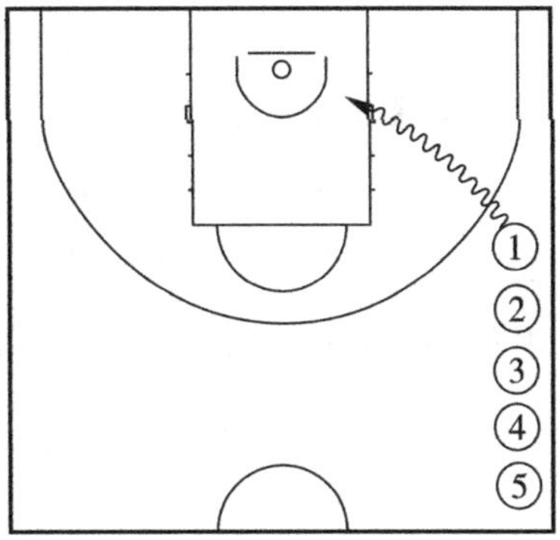

图 8-2

三、练习 3

练习名称：中路运球突破。

练习方法：

所有球员持球在侧翼上线列队：

- 小跳步急停，然后运球突破上篮（左手或右手）。
- 小跳步急停，然后运球突破反手上篮（左手或右手）。
- 原地运球，然后运球突破上篮（左手或右手）。
- 原地运球，然后运球突破反手上篮（左手或右手）。

如图 8-3 所示。

练习要点：

- 认真对待每次上篮并得分。
- 尽可能熟悉所有得分（终结）方式。

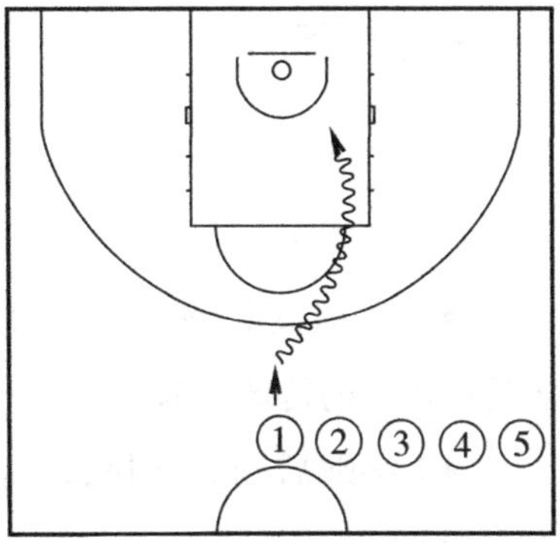

图 8-3

四、练习4

练习名称：防守下运球突破练习。

练习方法：

• 球员在中线站立，每人持一球。

• 一名助理教练(c1)站在罚球线拐角，另一名助理教练(c2)站在篮下。

• 球员运球快速突破c1，并在c2的干扰下上篮，依次做右手突破右手上篮，右手在c1处变向换左手上篮，右手突破后反手上篮，左手向下横运球、变向换右手上篮等练习。

如图8-4所示。

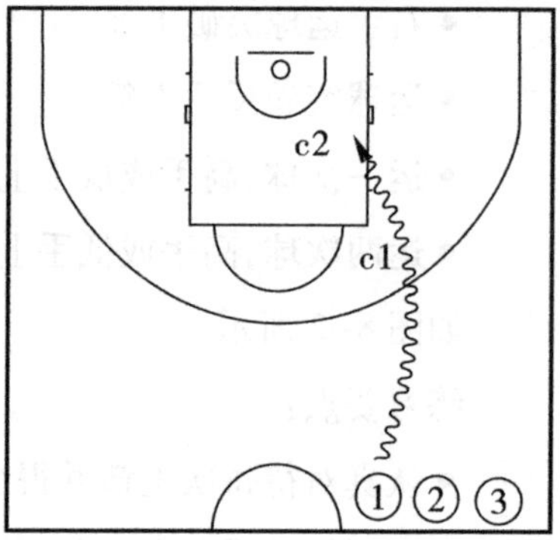

图8-4

练习要点：

• 上篮时碰击点要高，突破速度要快。

• 上篮后到中线球员的队尾，右手练习结束后换左手练习。

• 可以在中路和侧翼等不同位置进行训练。

第二节　外线两人训练

一、练习1

练习名称：右侧突破——底线切入。

练习方法：

• 1运球突破到右1区，跳步急停，2反跑接1的传球上篮。

• 1突破后到2队尾，2投篮后自抢篮板球到1队尾。

如图8-5所示。

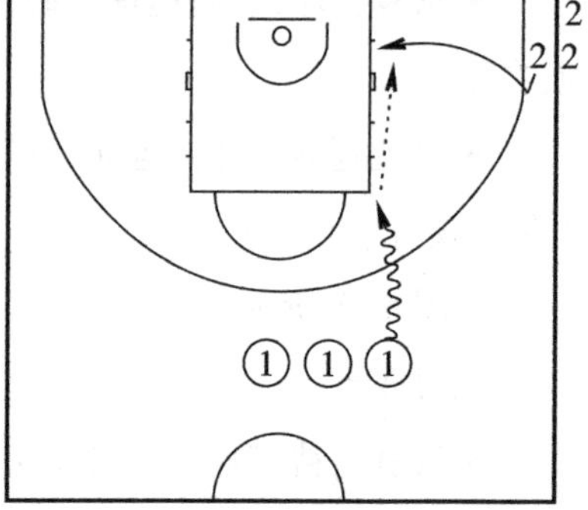

图8-5

练习要点:

• 持球球员突破时采用外侧手运球。

• 球员可以在不同的位置进行突破分球的练习。

二、练习 2

练习名称:右侧突破——包切传球。

练习方法:

•1 运球突破到“右 2 区”,跳步急停,传球给向上包抄的 2,2 投三分球。

•1 突破后到 2 队尾,2 投篮后自抢篮板球到 1 队尾。

如图 8-6 所示。

练习要点:

• 球员可以在另一侧进行突破分球的练习。

• 传球时,球员之间要保持呼应。

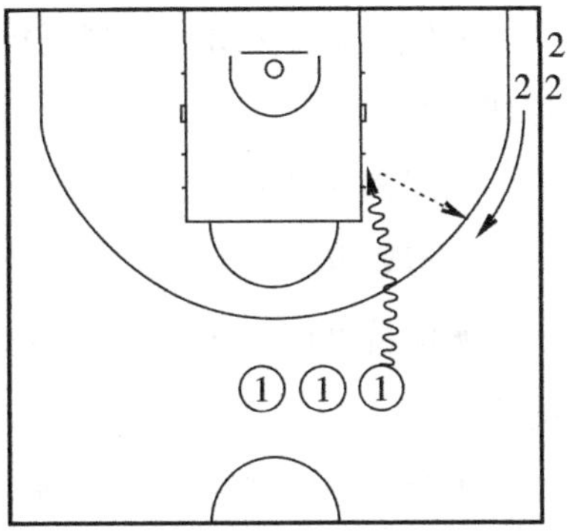

图 8-6

三、练习 3

练习名称:包切传球——连续突破。

练习方法:

•1 运球突破到“右 2 区”,跳步急停,传球给向上包抄的 2。

•2 接球后左手运球向对侧突破上篮。

如图 8-7 所示。

练习要点:

• 持球球员突破时采用外侧手运球。

• 球员可以在另一侧进行突破分球的练习。

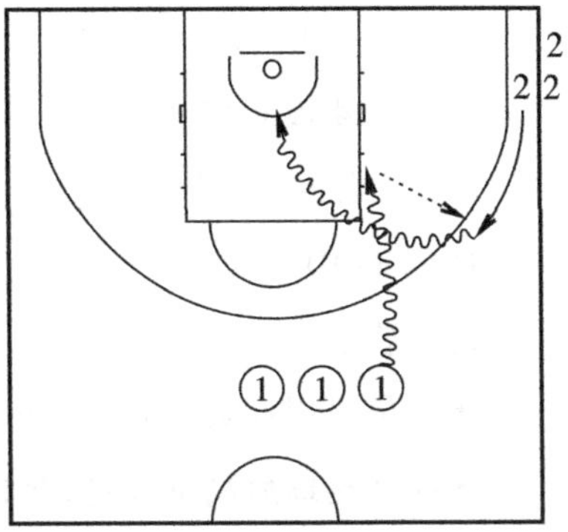

图 8-7

四、练习 4

练习名称:包切传球+回传底角投篮。

练习方法:

•1 运球突破到“右 2 区”,跳步急停,传球给向上包抄的 2。

•1 传球后移动到右侧底角,接 2 的传球投篮。

如图 8-8 所示。

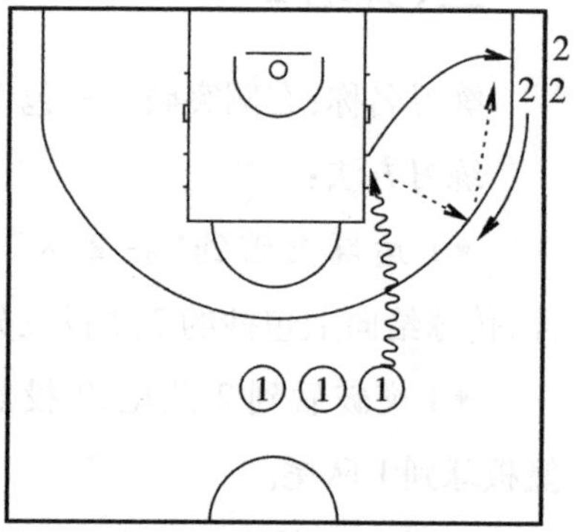

图 8-8

练习要点:

•球员可以在另一侧进行突破分球的练习。

•全速突破,模拟比赛节奏。

•传球时,球员之间要保持呼应。

五、练习 5

练习名称:传切配合——突破上篮。

练习方法:

•1 传球给上提至拐角的 4(4 可以直接投篮)。

•1 切入篮下,4 传球给 1 上篮。

如图 8-9 所示。

•如果 4 没有传球给 1,1 移动到左侧底角。

•4 从右侧突破进攻。

如图 8-10 所示。

练习要点:

•球员可以在另一侧进行练习。

•肘区接球后高举高打,突破时要坚决。

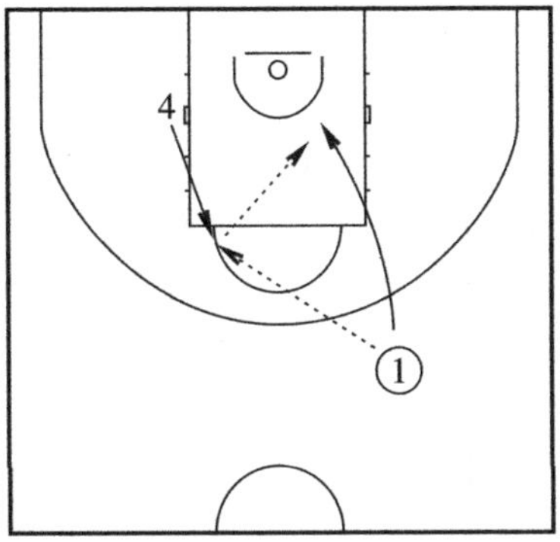

图 8-9

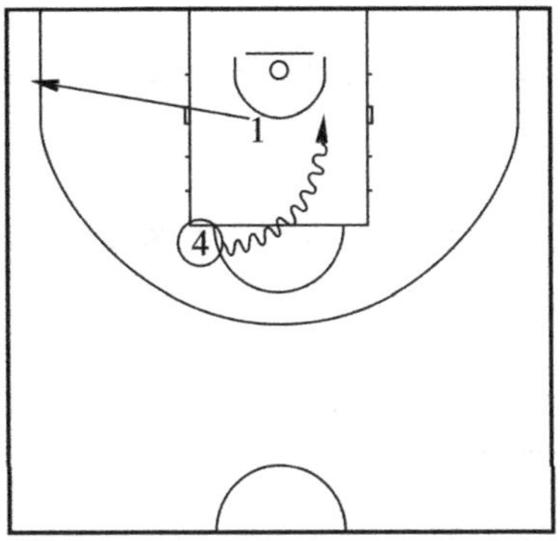

图 8-10

六、练习 6

练习名称:“3 区”突破——底角分球。

练习方法:

● 1 在左侧障碍前做各种胯下运球或变向运球数次,然后从左侧突破。

● 1 突破到篮下,传球给右侧底角的 4 投篮。

● 1 传球后跑到右侧侧翼,触摸右侧障碍后移动到右侧底角。

● 2 突破篮下,1 接球投篮,如此循环。

如图 8-11 所示。

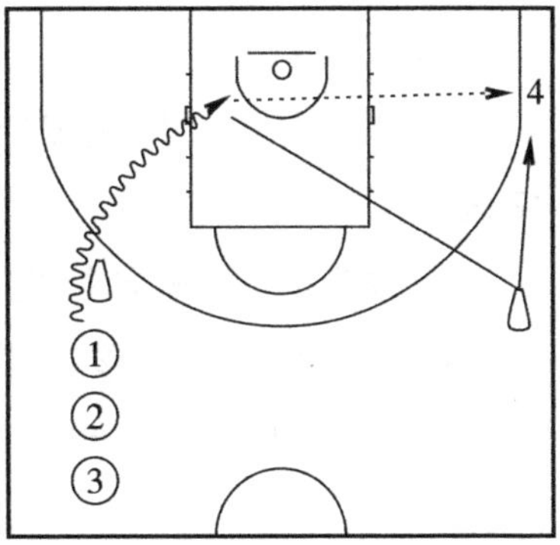

图 8-11

练习要点:

● 突破中尽可能让球员运用其所掌握的所有运球动作,并且保持突破速度。

● 传球时要相互呼应。接球后立即投篮,模拟比赛节奏。

七、练习 7

练习名称:中路挡拆训练。

练习方法：

•1 运球至弧顶，4 跑步去给 1 做掩护。

•1 和 4 肩并肩交叉后，4 向篮下转身。

•1 传球给 4 投篮。

如图 8–12 所示。

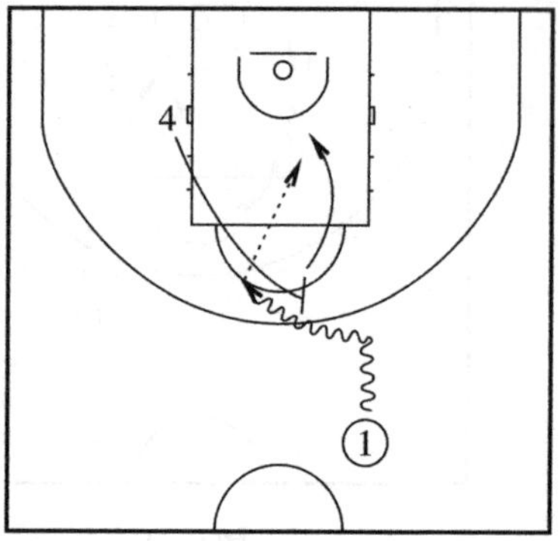

图 8–12

练习要点：

•挡拆过程中不要在中间留下空隙。

•下顺球员侧身对球，打开手臂积极要球。

八、练习 8

练习名称：内线球员移动训练。

练习方法：

•1 弧顶左侧持球（运球）突破到左侧“2 区”。

•5 观察 1 的突破向右侧低位移动。

•5 先迈右脚，三步移动到对侧。

•1 可以自己上篮，也可以传球给 5 投篮。

如图 8–13 所示。

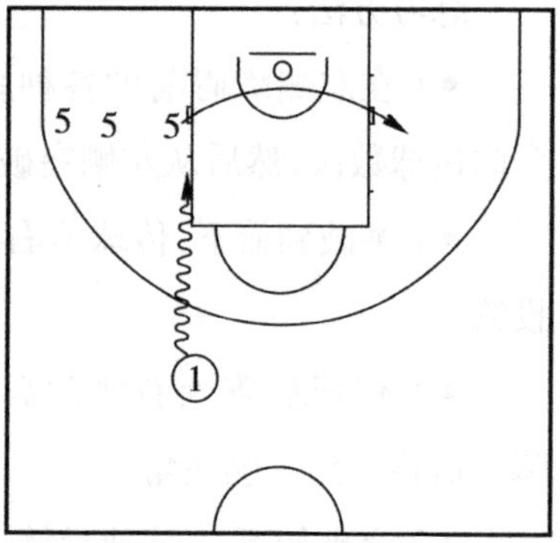

图 8–13

练习要点：

•内线球员总是保持在突破球员的对侧底角。

九、练习 9

练习名称：内线突破分球。

练习方法：

•1 弧顶左侧持球（运球）突破到右侧“2 区”。

• 5 观察 1 的突破向高位移动。

• 1 可以自己上篮，也可以传球给 5 投篮。

如图 8-14 所示。

练习要点：

• 球员可以在另一侧进行练习。

• 突破时注意观察队友位置。

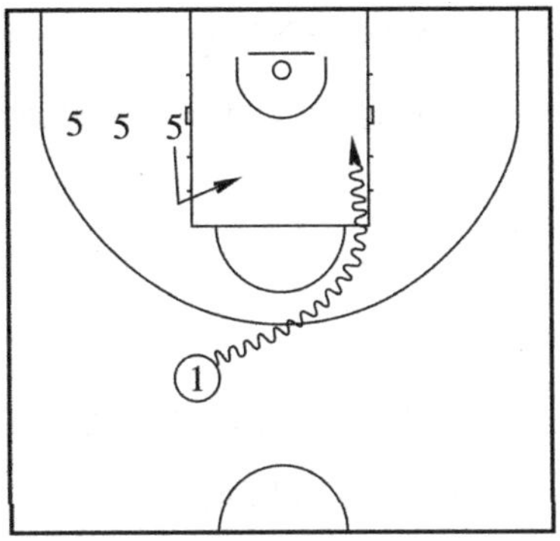

图 8-14

十、练习 10

练习名称：双侧突破分球(1)。

练习方法：

• 1 和 5 运球突破到罚球线以下拐角附近。

• 1 和 5 跳步急停，分别传球给 2 和 3 投篮。

• 传球后，1 和 5 分别移动到右侧和左侧底角。

• 2 和 3 投篮后自抢篮板球，回到 1 和 5 队尾。

• 练习一定时间后，两边交换位置。

如图 8-15 所示。

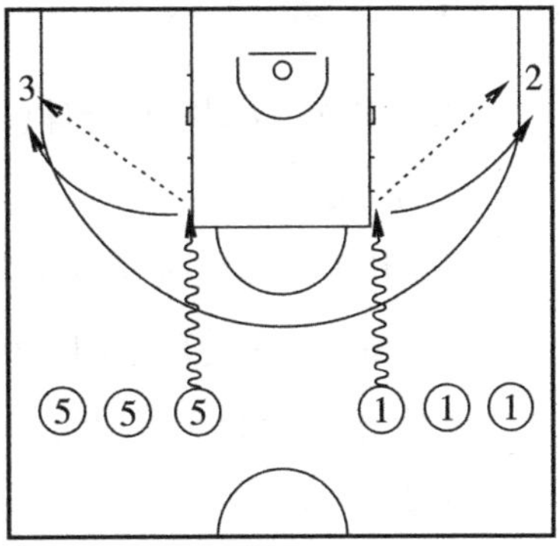

图 8-15

练习要点：

• 球员接球后立即投篮，模拟比赛节奏；快速抢到篮板球，从场外移动到队尾。

十一、练习 11

练习名称：双侧突破分球(2)。

练习方法：

• 1 和 5 运球突破到罚球线以上拐角附近。

• 1 传球给向上移动的 2 投篮。

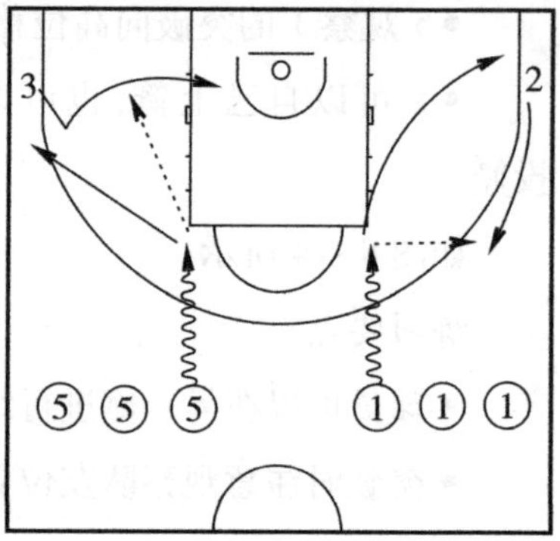

图 8-16

•5 传球给反跑切入篮下的 3 上篮。

•传球后,1 和 5 分别移动到右侧和左侧底角。

•2 和 3 投篮后自抢篮板球,回到 1 和 5 队尾。

•练习一定时间后,两边交换位置。

如图 8-16 所示。

练习要点:

•切入队员要打开手臂呼应要球。

•球员接球后立即投篮,模拟比赛节奏;快速抢到篮板球,从场外移动到队尾。

十二、练习 12

练习名称:双侧突破分球(3)。

练习方法:

•1 和 5 运球突破到罚球线以上拐角附近。

•1 和 5 分别传球给向上移动的 2 和 3。

•传球后,1 和 5 移动到本侧底角。

如图 8-17 所示。

•2 和 3 在侧翼接球后,从中路运球突破。

•2 和 3 突破到限制区后,分别传球给 1 和 5。

•2 和 3 挡抢篮板球,运球与 1 和 5 会合于队尾。

如图 8-18 所示。

练习要点:

•突破时注意观察队友位置。

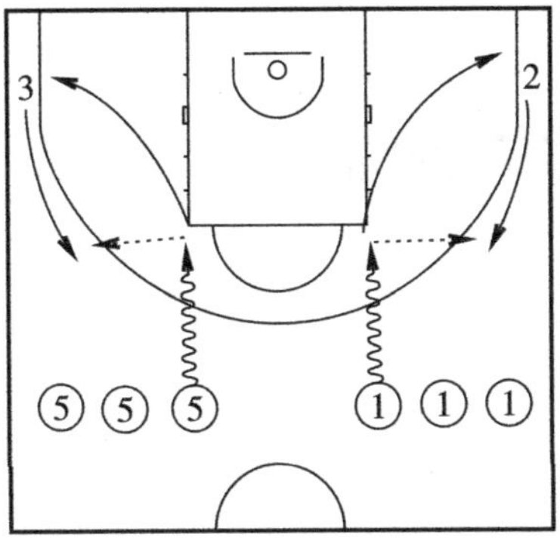

图 8-17

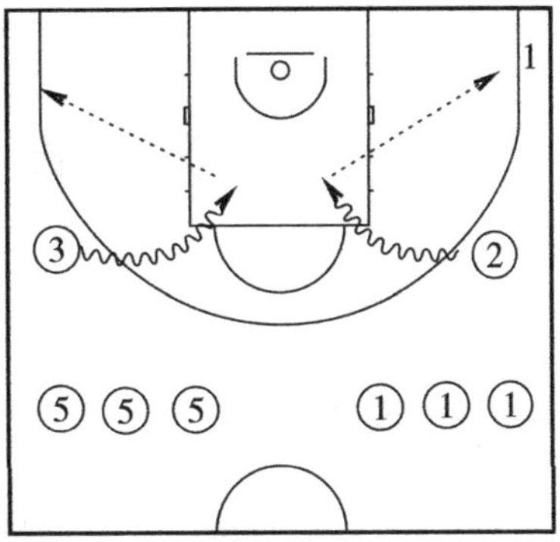

图 8-18

十三、练习 13

练习名称:假掩护中路突破。

练习方法:

- 1 传球给 5,然后朝左侧移动,假装做掩护。
- 5 运球从右侧突破上篮。
- 1 从左侧弧顶向右侧弧顶移动,进行保护,准备接 1 回传球。

如图 8-19 所示。

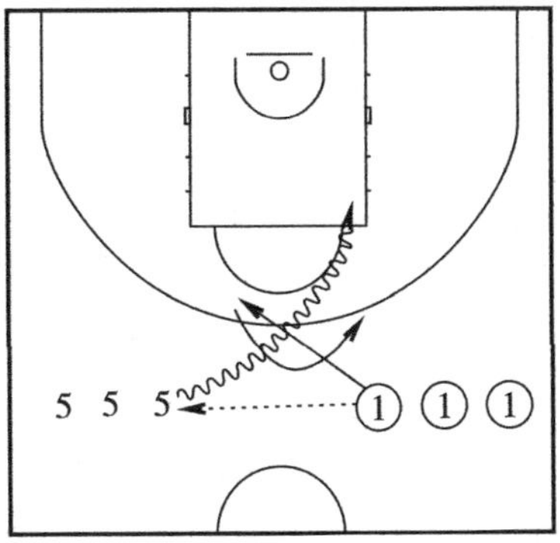

图 8-19

练习要点:

- 外线接应球员始终做好接球准备。

第三节　多人训练

一、练习 1

练习名称：突破分球——传球投篮。

练习方法：

- 1 运球突破到限制区，传球给 2，然后移动至左侧底角。
- 5 向右侧移动。
- 3 向上移动。

如图 8-20 所示。

- 2 传球给向右侧移动的 5。
- 5 传球给向上移动的 3。
- 3 传球给移动到底角的 1 投篮。

如图 8-21 所示。

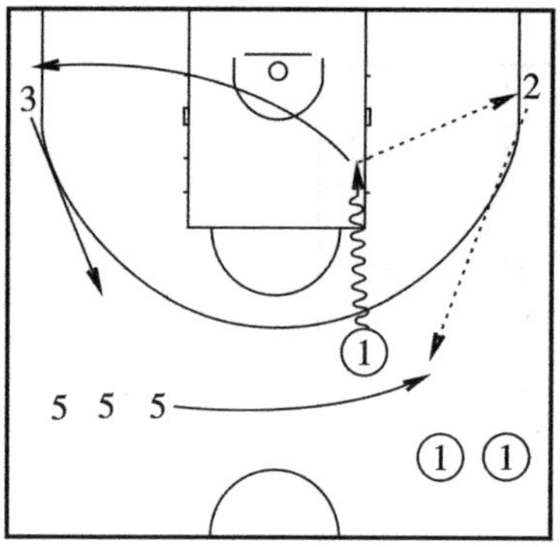

图 8-20

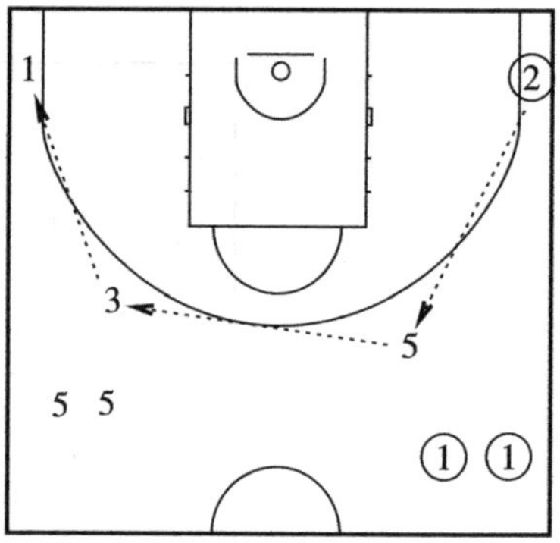

图 8-21

练习要点：

- 球员轮转要迅速，接球后迅速投篮从而模拟比赛节奏。

二、练习 2

练习名称：突破分球——底线切入分球投篮。

练习方法：

- 1 运球突破到右侧拐角，跳步急停。
- 1 传球给反跑切入的 2。
- 2 接球后传球给左侧底角的 3 投篮。

如图 8-22 所示。

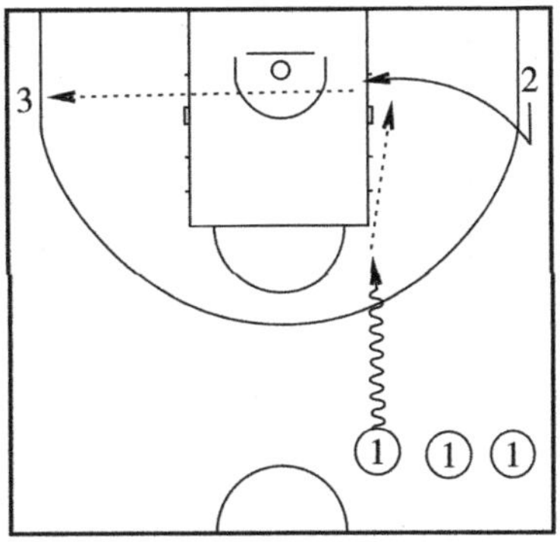

图 8-22

练习要点：

- 全速突破从而模拟比赛节奏。
- 切入球员积极呼应。

三、练习 3

练习名称：多人连续突破分球。

练习方法：

- 1 运球突破到罚球线拐角。
- 1 跳步急停，传球给向上移动的 2。
- 1 传球后移动到右侧底角。

如图 8-23 所示。

- 2 接球后左侧运球突破。
- 4 经篮下移动到右侧低位。
- 2 可以自己上篮，也可以传球给 4 进攻。

如图 8-24 所示。

练习要点：

- 球员在训练中要积极呼应。

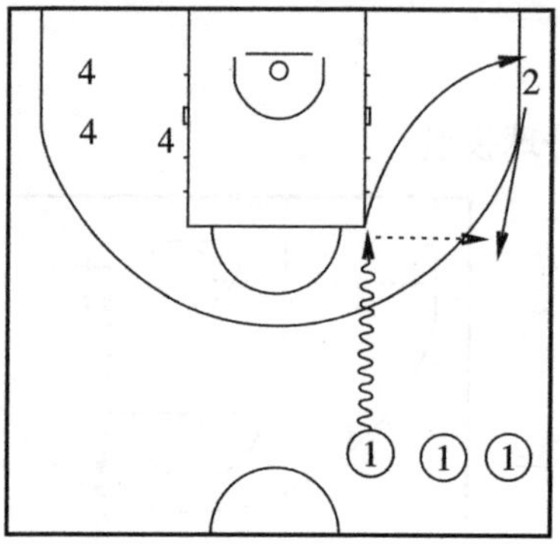

图 8-23

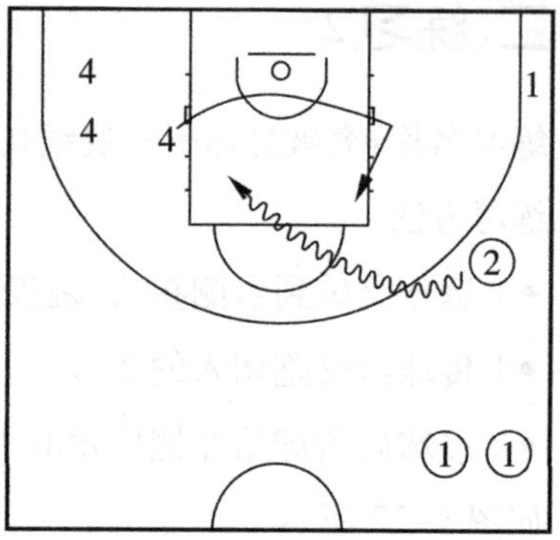

图 8-24

四、练习 4

练习名称:突破分球——决策。

练习方法:

• 1 从弧顶左侧运球突破到右侧拐角。

• 4 从右侧低位经篮下移动到左侧。

• 2 反跑切入篮下。

• 1 可以选择传球给 2 或 4,后者发动进攻。

如图 8-25 所示。

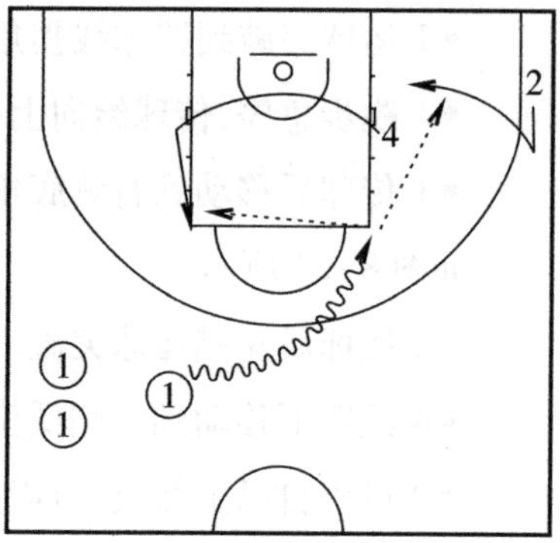

图 8-25

练习要点:

• 持球突破选择分球时,时刻注意队友的位置。

• 可以在另一侧进行训练。

五、练习 5

练习名称:挡拆配合——传球。

练习方法:

• 2 回传球给 1,2 向底角移动。

• 5 迅速上提给 1 做掩护,1 利用掩护左手运球向内线突破进攻。

•5 掩护后向下移动,准备接 1 的传球或保护篮板球。

如图 8-26 所示。

•1 利用掩护突破后也可以传球给上提的 2。

•2 传球给掩护后向篮下切入的 5。

如图 8-27 所示。

练习要点:

•掩护时应该肩贴肩,防止防守者穿过。

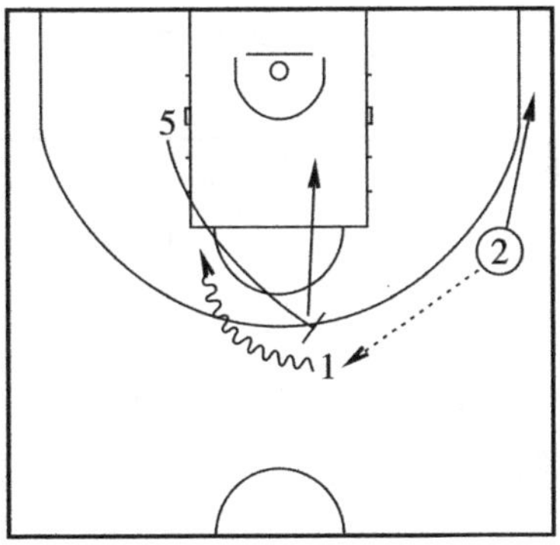

图 8-26

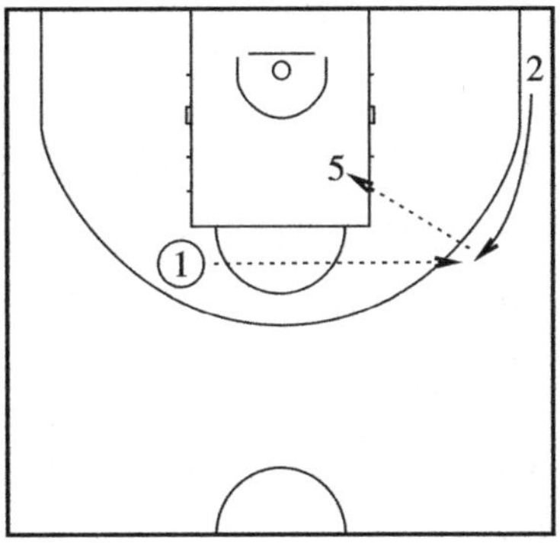

图 8-27

第四节　投篮训练

一、练习 1

练习名称:突破——接球投篮(1)。

练习方法:

•1 运球突破上篮。

•教练抢篮板球,传球给 2 投三分球。

•1 上篮后回到 2 队尾。

•2 投篮后自己抢篮板球,运球至 1 队尾。

如图 8-28 所示。

练习要点：

• 教练可以替换成球员。

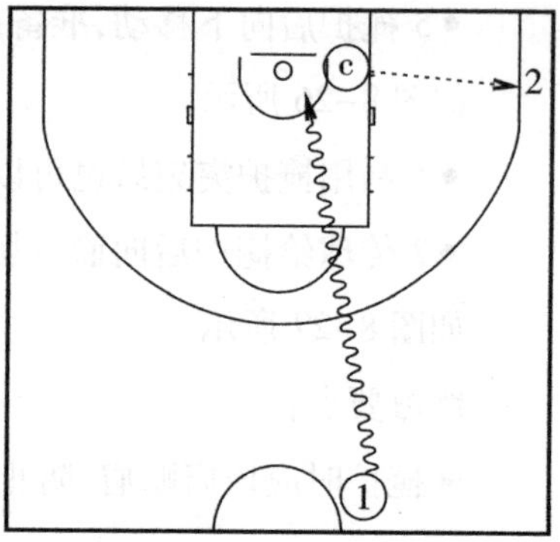

图 8-28

二、练习 2

练习名称：突破——接球投篮(2)。

练习方法：

• 1 运球突破上篮，然后移动到右侧底角。

• 教练抢篮板球，传球给 1 投三分球。

• 1 自抢篮板球，运球至队尾。

如图 8-29 所示。

练习要点：

• 抢到篮板球后，快速移动到底角，保持训练强度。

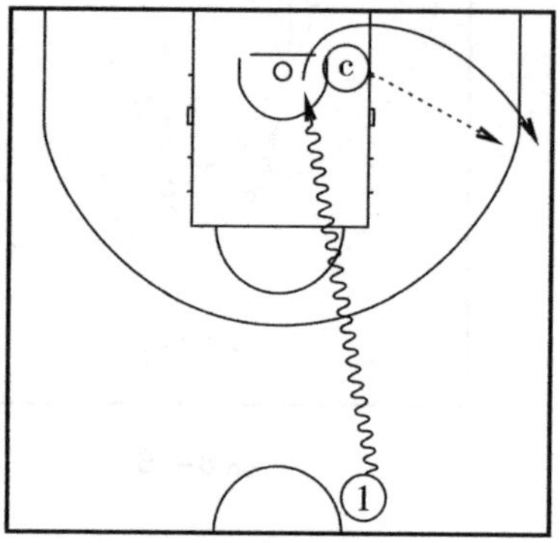

图 8-29

三、练习 3

练习名称：突破——接球投篮(3)。

练习方法：

• 1 运球突破左侧上篮，然后移动到右侧底角。

• 教练抢篮板球，传球给 1 投三分球。

• 1 自抢篮板球，运球至队尾。

如图 8-30 所示。

练习要点：

• 抢到篮板球后，快速移动到底角，保持训练强度。

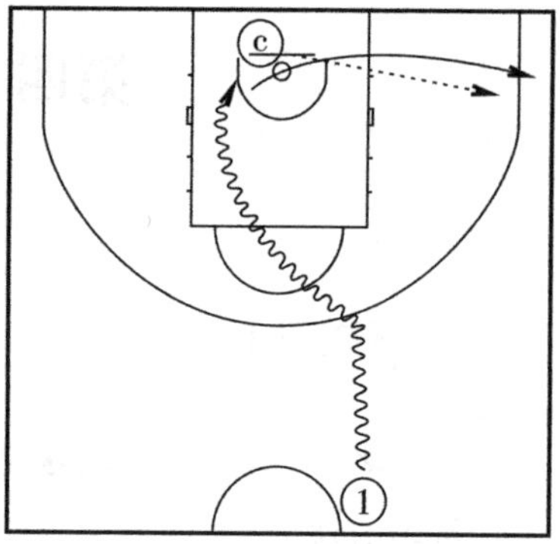

图 8-30

四、练习 4

练习名称:连续突破——接球投篮。

练习方法:

- 1 突破至罚球线以下,跳步急停,传球给向上包切的 2。
- 2 跳步急停接球,然后从中路突破上篮(也可以直接投射三分球)。
- 1 传球给 2 后,移动到右侧底角,接教练传球,投射三分球。
- 1 投篮后站立于右侧底角,准备向上包切。
- 2 上篮后自抢篮板球,运球回队尾。

如图 8-31 所示。

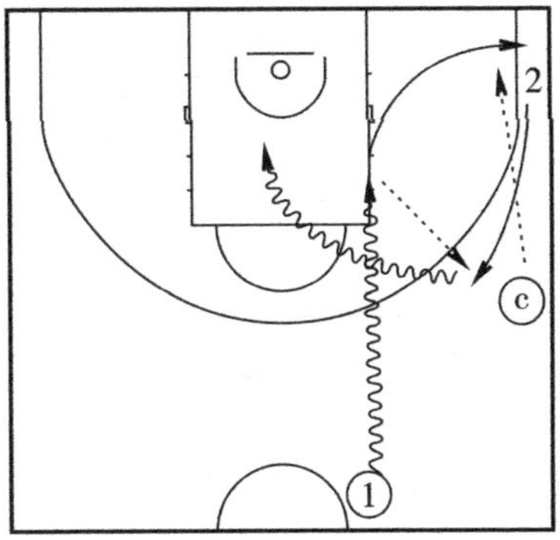

图 8-31

练习要点:

- 保持全力突破。
- 球员可以在另一侧进行练习。

五、练习 5

练习名称:包切传球——两侧底角投篮。

练习方法:

- 1 运球突破至罚球线以下,跳步急停。
- 2 向上包切,跳步急停接 1 的传球。
- 1 传球给 2 后,切入右侧底角。

如图 8-32 所示。

- 2 接球后朝弧顶方向运球,传球给切入底角的 1 投三分球。
- 2 传球后向左侧底角切入,接教练传球投三分球。
- 1 到 2 队尾,2 到 1 队尾。

如图 8-33 所示。

练习要点：

- 球员要在移动中保持高强度。

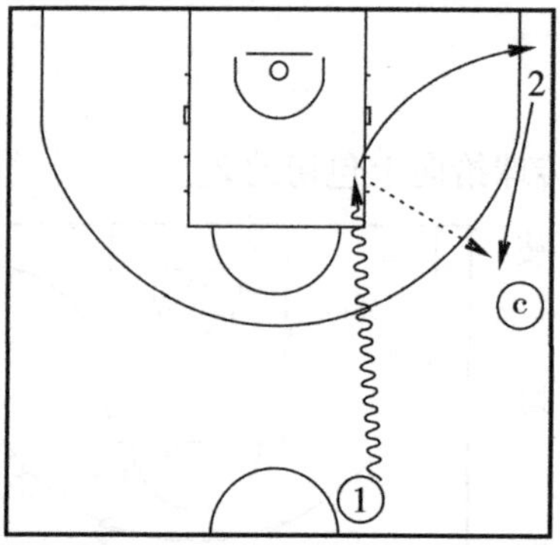

图 8-32

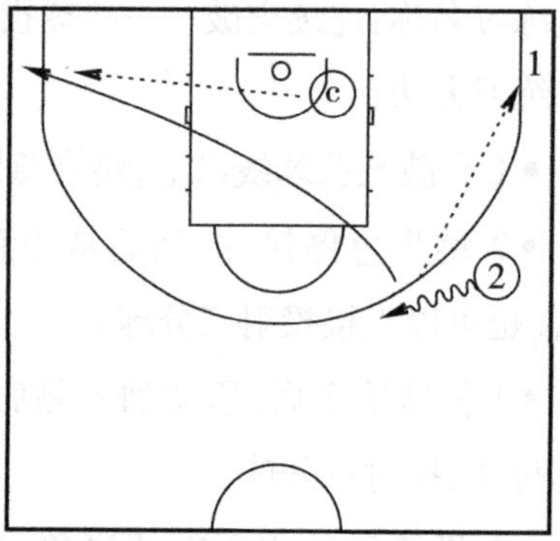

图 8-33

六、练习 6

练习名称：左侧突破分球——底角接球投篮。

练习方法：

- 1 运球突破至左侧罚球线以下，双手头上长传球给向上包切的 2 投三分球。
- 1 传球后，切入左侧底角，接教练的传球投三分球。
- 1 到 2 队尾，2 到 1 队尾。

如图 8-34 所示。

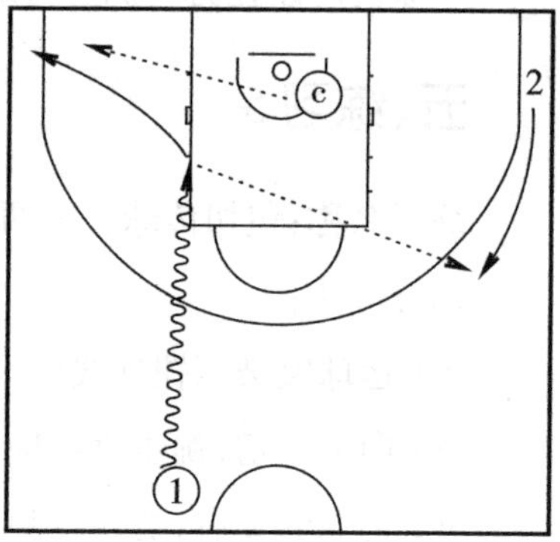

图 8-34

练习要点：

- 接球后立即出手。

七、练习 7

练习名称：中路突破——接应接球投篮(1)。

练习方法：

- 1 右侧运球突破上篮。
- 5 身后跟随至弧顶右侧，接教练传球投三分球。

• 1 和 5 交换位置，到对方队尾。

如图 8-35 所示。

练习要点：

• 球员可以在另一侧进行练习。

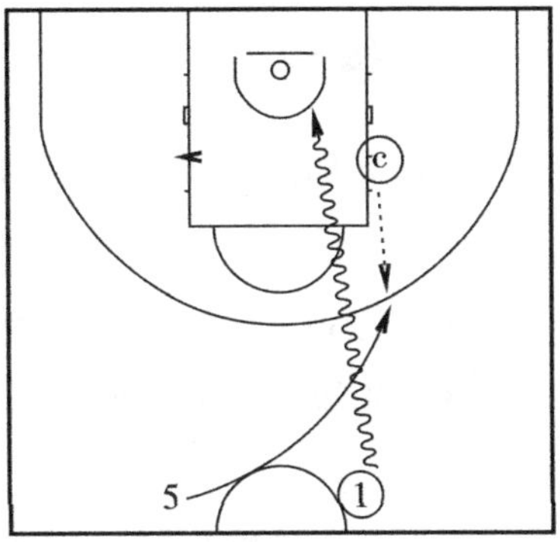

图 8-35

八、练习 8

练习名称：中路突破——接应接球投篮(2)。

练习方法：

• 1 运球突破至三分线附近，然后变向从左侧突破上篮。

• 5 先向右侧跟随，3 变向后移动至左侧弧顶，接教练传球投三分球。

• 1 和 5 交换位置，到对方队尾。

如图 8-36 所示。

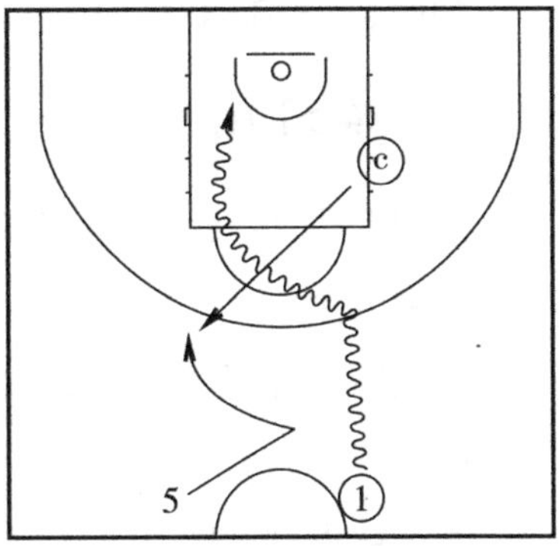

图 8-36

练习要点：

• 球员可以在另一侧进行练习。

九、练习 9

练习名称：回敲传球——底角接球投篮。

练习方法：

• 1 右侧突破至罚球线以下，跳步急停，转身回传球给跟随的 5 投三分球。

• 1 传球后移动到左侧底角，接教练传球投篮。

• 1 和 5 交换位置，到对方队尾。

如图 8-37 所示。

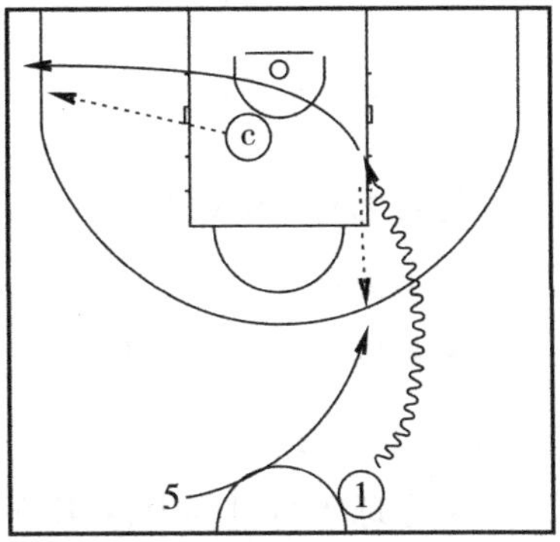

图 8-37

练习要点：

• 球员可以在另一侧进行练习。

十、练习 10

练习名称:内线终结练习(1)。

练习方法:

• 教练 c1 把球从侧翼传到底角。

• 4 从篮下切入右侧低位,卡位后接教练 c2 传球。

• 4 进行后撤步运球转身投篮(或小勾手投篮)。

如图 8-38 所示。

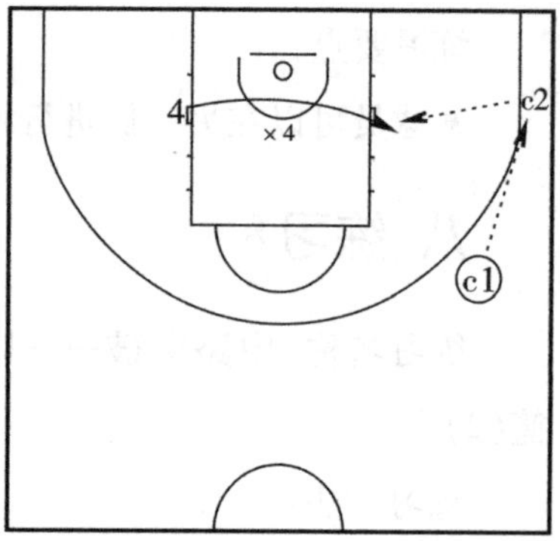

图 8-38

十、练习 10

练习名称:内线终结练习(2)。

练习方法:

• 教练 c1 朝右侧稍运球,回传给弧顶左侧的教练 c2。

• 在球飞行过程中,4 卡位要球。

• 接教练 c2 传球后进行后撤步运球转身投篮(或小勾手投篮)。

如图 8-39 所示。

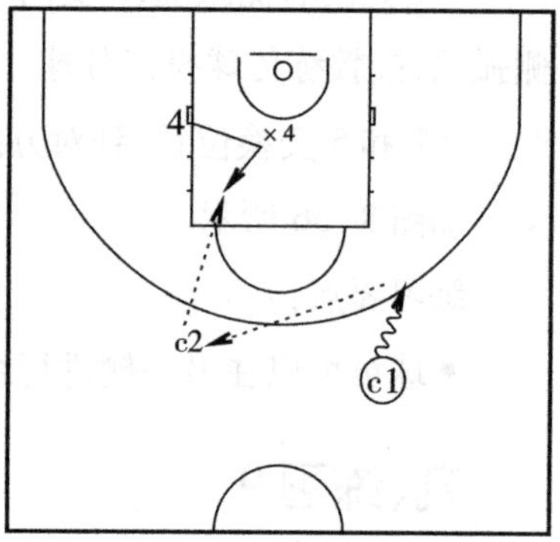

图 8-39

十一、练习 11

练习名称:内线终结练习(3)。

练习方法:

• 教练 c1 朝右侧罚球线拐角运球,跳步急停,长传球给教练 c2。

• 在球飞行过程中,4 卡位要球。

• 接教练 c2 传球后进行后撤步运球转身投篮(或小勾手投篮)。

如图 8-40 所示。

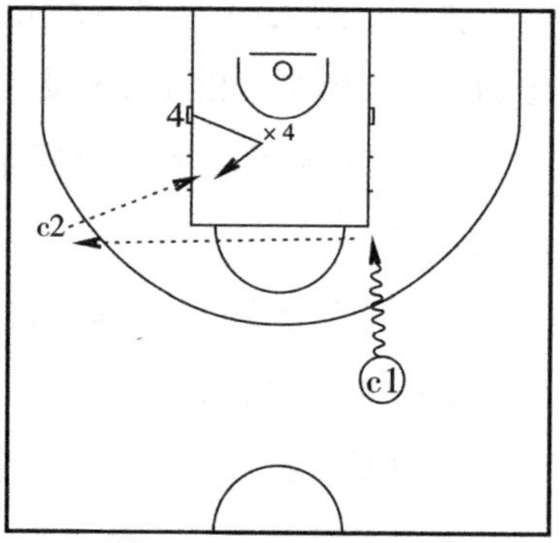

图 8-40

十二、练习 12

练习名称:内线终结练习(4)。

练习方法:

- 教练员 c1 把球从侧翼传到底角。
- 4 从篮下切入右侧低位,卡位后接教练 c2 传球。
- 4 接球后把球传给左侧侧翼的教练 c3。

如图 8-40 所示。

- 4 从右侧低位向左侧移动,卡位要球。
- 接教练 c3 传球,后撤步运球转身投篮(或小勾手投篮)。

如图 8-41 所示。

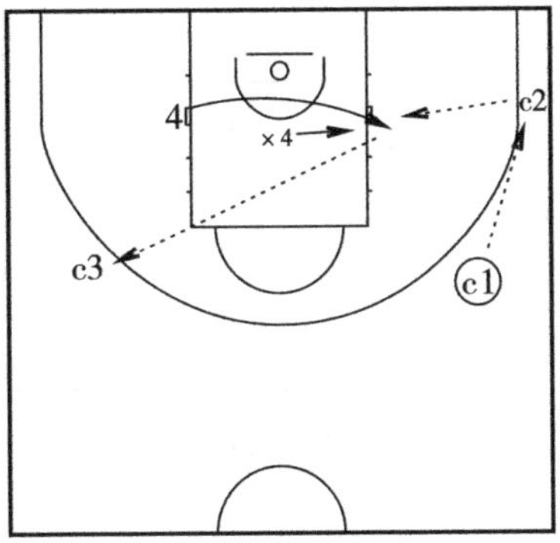

图 8-41

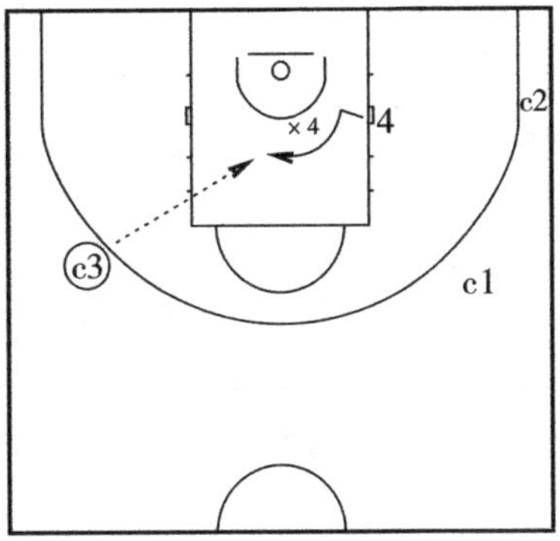

图 8-42

第五节　决策训练

一、练习 1

练习名称:绕锥桶“1 防 2”。

练习方法:

- 球员分 3 队站立,1 和 2 是进攻球员,1 持球。

- ×1 是防守球员，落位到篮下。
- 1 运球向中线绕过锥桶进行突破。
- 2 跑动向中线绕过锥桶，配合 1 进攻。
- ×1 跑动向中线绕过锥桶，防守 1 的突破。

如图 8–43 所示。

- 1 突破进攻，力争直接上篮得分。
- 如果停球在限制区，传球给 2。
- 2 观察攻守情况，选择空位接 1 的传球投篮。

如图 8–44 所示。

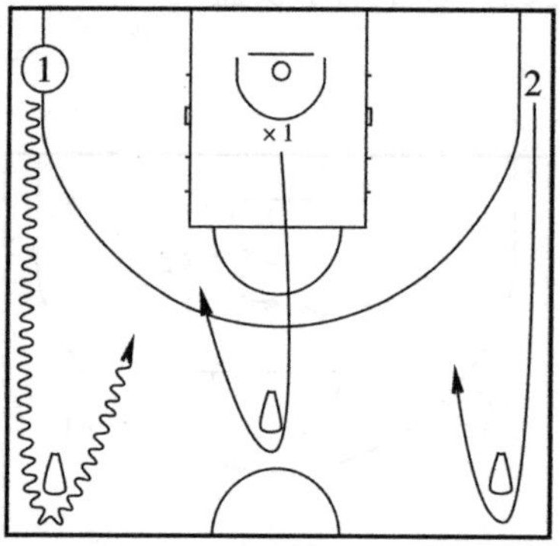

图 8–43

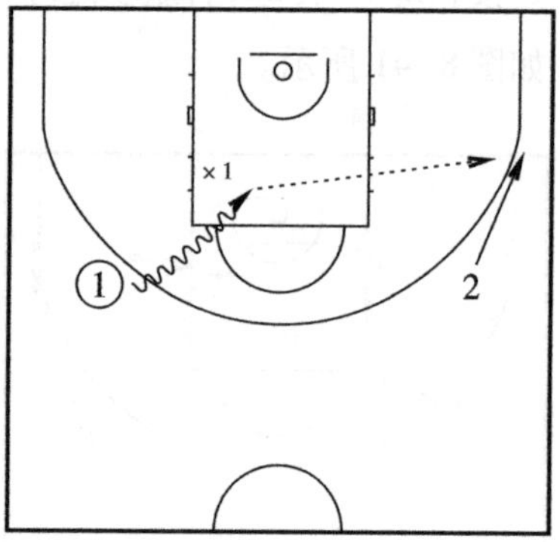

图 8–44

练习要点：

- 防守球员尽力防守，模拟比赛节奏。
- 进攻方需要做出最优选择。

二、练习 2

练习名称：绕锥桶“2 防 2”。

练习方法：

- 队员分成两组四队站立。
- 1 和 2 进攻，×1 和×2 防守。
- 4 名队员绕过中线附近的锥桶后进行半场 2 对 2。

如图 8–45 所示。

• 1 突破×1 力争直接上篮得分。

• 如果×2 协防,1 传球给 2。

• 2 根据攻守情况,选择空位接球投篮。

如图 8-46 所示。

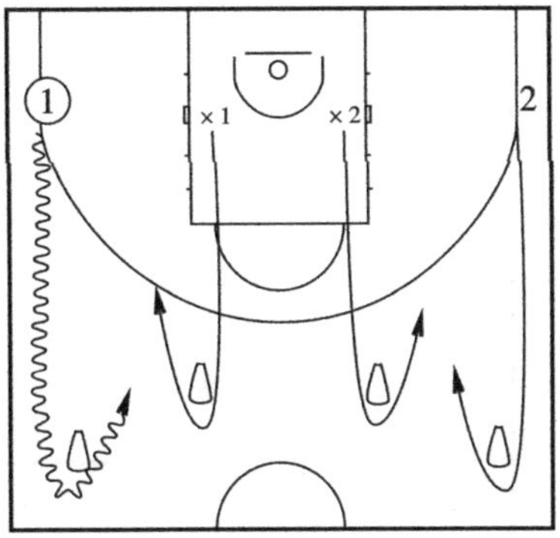

图 8-45

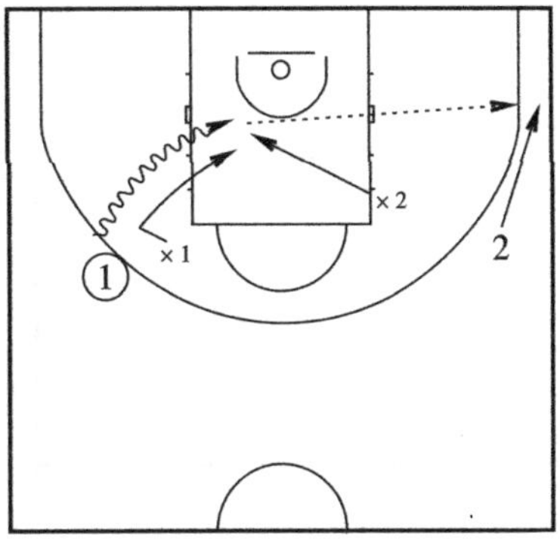

图 8-46

第六节　全场进攻训练

一、练习 1

练习名称:双侧中场接球——突破分球。

练习方法:

• 两组高大球员在限制区附近,一个进攻,另一个防守。

• 在中线处边线各站一组进攻和防守球员。

• 教练 c1 传球给 3,3 运球突破。如果 3 从右路突破,4 穿过限制区向对侧移动,形成“2 对 2”(如图 8-47 所示);如果 3 从左路突破,4 上提移动,形成“2 对 2”。

• 返回时×3 进攻,处于边线的另一方球员 3 跑动到中圈进行防守。

• 教练 c2 传球给×3,×3 运球突破进攻。

●运球突破的球员要在快速跑动中接球，速度要快，防守球员×3 在 3 踏入中圈前不得提前后撤防守（如图 8-48 所示）。

●×4 和×5 防守后变为进攻球员，4 和 5 成为防守球员。

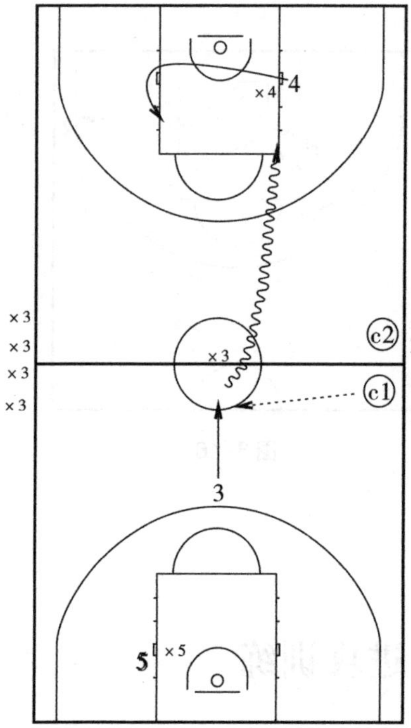

图 8-47

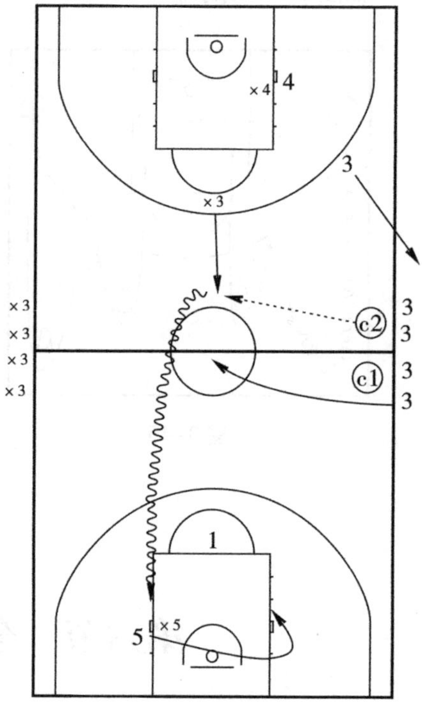

图 8-48

二、练习 2

练习名称：追防——“2 对 1”。

练习方法：

●高大队员站在端线外，其余队员站在中线处，一攻一守间隔列位。

●1 在跑动中接教练的传球进行运球突破攻击，×5 在 1 接到球后迅速追防。

●返回时，×1 和×5 由发界外球开始形成“2 对 1”攻击 1。

●×1 在 1 接球触及中圈前不能提前后撤防守。

●×5 回到端线队员队尾，×4 和边线外新队员 1 进入场内进行下一轮练习。

如图 8-49 所示。

练习要点：

• 确保每次多打少时，完成得分。

• 场下球员及时补位。

三、练习 3

练习名称：中路接球突破——“3 对 3”。

练习方法：

• 教练持球。

• 1 接教练员传球运球快速突破，到前场运用运球突破移动进攻的原则进行“3 对 3”。

• 防守球员×1，1 触及中圈前不能后撤。

• 突破的第一选择是上篮。

• 1 进攻后，回到中圈防守，前场的球员攻防位置转换。

如图 8-50 所示。

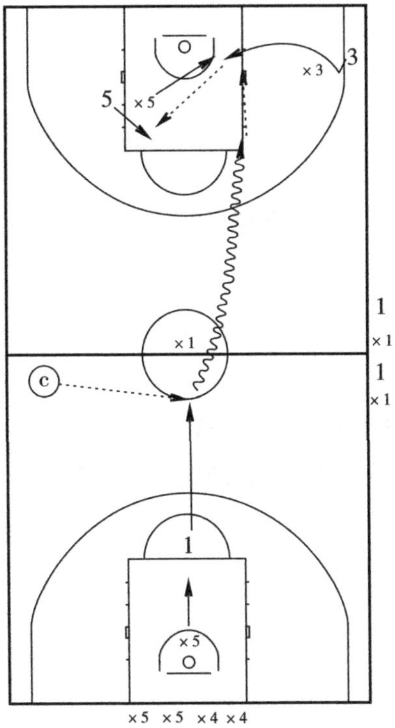

图 8-49

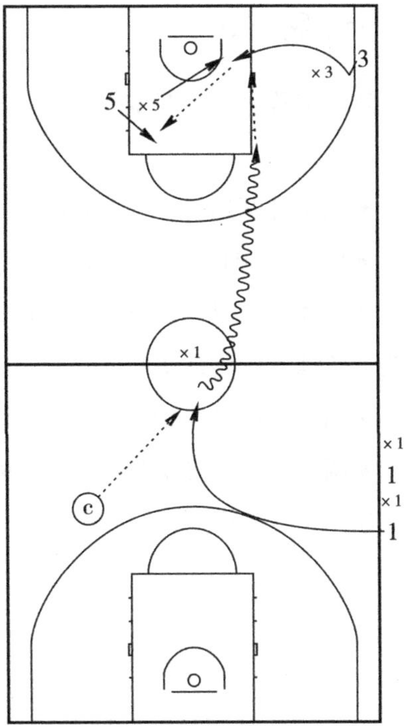

图 8-50

练习要点：

• 依照运球突破移动进攻的原则，选择最佳的进攻机会。

四、练习 4

练习名称：中路接球突破——“4 对 4”。

练习方法：

• 教练持球。

• 1 接教练传球运球快速突破，到前场运用运球突破移动进攻的原则进行“4 对 4”。

• 然后×1 和 1 攻守互换。

• 2，3，5 和×2，×3，×5 攻守互换，进行新一轮练习。

如图 8-51 所示。

练习要点：

• 依照运球突破移动进攻的原则，选择最佳的进攻机会。

五、练习 5

练习名称：“2 对 1”训练。

练习方法：

• 队员分两组，两组球员交叉站立，底角站两名球员。

• 1 头上传球给 2，2 与 1 进攻×1。

• 进攻结束，抢到篮板球的球员把球传给底角的任意一名球员，底角球员头上传球给中线球员。

• 同时最后进攻触球的球员，返回中场触及教练准备防守。

• 两人一攻一守交替进行，底角的球员传球后，跑动到中线落位。

如图 8-52 所示。

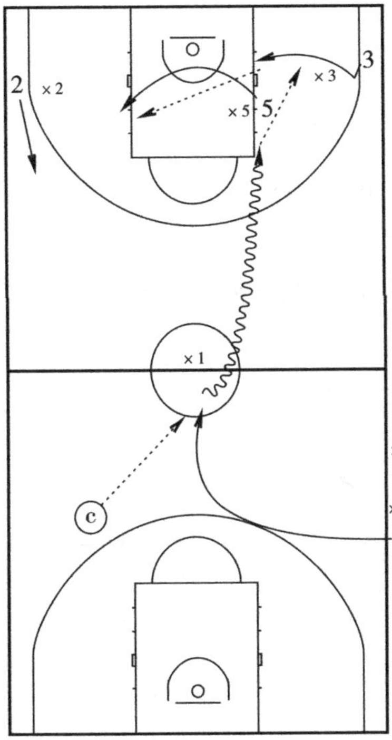

图 8-51

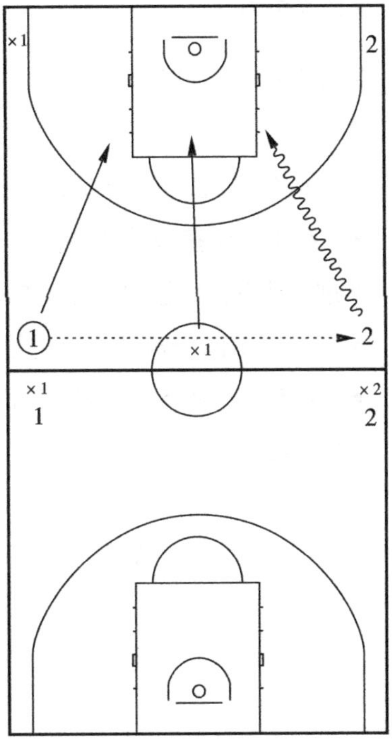

图 8-52

六、练习 6

练习名称:全场“2 对 2”——利用优势。

练习方法:

- 教练传球给 1 后,1 和 2 进攻,×2 快速追防。
- 返回时,攻防交换。
- 力争突破上篮得分。

如图 8-53 所示。

练习要点:

- 尽可能在×2 防守到位前,利用人数优势完成得分。

七、练习 7

练习名称:全场“2 对 2”。

练习方法:

- 球员分两组,外线球员站到中线,4 和 5 为内线球员。
- 1 在跑动中接教练的传球,与 5 进行“2 对 2”。
- 进攻结束,×1 返回成为进攻队员,2 入场防守,在另一半场形成“2 对 2”。
- 篮板球由两个辅助人员传给教练。
- 4 和 5,×4 和×5 不轮换,只进行攻守交替。

如图 8-54 所示。

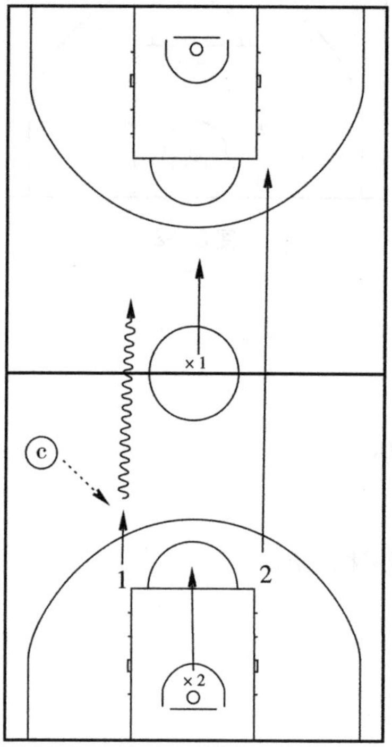

图 8-53

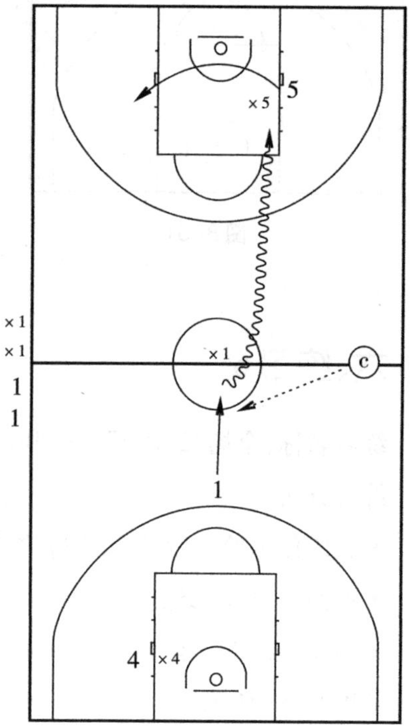

图 8-54

八、练习 8

练习名称:全场“3 对 3”转换。

练习方法:

- 后卫球员落位到中线。
- 教练传球给跑动中的 1 后,1 运球突破进行“3 对 3”。
- 进攻结束,×1 返回成为进攻球员。
- 中场进攻球员进攻结束回到中场队尾。
- 中场防守球员成为进攻球员。

如图 8-55 所示。

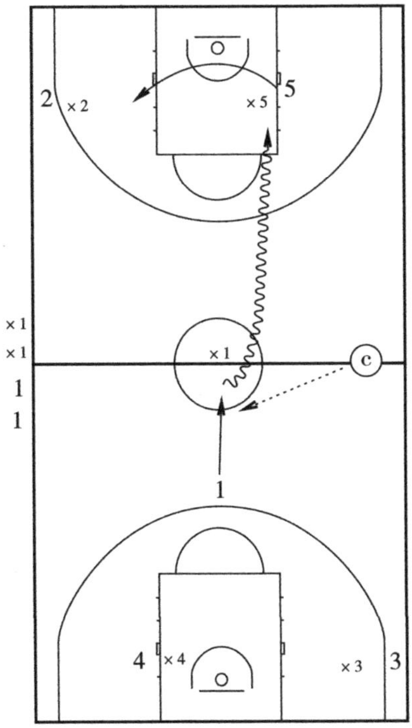

图 8-55

第三篇　普林斯顿移动进攻

第九章
普林斯顿移动进攻概述

第一节　普林斯顿进攻简介

一、战术体系简介

普林斯顿移动进攻作为移动进攻的重要组成部分，是一种能将团队能力发挥到极致的经典战术体系。它由皮特·卡里尔(Pete Carril)教练首创，他曾率领普林斯顿大学篮球队利用该进攻体系在美国大学生篮球联赛获得500胜，并创造了14次失分最低纪录。普林斯顿移动进攻涵盖传切、掩护、反跑、策应等多种基本配合，围绕“空间”这一核心理念，帮助球队发挥最高水平的团队优势，同时有效掩盖球员身体素质平庸的弱点。“强壮能占弱小的便宜，而聪明能占强壮的便宜”是普林斯顿移动进攻的经典格言，其精髓在于“人动，球动，协调一致”。皮特·卡里尔教练曾言：“我不招募对父母不好的球员，而是寻找那些发觉自己并非世界中心的球员。”因此普林斯顿移动进攻更加强调无私地分享球，对于强化球员的战术意识和提升战术协同能力而言效果显著。

二、适用人群

(一)身体素质平庸但篮球智商较高的球队

普林斯顿移动进攻的团队理念能够为那些篮球智商较高但身体素质一

般的球队提供机会，利用场上球员反复地耐心传导、掩护、空切，从而制造反跑上篮、掩护后跳投及分球后空位投篮的机会。战术成功后，投篮都是在较低干扰的情况下完成的，因此该战术掩盖了球员身体素质差的弱点，但是要求球员有良好的基本功、清醒的头脑以及乐于分享球权的团队思维，从而迅速做出合理的投、传、切选择。

（二）缺乏超级明星而球员能力平均的球队

普林斯顿移动进攻在比赛中优先考虑通过诸如掩护、空切等团队战术行为不断进行跑位与移动，从而调动防守，为处于空位的球员提供进攻机会。因此该战术体系适用于队中缺乏超级得分手而球员能力比较平均的球队，利用团队协作帮助他们积极参与进攻，形成全民皆兵之势。而如果队伍中存在一名能够接管比赛的超级得分手，普林斯顿移动进攻的原则反而会压制其得分能力，不利于球员特长的发挥。

（三）投射能力强且拥有高大传球手的球队

在普林斯顿移动进攻中，具备较高篮球智商、善于策应传球且兼具中远投能力的内线球员（post player）是战术的核心力量。同时该战术体系还要求其余4名球员应当具备中远距离投篮能力，善于阅读场上防守形势并能够灵活跑动。普林斯顿移动进攻注重空间、实际、观察、执行4个方面，通过高大内线的策应能力和掩护能力，还有其他球员的空切能力来制造得分机会。场上任何一个球员都是发起点，任何一个球员都要有跑动与空间意识，无私地分享球，从而获得良好的进攻机会。

三、战术优势

（一）无位置差别的进攻形式

不只是场上的5名球员，球队中的所有人都能够无差别地替换。该进攻给予这些可互换的技术型球员极大的弹性空间。普林斯顿移动进攻被设计用来帮助技术娴熟的球员在身体不占优势的情况下利用技术创造得分机会。教练可以轻易地利用比赛和场上空间，让球员在某一区域进行团队协作。

(二)难以针对性防守和侦察

基于其独特的战术形式和掩护动作,普林斯顿移动进攻几乎不太可能让防守方做出针对性的调整。其精准的移动时机以及切入的速度也难以被模仿,并且难以通过短短几天的练习加以掌握。

(三)有利于技术型球员的发挥

普林斯顿移动进攻强调掩护、空间及突破线路。兼具投篮、传球同时能够熟练阅读场上防守的球员能够在该战术体系中得到前所未有的能力发挥。那些移动、切入及掩护等技术动作的配合能够很容易地利用防守的漏洞。如果球队由一群技术型球员组成,那么这种进攻几乎不可能被防守。所有人都持续地在场上形成威胁,因为很难防守那些先一步做出选择的球员。

(四)精英级别的场上空间分布

由于场上5名球员将三秒区空间拉开,4名分布于外线的球员获得了宽阔的突破通道,从而执行背切、斜线切入并分球给外线空位球员投三分等。弱侧防守球员始终需要承受来自持续切入、突破以及快速三分球带来的防守压力。

第二节 普林斯顿移动进攻执教要点

一、球员及战术特征

(一)球员特征

如图9-1所示:

- 1号位球员更加倾向于突破,其利用卓越的控球技术进行战术组织,相比投射能力更倾向于突破,同时具有强硬的球风。

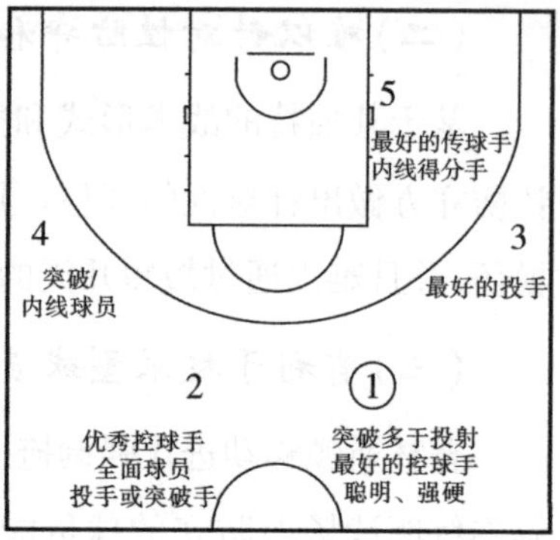

图 9-1

•2 号位球员是一名全面的球员，各方面能力较为均衡，具有优秀的控球能力，同时擅长投射或突破。

•3 号位球员是场上最好的投手。

•4 号位球员作为一名内线球员，具有良好的突破能力。

•5 号位球员具有卓越的传球策应能力，同时兼具在内线得分的能力。

（二）战术特征及要求

•进攻节奏较慢，单回合内多次传导球进行战术跑动。

•不强调固定的战术跑动路线，而依靠基础落位及战术原则指导球员的具体行动，往往需要根据场上情况进行机动性调整。

•要求球员传、投、切技术的均衡发展，借由遵循战术原则的跑动，使得场上最佳位置的球员获得进攻机会。

•反跑是普林斯顿移动进攻最典型的技术动作，高位阵形能够拉开内线空间，便于球员利用反跑切入篮下，获得进攻机会。

•普林斯顿移动进攻表现出极强的适应性与可扩展性，能够与各种类型的战术进行衔接，在世界范围内得到广泛应用。

二、战术要求

•通过持续移动来创造空位投篮机会。

•保持强烈的团队意识进行协同作战并时刻保持进攻耐心。

•球员要保持无私的态度并不断地分享球。

•保持球员之间的进攻空间，核心是通过跑动拉开内线空间，注意不要向球的方向移动。

•尽量利用掩护与空切寻找空位，而不要挑战防守最严密的地方。

•集中攻击防守能力弱的球员，以及缺少外线防守技巧的内线队员。

三、基本战术及原则

（一）基本落位

普林斯顿移动进攻的常见落位阵形分为两种。如图 9-2 所示，该落位阵形属于典型的“4 外 1 内”阵形。内线球员（post）通常位于强侧低位，前锋（forwards）位于两侧罚球线延长线一步距离处，而后卫（guards）则在两侧肘区延长线与三分线交点以上的 1～1.2 米处。如果场上有一条排球线的话，可以作为后卫落位位置的参考。如图 9-3 所示，该落位属于典型的“2-3 high”的高落位形式，将内线空间完全拉开，方便围绕高位中锋开展切入、反跑以及突破等多种进攻手段。两种落位阵形的主要区别在于中锋位置的变化，针对落位阵形的选择则主要出于战术需要。

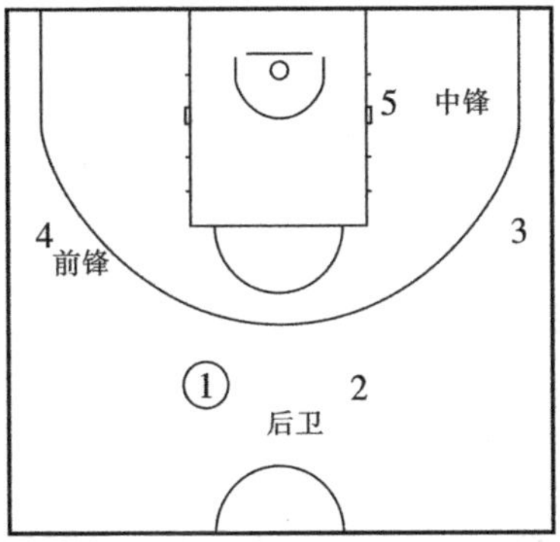

图 9-2

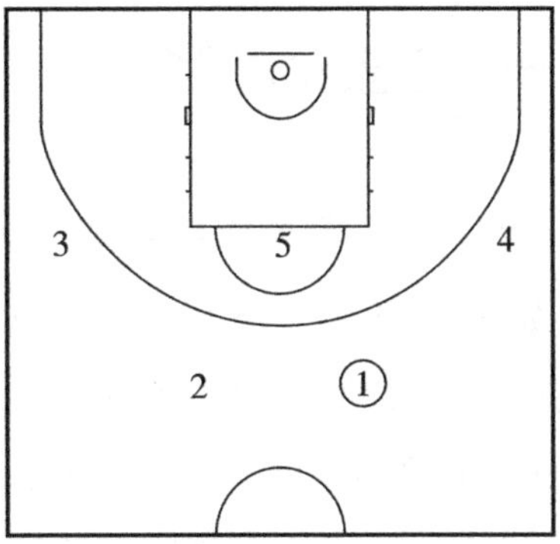

图 9-3

（二）强弱侧划分

如图 9-4 所示：将球场依纵向一分为二，1 持球所在的右侧成为有球侧（ball side），也即强侧（strong side）；而 2 所在的另一半场称为弱侧（weak side）。

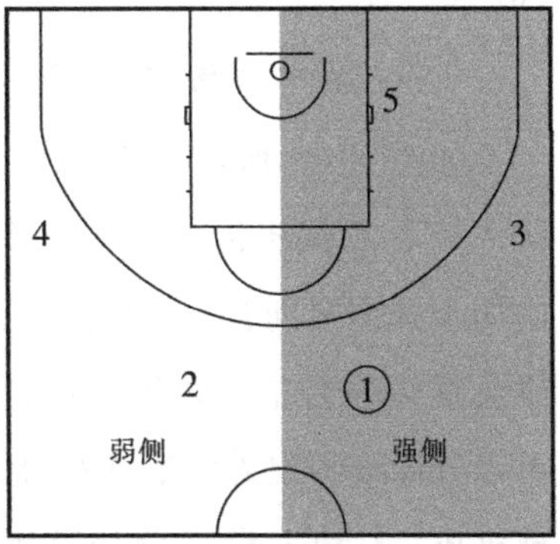

图 9-4

第十章
普林斯顿移动进攻基本战术

第一节　低位中锋进攻

一、基础战术配合

(一)低位中锋进攻的发起方式

如图 10-1 所示:5 沿中路沉到内线后向右侧低位移动,弧顶右侧的 1 将球传给右侧侧翼的 2,随即向内线切入并移动到左侧底角,此时 2 可以选择分球,4 向 1 的位置轮转,形成低位中锋进攻的基础落位,即低位(low post)系列。

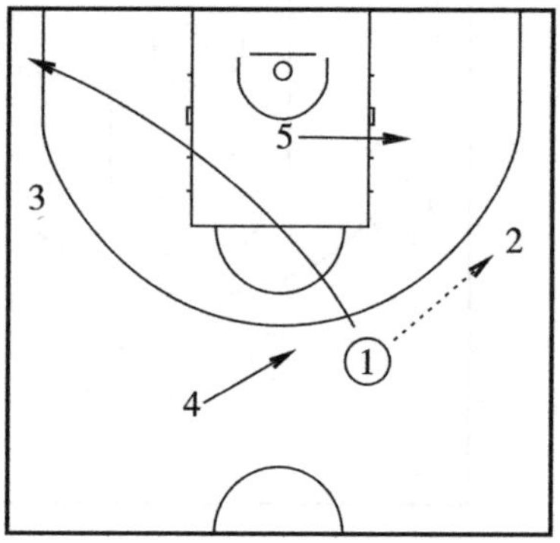

图 10-1

(二)落位后传切配合

如图 10-2 所示:2 传球给低位的 5 并切入篮下,5 伺机传球给 2 上篮。4 佯装向内切入并弹出到右侧侧翼接应,2 如果没有机会就移动到左侧底角进行轮转。5 此时可以分球给弹出外线的 4 投篮或者自己持球进攻。3 和 1 沿三分线移动,寻找接球机会。

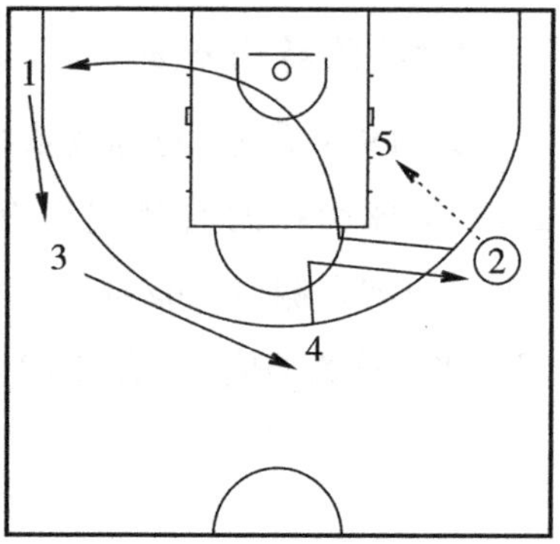

图 10-2

（三）弱侧无球掩护配合

如图 10-3 所示：如果都没有机会，则补位到弧顶的 3 继续向内线切入伺机接球上篮，从而调动防守。

如图 10-4 所示：弧顶的 1 给左侧侧翼的 2 做无球掩护，当防守球员掩护时，2 立即反跑切入，而 1 弹出到外线。

如果无球掩护成功，则 2 移动到弧顶接球投篮，而 1 则立即下顺。此时 5 有两个传球的机会。

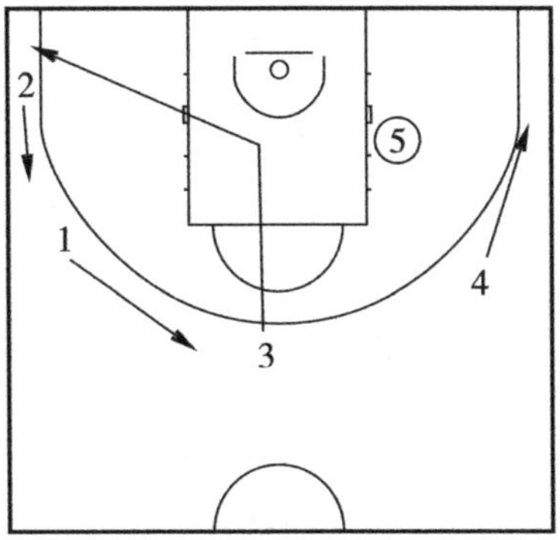

图 10-3

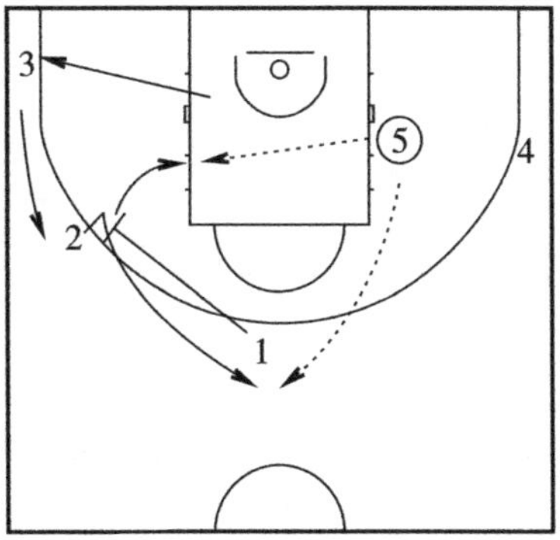

图 10-4

（四）分球给外线

如图 10-5 所示：5 也可以分球给外线的 4，4 持球向罚球线方向突破并吸引防守分球给外线的 1 进行投篮。

如图 10-6 所示：当 5 传球给弧顶的 1 时，左侧的 3 可以立即切入内线接球上篮。

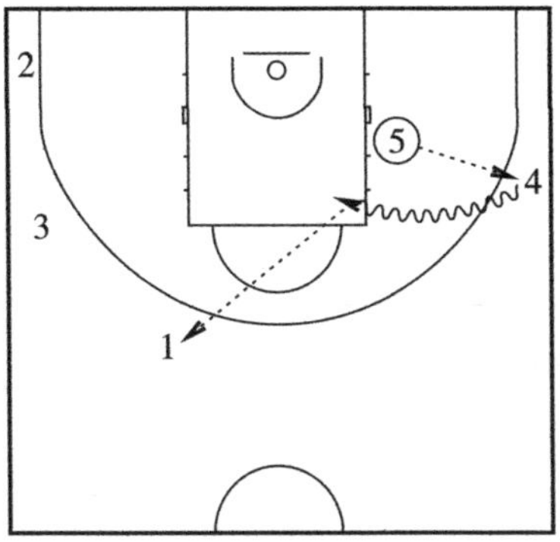

图 10-5

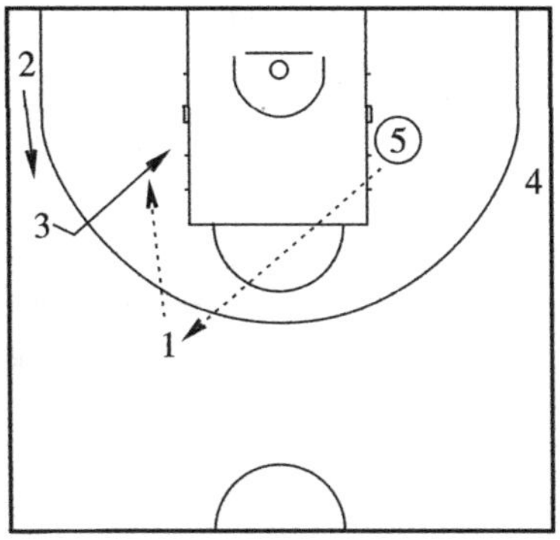

图 10-6

二、弱侧低位掩护战术

如图 10-7 所示:1 持球向右侧侧翼移动,4 到对侧底角给 3 做下掩护,使其移动到左侧侧翼。同时,2 和 5 相向移动,2 给 5 做掩护,5 移动到右侧低位。

如图 10-8 所示:1 传球给低位的 5,进入低位系列。

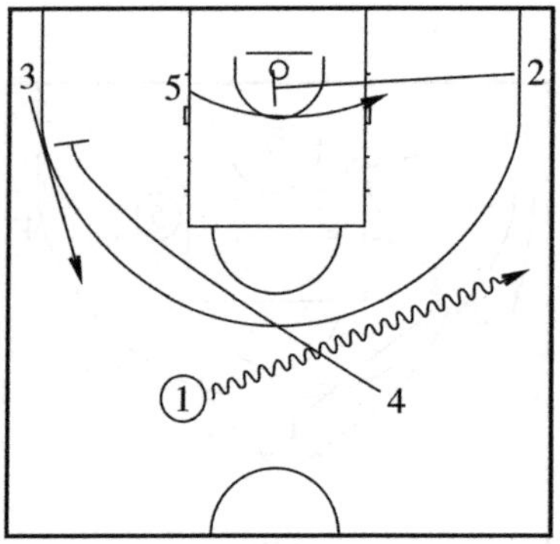

图 10-7

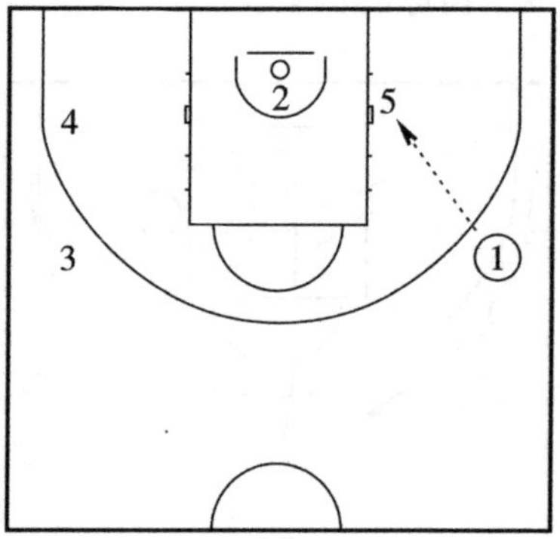

图 10-8

如图 10-9 所示:4 给篮下的 2 做定位掩护,2 弹出到左侧侧翼。3 顺势向中间移动。5 伺机分球给 2 投篮。

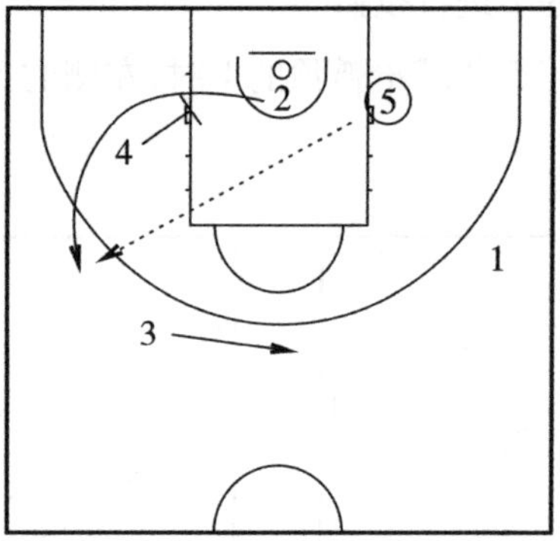

图 10-9

三、低位单打+肘区掩护

如图 10-10 所示:1 传球给右侧侧翼的 2 后,2 顺势分球给 5,形成低位系列战术的落位阵形。1 传球后切到弱侧底角。

如图 10-11 所示:5 判断 2 和 4 在右侧肘区的掩护配合情况选择分球,2 掩护完成后移动到左侧底角。4 则移动到弱侧。

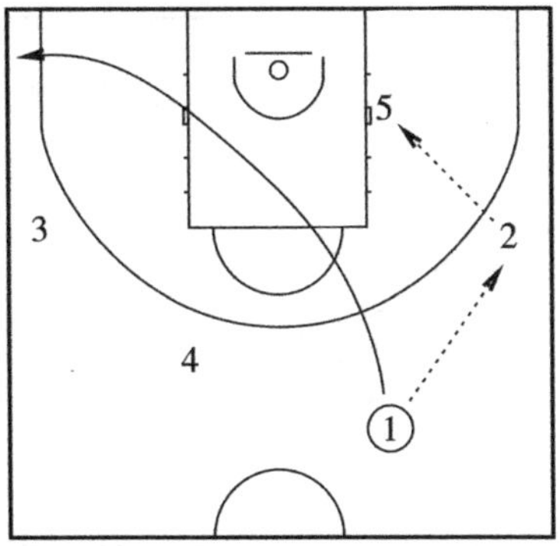

图 10-10

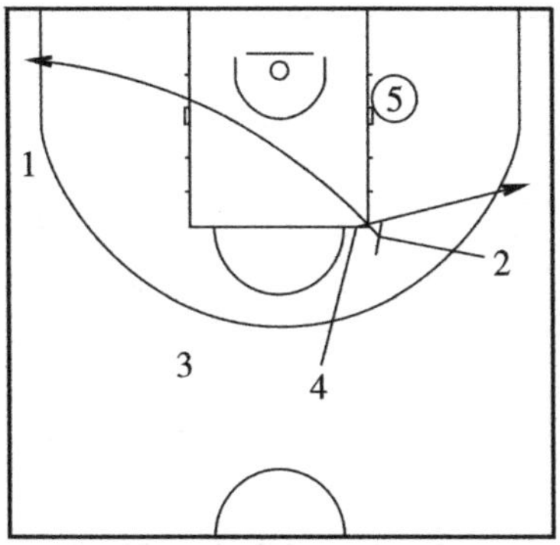

图 10-11

如图 10-12 所示:如果 5 没有机会给 2 和 4 分球,则可以传给弧顶的 3,随后跟上接回传球。此时 3 可以选择进入 point 系列[由控球后卫(point guard)发起,后文详细介绍],进行切入、反掩护以及掩护等。

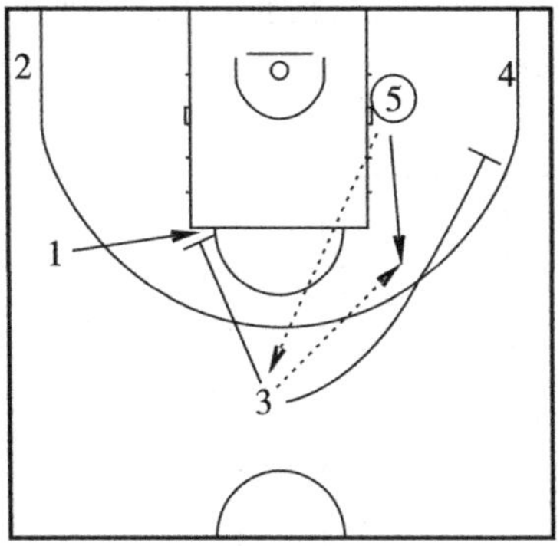

图 10-12

四、特殊进攻战术

如图 10-13 所示:5 和持球的 1 呈对角落位。

如图 10-14 所示:1 传球给右侧侧翼的 3 后,给弧顶左侧的 2 做反掩护。2 借掩护向右侧低位切入,准备接 3 的传球上篮,如果没有机会则移动到右侧底角。

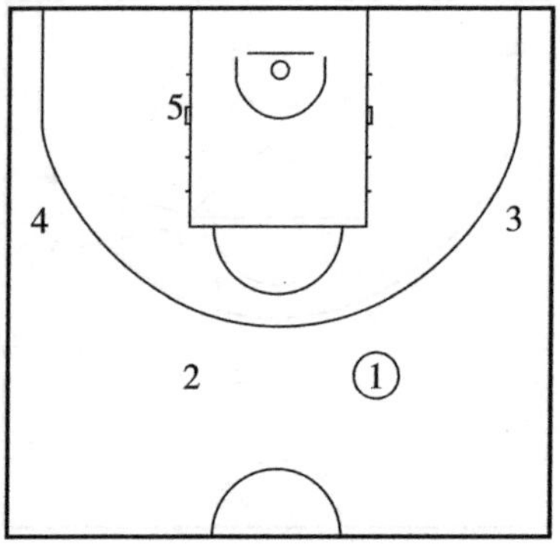

图 10-13

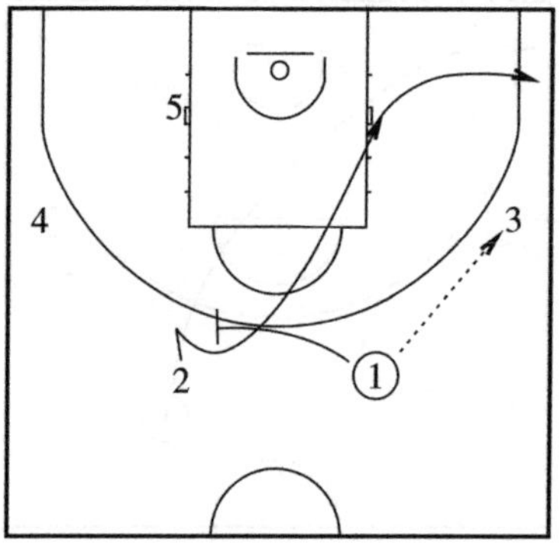

图 10-14

如图 10-15 所示:3 传球给 2 后,插入篮下给左侧低位的 5 做无球掩护。5 借掩护移动到强侧低位。

如图 10-16 所示:2 传球给 5 后提到右侧肘区给 1 做掩护,1 借掩护移动到右侧侧翼。而弱侧的 3 和 4 进行掩护换位,5 通过阅读场上防守形势,将球传给 3 或者 1 进行投篮。

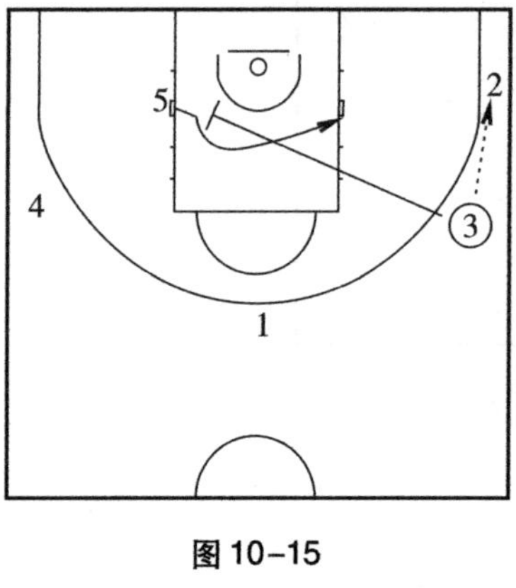

图 10-15

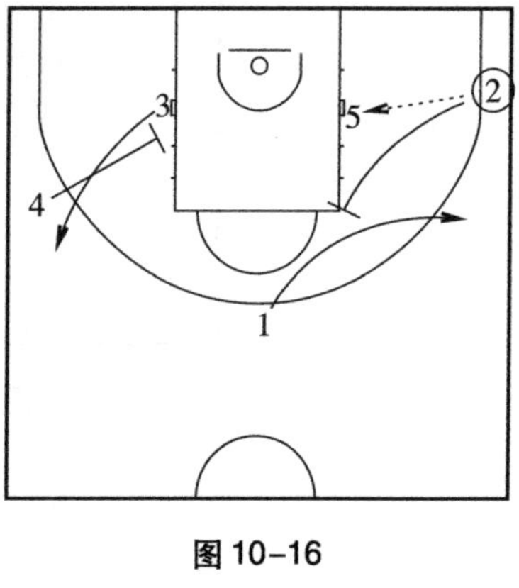

图 10-16

五、低位-内线进攻

该战术的目的是让内线球员在低位获得单打机会。

如图 10-17 所示:1 传球给 3 后移动到左侧底角。2 补位到弧顶中间。战术阵形近似于低位系列。

如图 10-18 所示:3 向弧顶运球移动,2 同时切入篮下并移动到右侧底角。3 传球给左侧的 4。

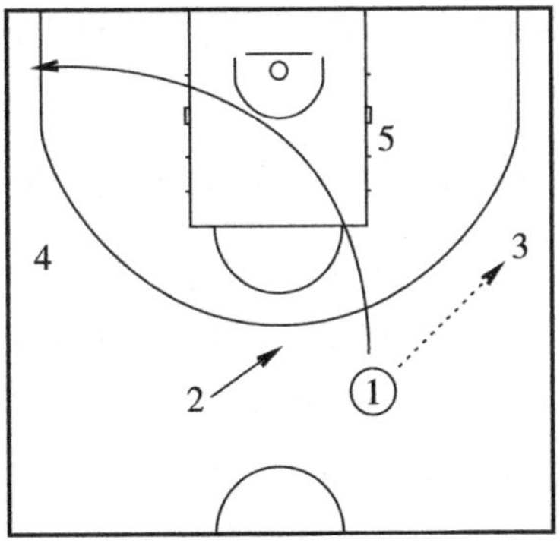

图 10-17

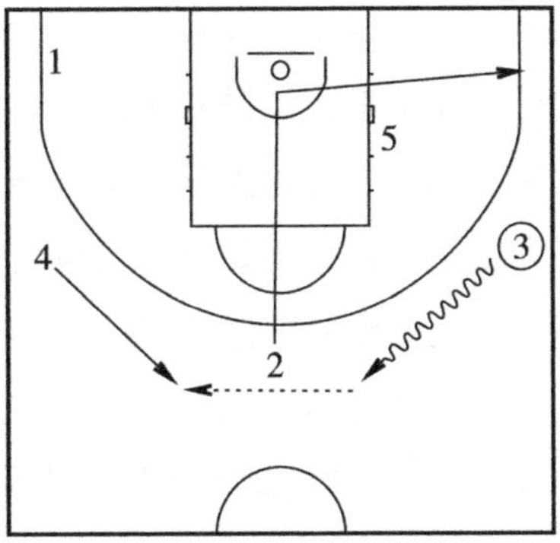

图 10-18

如图 10-19 及图 10-20 所示:3 传球后去给 5 做下掩护,5 反向移动向篮下,3 弹回到外线。4 传球给 3,此时 3 可以分球给 2 或者 5,随后切入内线并向弱侧移动形成低位系列战术。

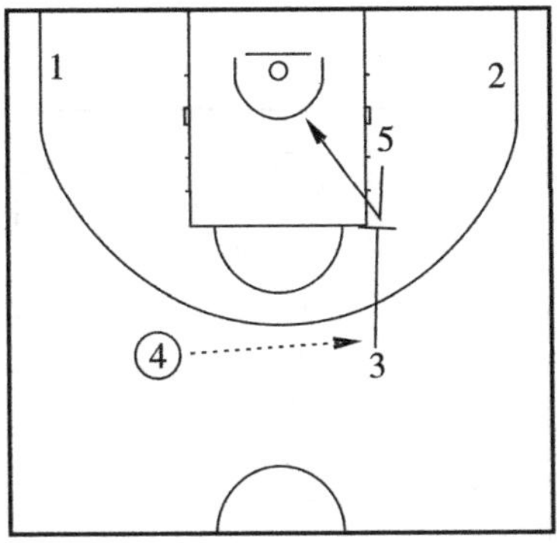

图 10-19

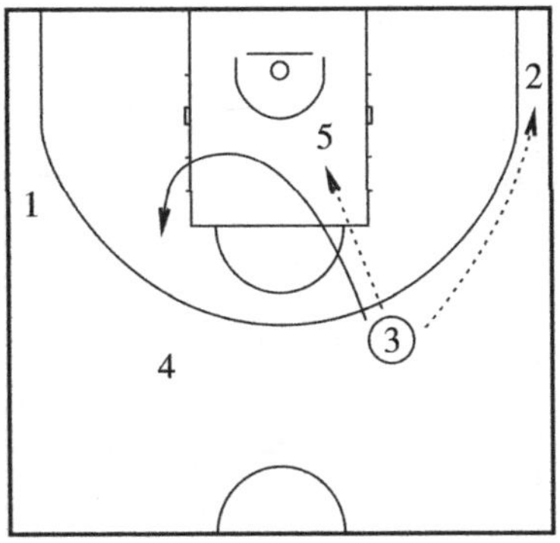

图 10-20

第二节　高位中锋策应进攻

一、基础战术配合

高位中锋策应进攻即point系列，该系列战术主要由控球后卫发起，遂因此而得名。该战术一般采用不同于低位系列的“2-3high”的高位进攻阵形，主要差异在于中锋位置的变化。

该战术的核心是控球后卫分球给罚球线附近的中锋，并围绕其进行的一系列协同配合。主要包括三种主要的战术形式：①point over（强侧高位），是指持球人传球后中锋后，越过其与强侧侧翼队友配合；②point under（强侧低位），是指持球人传球给中锋后，从其后方与强侧侧翼队友配合；③point away（弱侧），是指持球人传球给中锋后，与弱侧侧翼队友进行配合。

（一）高位中锋策应进攻的发起方式

如图10-21及图10-22所示：2切向左侧肘区并向右侧底角移动，同时5从右侧内线提到对侧肘区。2在切入过程中给5做掩护使其在肘区获得空位接球，1向弧顶运球并伺机传球给提到高位的5。当2切到肘区附近时，4也下沉到底角调动防守以防止盲区的防守干扰。此时，后卫系列的战术落位基本形成，1作为控球后卫具有三种选择，即point over、point under以及point away。

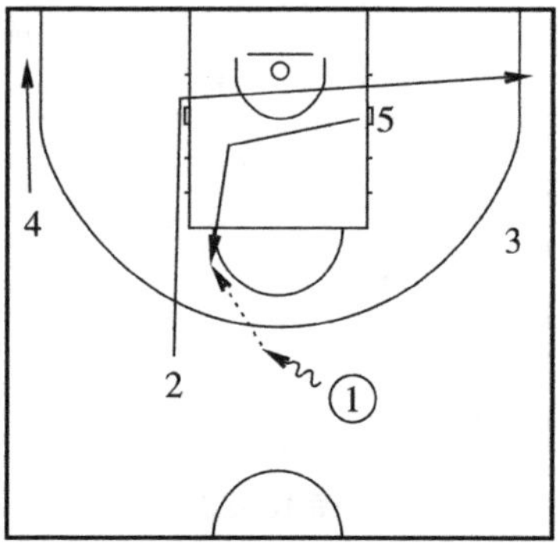

图10-21

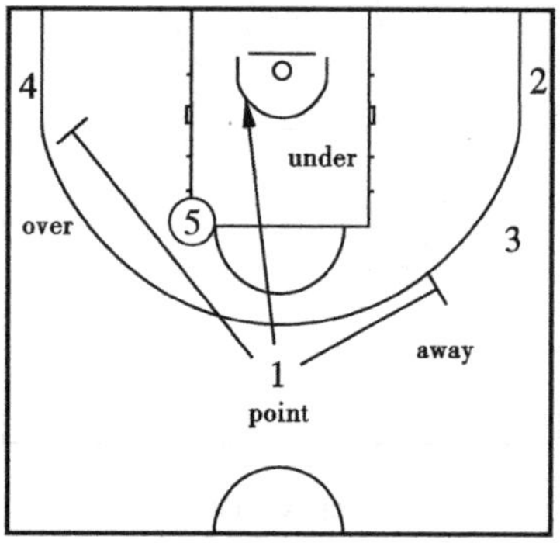

图10-22

(二)强侧高位

如图 10-23 所示:选择一,如果×4 强延误,4 伺机反跑,5 传球给 4 上篮。选择二,×4 紧贴防守,1 越过 5 给 4 做无球掩护,4 向中路移动并与 5 做手递手,接球向内线突破,可以分球给 2 或 3。1 掩护后弹出到外线侧翼,准备接球投篮。

如图 10-24 及图 10-25 所示:4 到右侧肘区时,3 可以切入内线,2 向侧翼轮转补位。4 可以分球给切入的 3,如果没有机会则传给补位的 2。2 接球后分给内线的 3,此时再次形成低位进攻模式。4 传球后弹出到弧顶外线。

接图 10-25 的情况,如图 10-26 所示:2 在接球后不再传给内线的 3,转而分给向右侧肘区移动的 5,此时弧顶的 4 可以做切入并接 5 传球上篮。5 也可以在弱侧防守收缩时,分球给弱侧的 1 投篮。

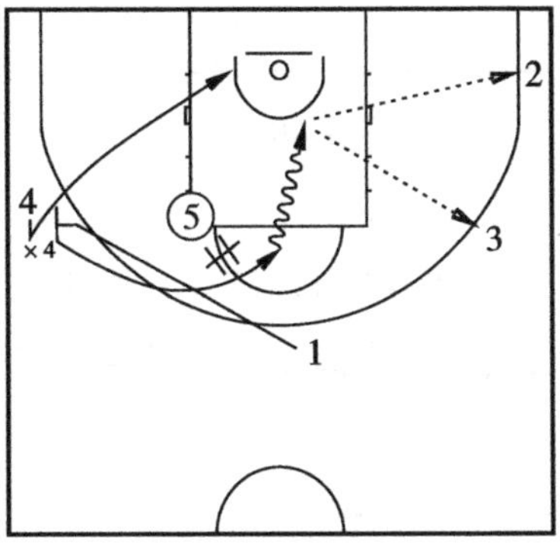

图 10-23

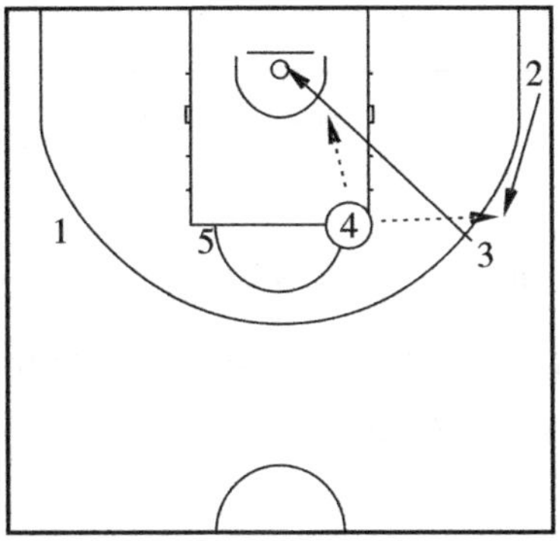

图 10-24

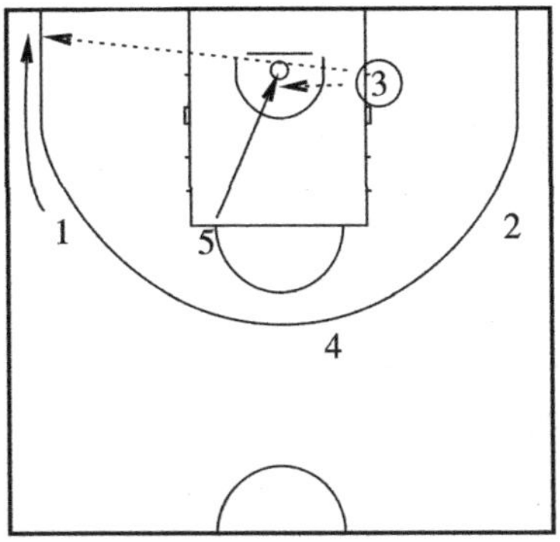

图 10-25

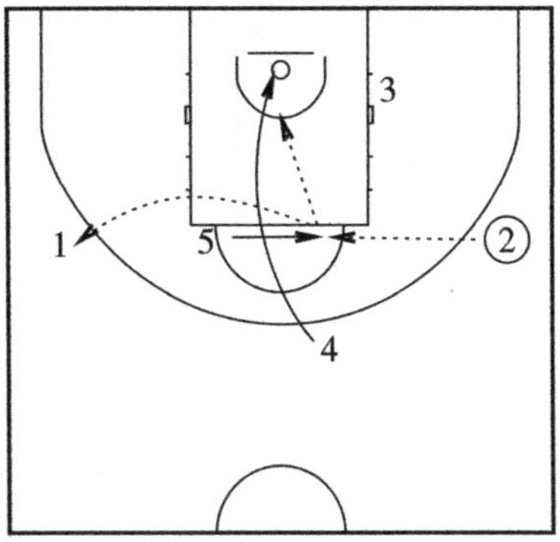

图 10-26

如图 10-27 所示:接图 10-23 的选择一,1 给 4 做无球掩护,×4 强延误。4 随即反跑切入,1 掩护后外弹。5 可以选择分球给 1 或者 4。

如图 10-28 所示:5 分球给 1,1 接球后将球传给内线的 4,形成低位进攻模式。4 接球后,5 伺机下顺接 4 的传球上篮。4 也可以根据防守情况,分球给弱侧底角的 2。

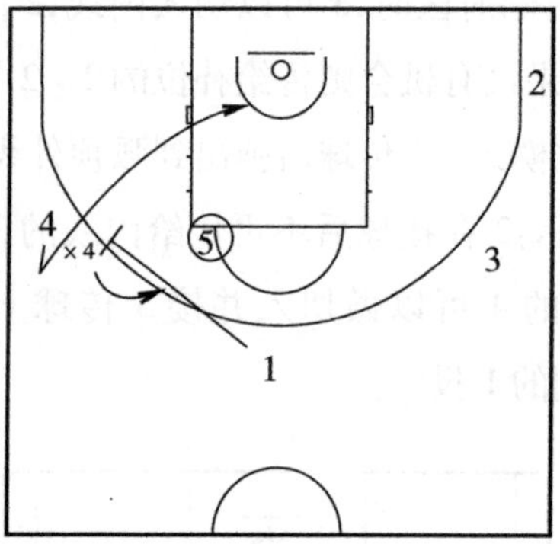

图 10-27

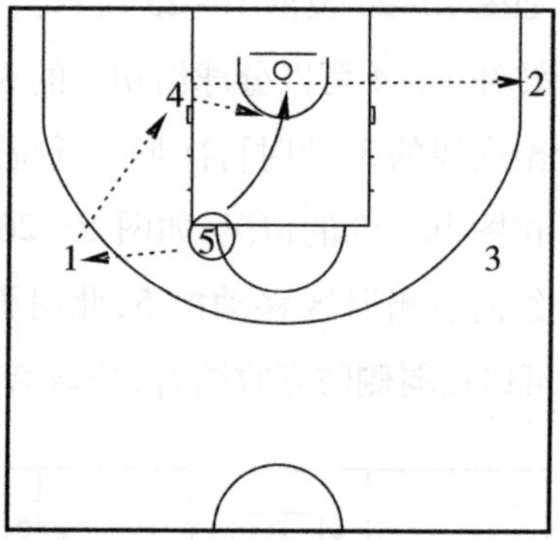

图 10-28

如图 10-29 所示:1 接到球后无法传球给 4(×4 绕前防守),则 4 立即提升给肘区的 5 做下掩护,5 佯装弹出外线,然后迅速改变方向借掩护切入篮下,接 1 的传球上篮。

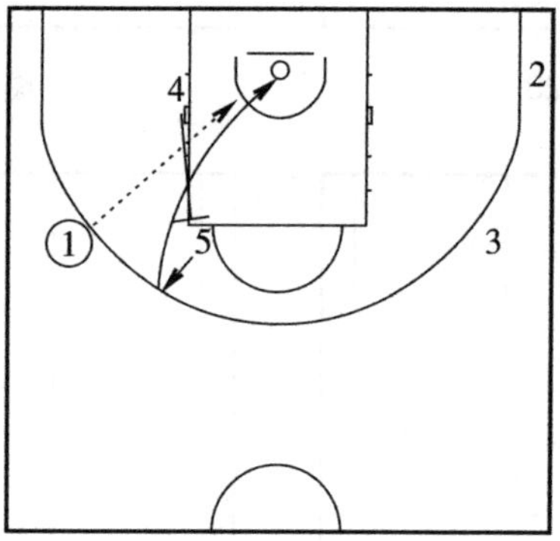

图 10-29

(三)强侧低位

如图 10-30 所示:1 直接快速切向篮下,准备接 5 的会传球上篮。如果没有机会4向内线移动，给1做无球掩护，1借掩护弹出到左侧侧翼，此时5可以将球传给1投篮。1也可以传球给落在低位的4。当然掩护完成瞬间，如果4处于空位或形成错位，则5可以直接分球给4上篮。

如图10-31所示：1接到球后观察场上情况，4上提至肘区给5做下掩护，5移动到左侧低位，4则移动到弧顶位置。

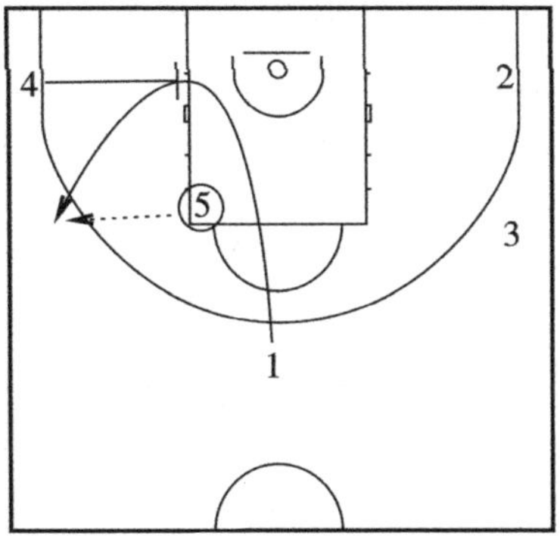

图10-30

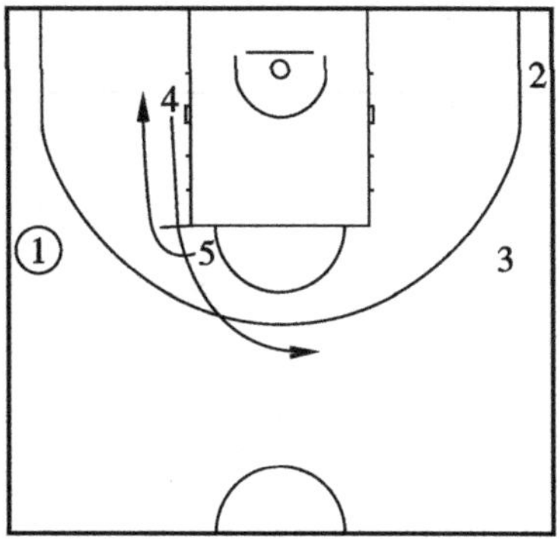

图10-31

如图10-32所示：1此时面临三种选择：

(1)如果内线出现空位而传球给5，转换到low post系列。

(2)内线绕前防守无法传球时传球给4，转换到point系列。

(3)以上两种选择都被限制时，1自行运球提到弧顶位置，转换到chin系列（高位中锋掩护进攻，详见后文）。

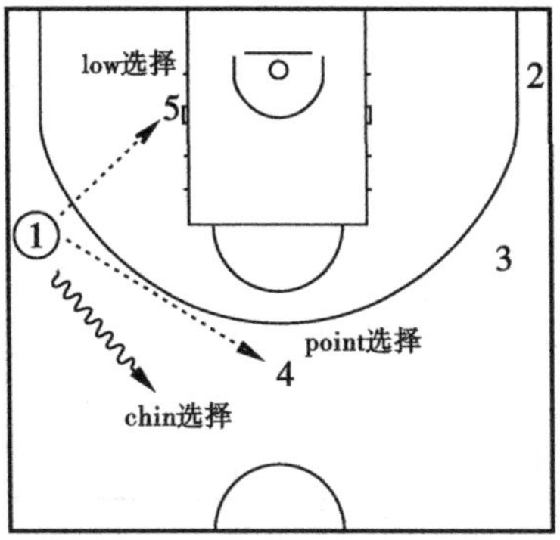

图10-32

(四)弱侧

如图 10-33 所示:1 给弱侧侧翼的 3 做无球掩护,当×3 跟随 3 进行防守时,3 借助掩护绕切篮下,接 5 的传球进攻篮筐。1 在掩护完成后弹出到弧顶,此时 5 也可以分球给 1,进行外线投射。

如图 10-34 所示:×3 选择后撤时,3 直接借掩护切到弧顶,接 5 的传球投篮。而 1 在掩护后采用后转身背人,同时切入篮下,5 也可以传球给 1 上篮。

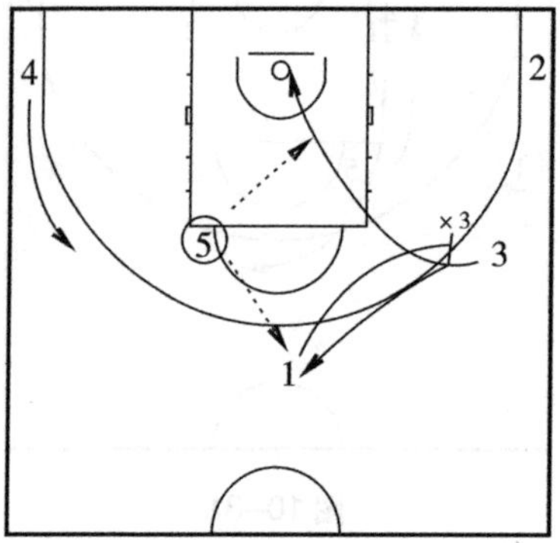

图 10-33

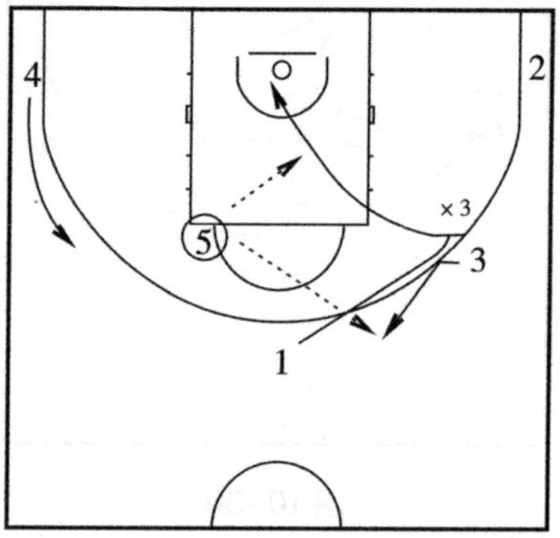

图 10-34

如图 10-35 所示:1 给 3 做掩护时,防守者×3 选择上抢防守,3 立即反跑切入篮下,接 5 的传球上篮。1 完成掩护后,弹出到弧顶,5 也可以传球给 1 完成投篮。

如图 10-36 所示:当 3 切入没有机会时,5 将球传给弧顶的 1,此时 1 可以选择投篮或者直接从右侧突破篮下,如果出现协防,则将球分给协防方向的队友。

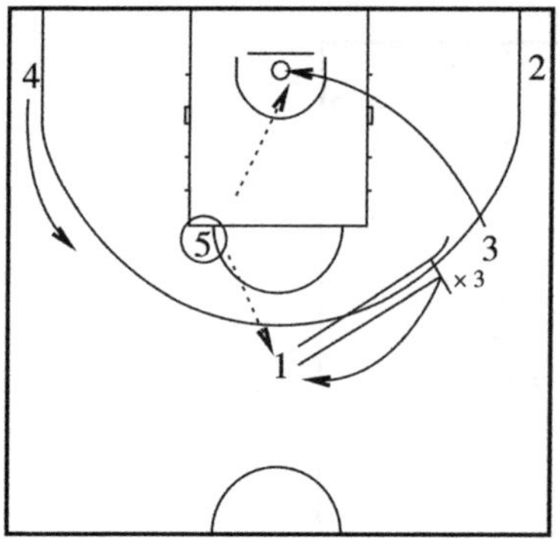

图 10-35

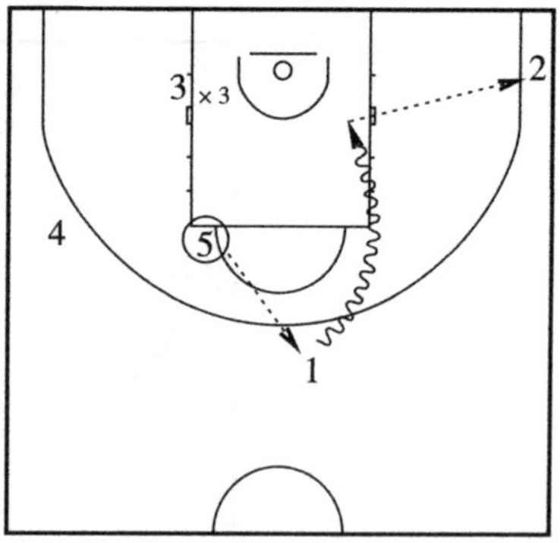

图 10-36

如图 10-37 及图 10-38 所示:1 也可以在接 5 的传球后,向左侧运球。同时 3 借 4 的掩护弹出到侧翼外线接 1 的传球,4 掩护后转身要位,3 将球分给 4。当 4 接到球后,形成中锋落低位的进攻模式。此时 4 可以内线单打,也可以传给弱侧底角的 2 投篮或者分给肘区下顺的 5 上篮终结。

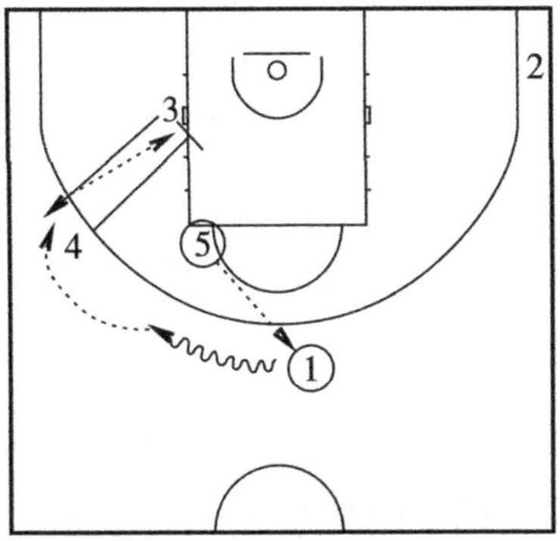

图 10-37

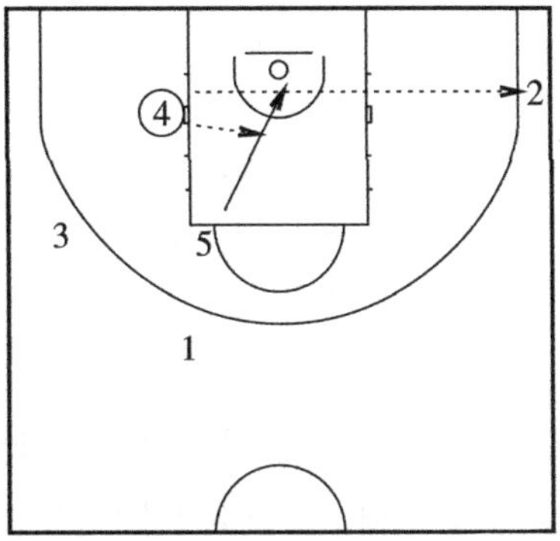

图 10-38

如图 10-39 所示:如果×4 绕前防守,3 无法传球给 4 时,则 1 下沉借助 5 的掩护向弱侧拉开(flare screen),3 朝中路运球,1 借助掩护移动接 3 的传球,获得空位投篮机会或者持球突破并伺机分球给 4(更接近篮筐)或 2。

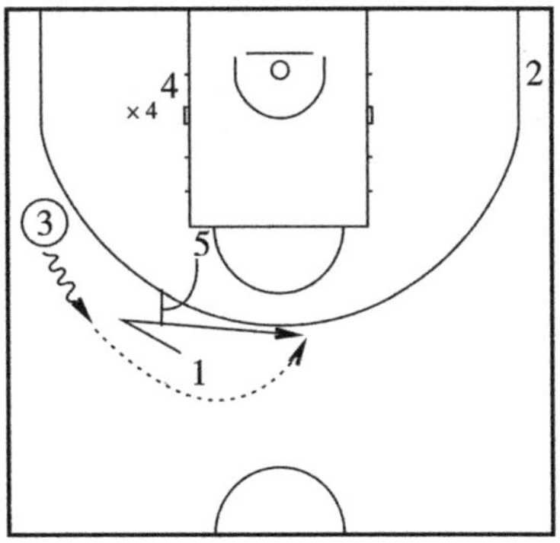

图 10-39

二、双掩护

如图 10-40 所示:1 向弧顶中间运球,并分球给切向弧顶位置的 4,2 随之交换位置到左侧侧翼。3 下沉到右侧底角。

如图 10-41 所示:2 继续向左侧底角移动,1 做转身运球变化方向并将球传给提到右侧肘区的 5。

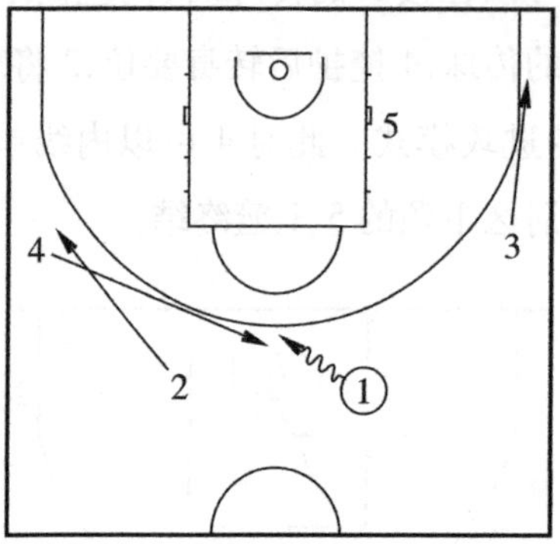

图 10-40

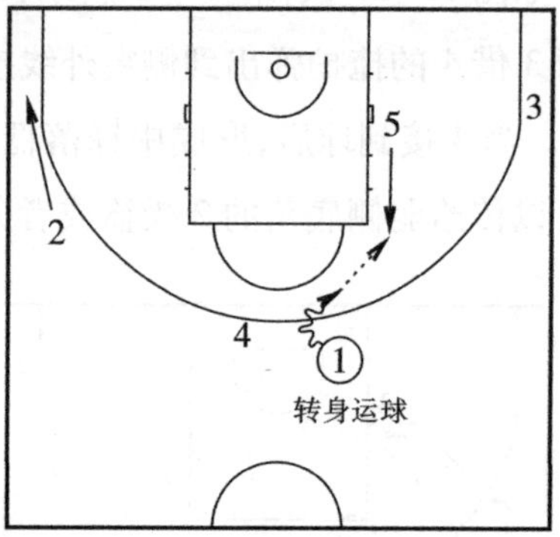

图 10-41

如图 10-42 所示:3 以 50% 的速度做底线切入,并返回底角为下一次切入做准备。4 和 1 在罚球线附近给左侧底角的 2 做双掩护,从而迷惑防守。

如图 10-43 所示:当 2 借掩护移动到弧顶时,5 向 2 的方向运球并突然转身,分球给溜底的 3 完成上篮。

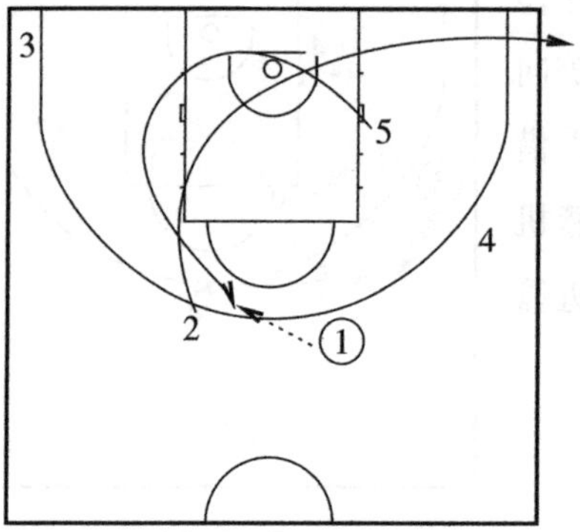

图 10-42

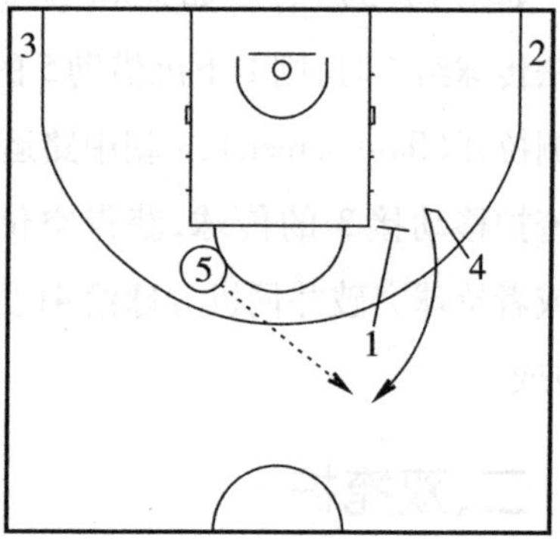

图 10-43

三、曲线提上进攻

(一)高位双掩护

如图 10-44 所示:2 切入弱侧底角,5 从对侧低位提到肘区,1 传球给 5,进入 point 系列进攻。

如图 10-45 所示:4 向弧顶三分线内压迫,借 1 的掩护弹出到弧顶接 5

的传球。4 可以选择投篮,该投篮机会会在连续两侧战术跑动后形成空位。

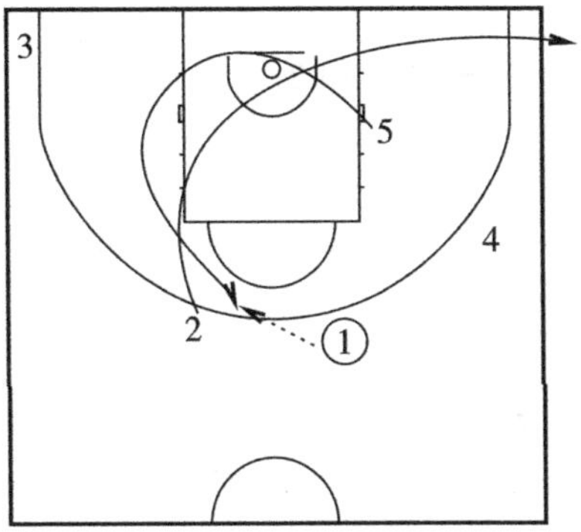

图 10-44

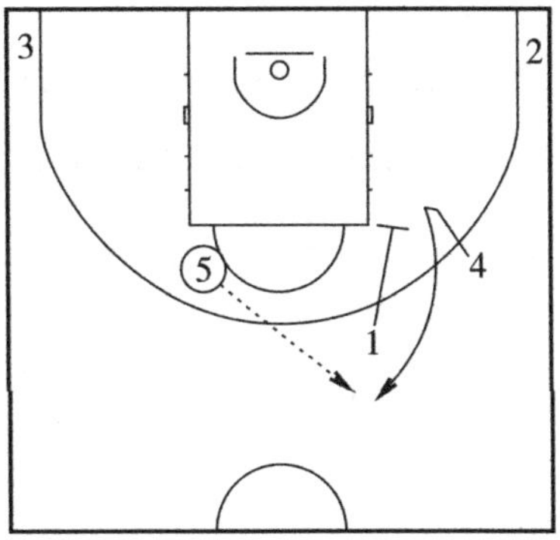

图 10-45

如图 10-46 所示:4 接到球后,2 上提到右侧侧翼接球。此时 5 上提准备给 1 做掩护。4 传球给 2 后,切入到右侧低位。

如图 10-47 所示:1 借掩护拉开到弱侧,2 向中间运球并伺机传球给 1 制造投篮机会,2 也可以运球到槽点转化到 chin(下巴/面颊,因落位形似而得名)系列。

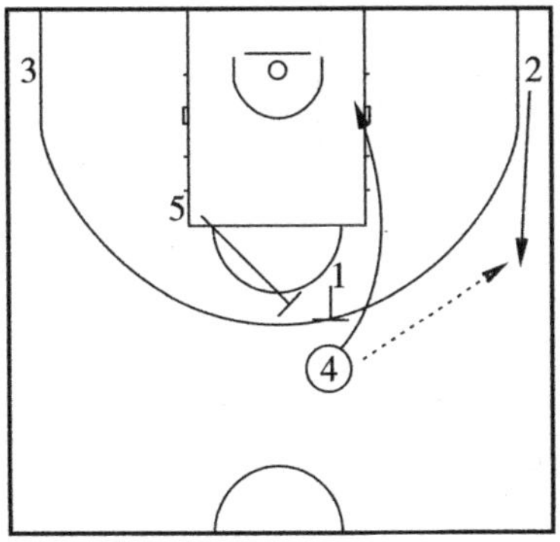

图 10-46

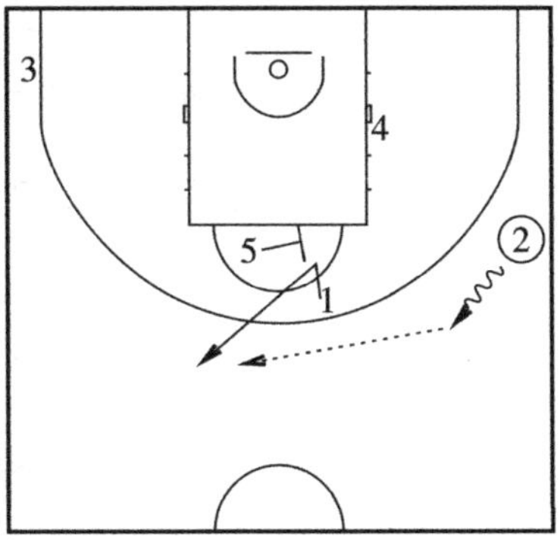

图 10-47

(二)低位双掩护

如图 10-48 所示:1 传球给左侧肘区的 5 后,给弱侧侧翼的 4 掩护。4 假借掩护伺机反跑,左侧底角的 3 在短角处再次给 4 掩护,4 借掩护移动到左侧侧翼。

如图 10-49 所示：2 向右侧肘区移动，给右侧的 1 做掩护，使其在远端获得空位投篮机会。

如图 10-50 所示：当 1 接到球而无法投篮时，5 和 2 下沉到左侧低位给切出的 3 做双掩护。3 在弧顶获得三分机会。

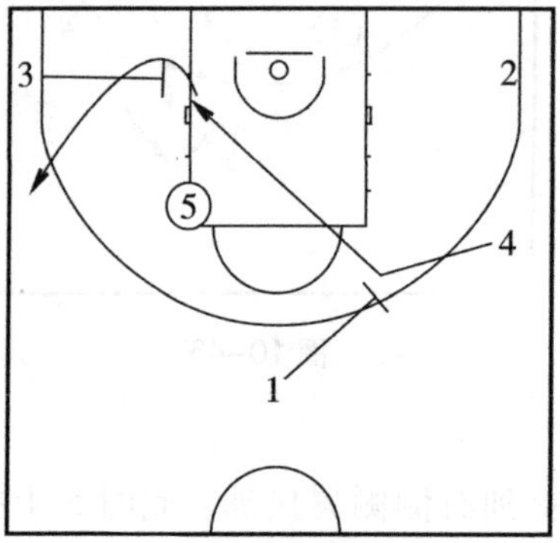

图 10-48

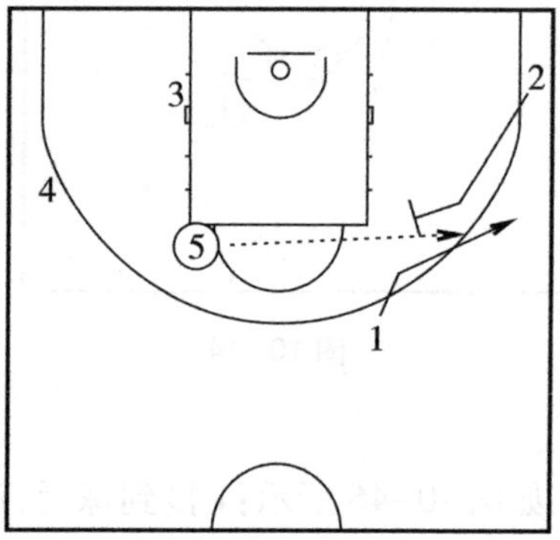

图 10-49

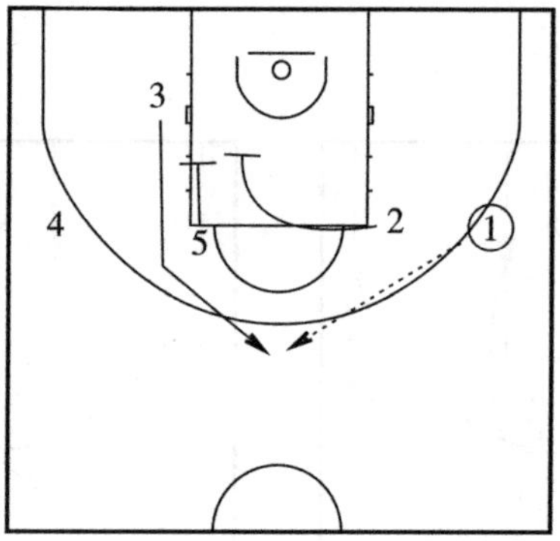

图 10-50

四、万迪进攻

如图 10-51 所示：1 传球给 3 后直接到强侧底角，2 随之向弧顶中间移动。

如图 10-52 所示：如果 3 不能传球到内线，则向罚球线运球并伺机传球给弧顶的 2。如果 2 被强延误，则 2 随即反跑接球上篮。

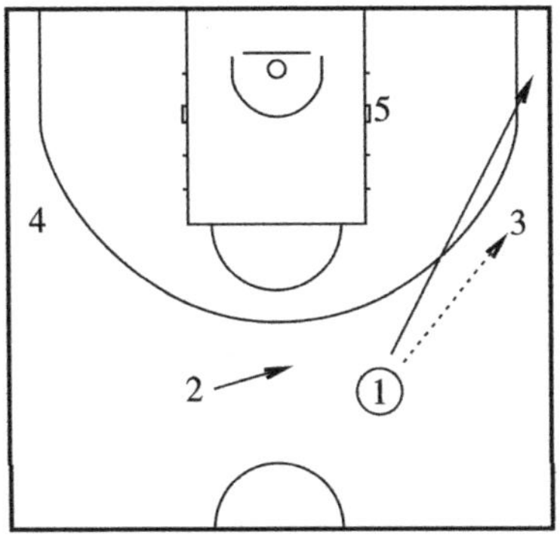

图 10-51

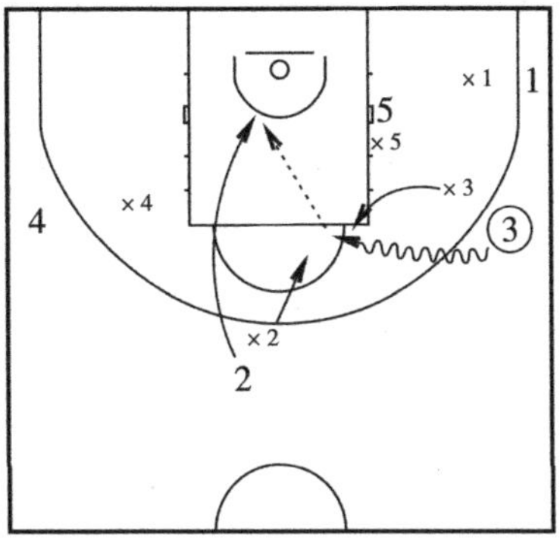

图 10-52

如图 10-53 所示:如果 2 没能获得空位,则 4 向上移动并接 3 的传球。3 之后给右侧低位的 5 做下掩护。5 借掩护上提至右侧肘区。此时战术进入 point 系列。

如图 10-54 所示:4 传球给 5 后给 2 做掩护,使 2 上提至侧翼获得三分机会。5 伺机传球给 2。

注意:关键在于切入时保持强硬。

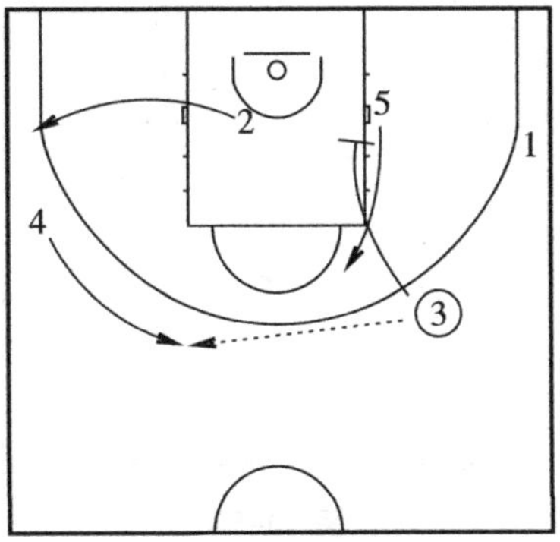

图 10-53

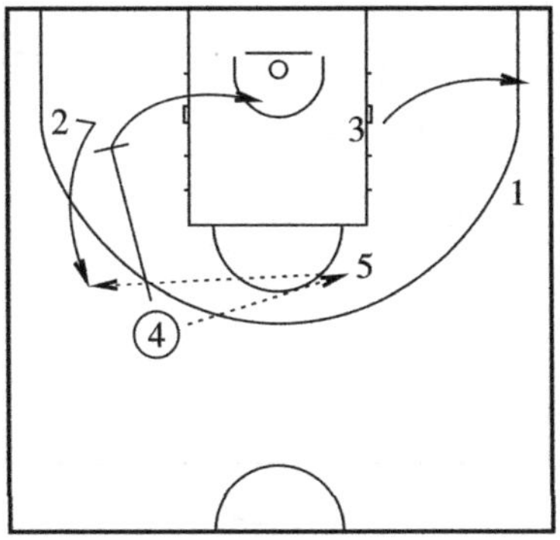

图 10-54

五、灰熊队 Point 系列进攻

如图 10-55 所示:1 传球给肘区的 5 后,沿中路切入篮下。

如图 10-56 所示:1 如果没有机会接球,则向左侧移动给左侧底角的 2

做底线掩护。2借掩护向右侧低位移动。

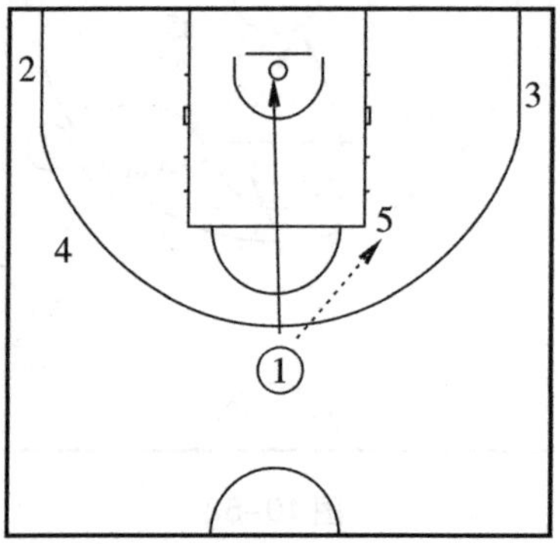

图 10-55

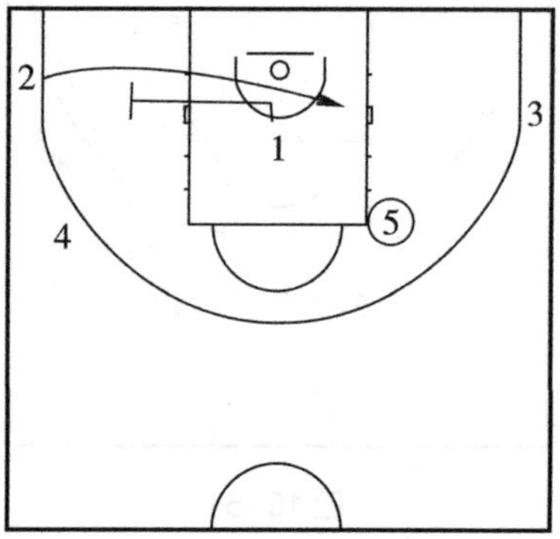

图 10-56

如图10-57所示:2没有获得空位,4给掩护者1做下掩护并在掩护后移动到底角,1借掩护上提至左侧侧翼接5的分球投篮。

如图10-58所示:5传球后给右侧低位的2做下掩护,2提到弧顶接球投篮,而5移动至右侧肘区,再次进入point系列。

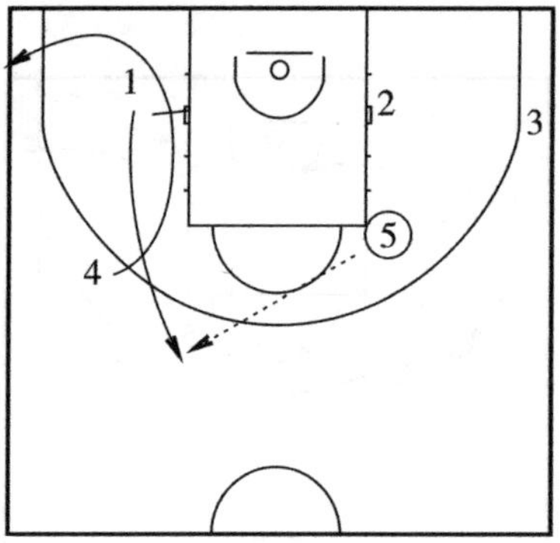

图 10-57

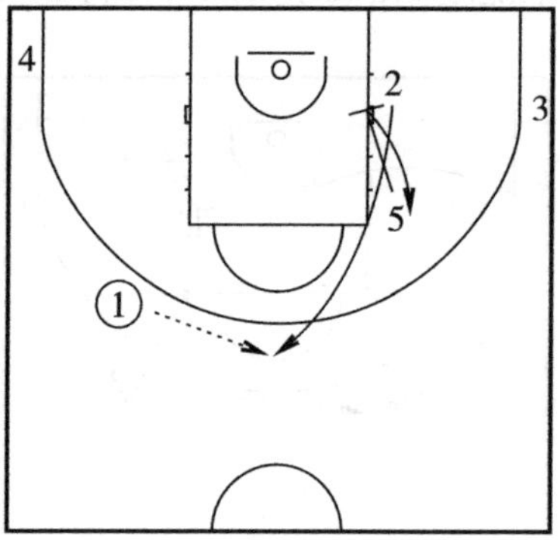

图 10-58

六、底角 Point 系列进攻

如图10-59所示:1传球给侧翼,5给1设置UCLA掩护,1切向篮下并移动到强侧底角。

如图10-60所示:1未能获得空位机会,则2传球给肘区的5后给1做底角掩护,也可以越过 5 给左侧的 4 掩护。

如图 10-61 所示:2 给 1 掩护后弹出外线,1 借掩护切入篮下,5 观察场上防守情况伺机传球。

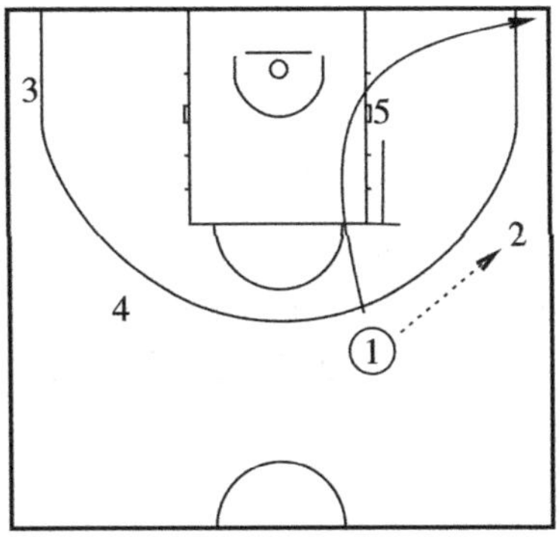

图 10-59

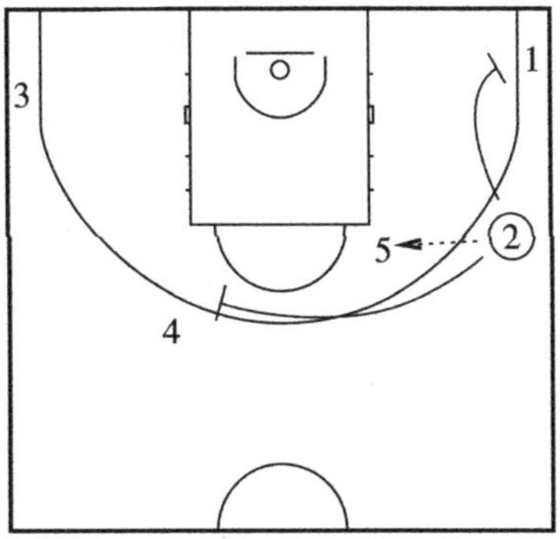

图 10-60

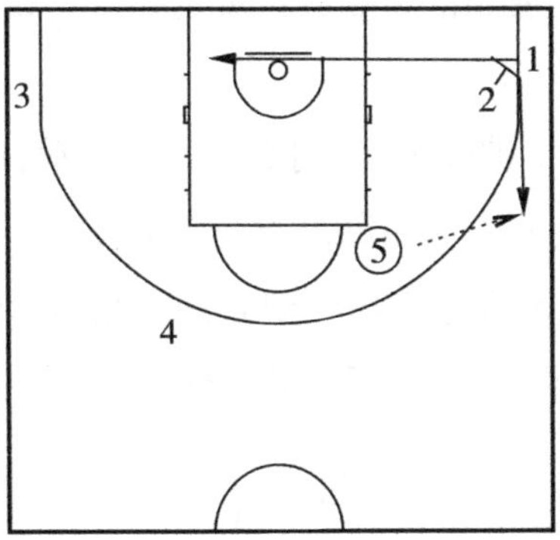

图 10-61

如图 10-62 所示:5 给 2 做有球掩护,而 1 借 4 的掩护弹出到弧顶。

如图 10-63 所示:2 传球给弧顶的 1,弱侧 4 和 3 交叉换位,此时 5 再给 2 做无球掩护,使得 2 在远端获得空位投篮机会。

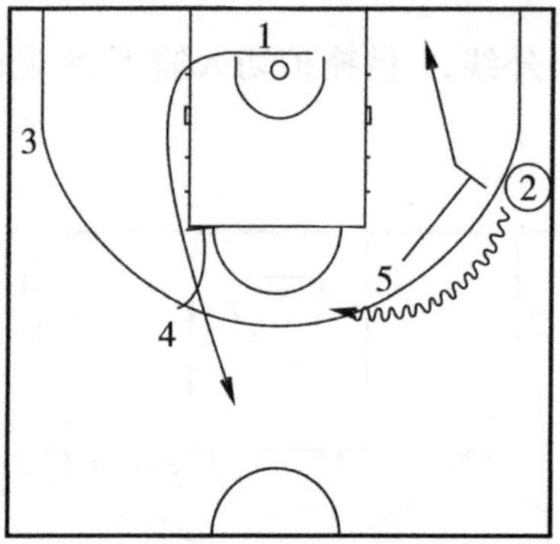

图 10-62

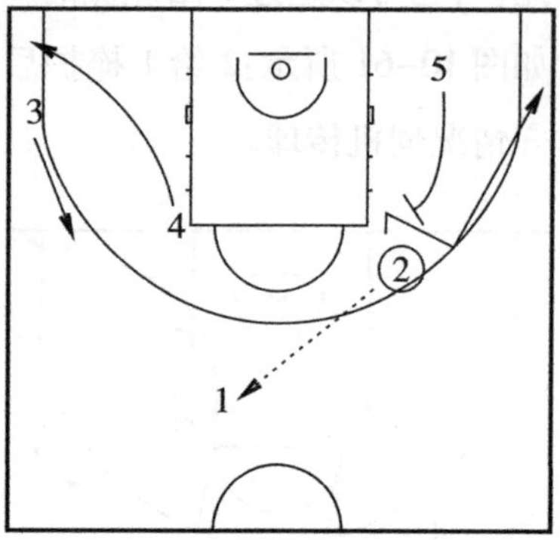

图 10-63

七、反掩护进攻

如图 10-64 所示:1 传球给肘区的 5,随后给左侧侧翼的 3 进行反掩护。3 于掩护下切向篮筐。底角的 2 顺势在短角处给 3 设置掩护,1 在掩护后弹出到外线。

如图 10-65 所示:1 被强延误,则 5 向左侧移动,1 伺机反跑。4 补位到左侧侧翼。3 向外移动到右侧侧翼,2 弹出到底角。

如图 10-66 所示:5 传球后移动到右侧底角,而 1 落在左侧低位位置。3 则移动到弧顶。此时,由 point 系列转换到 low post 系列。

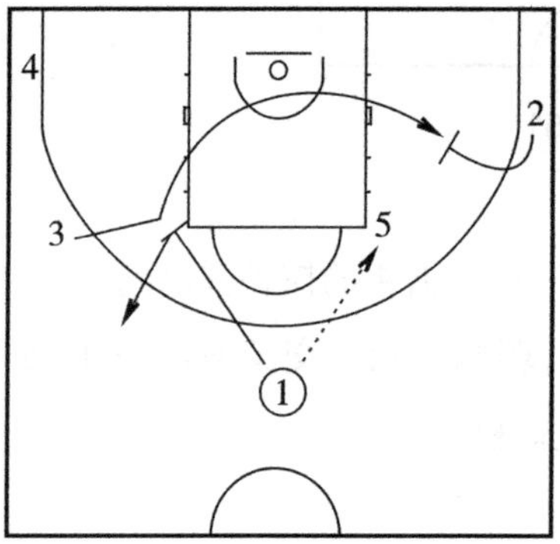

图 10-64

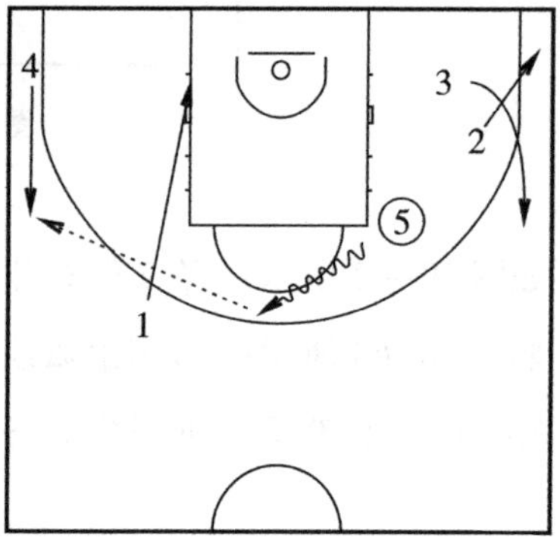

图 10-65

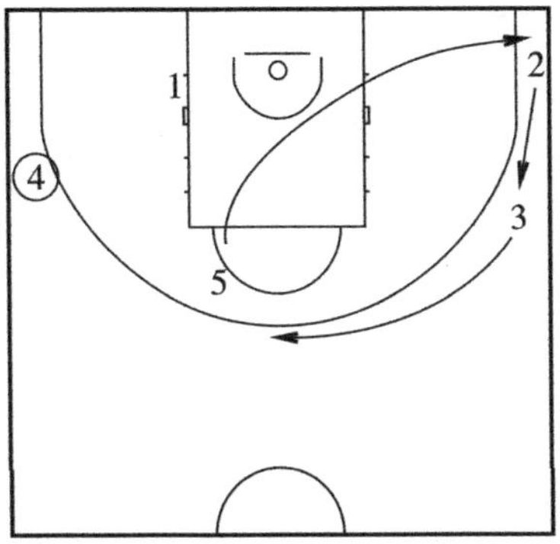

图 10-66

八、移动进攻

如图 10-67 及图 10-68 所示:1 通过传切跑位形成 point 系列阵形。4 传球给右侧肘区的 5 后,给左侧侧翼的 3 进行掩护并弹出外线。

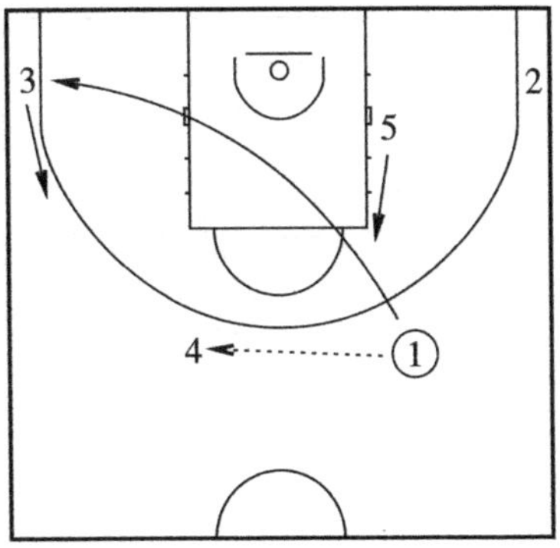

图 10-67

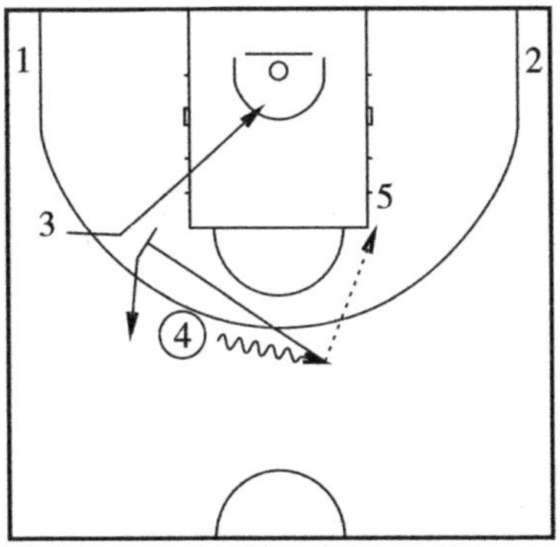

图 10-68

如图 10-69 及图 10-70 所示:5 传球给 4 后跟进进行掩护,2 设置槽点掩护使 3 移动到右侧槽点处。4 借掩护运球到右侧分球给 3。5 转身下顺到篮下。

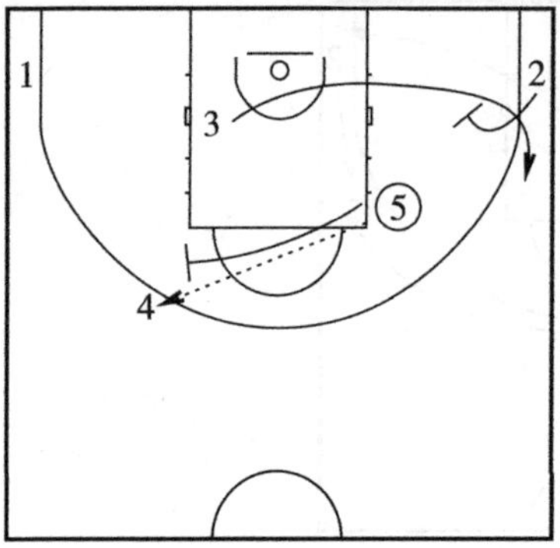

图 10-69

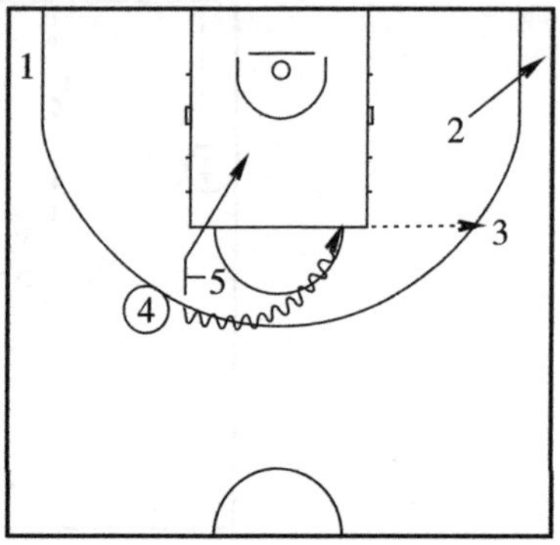

图 10-70

如图 10-71 及图 10-72 所示:5 在禁区内给右侧肘区的 4 做侧移掩护,4 切入篮下若未获得空位,则移动到左侧底角,1 随之上提到左侧侧翼。5 掩护后移动到右侧肘区接3 的传球,进入 point 系列。3 可以给弱侧的1 掩护或给强侧的 2 掩护。

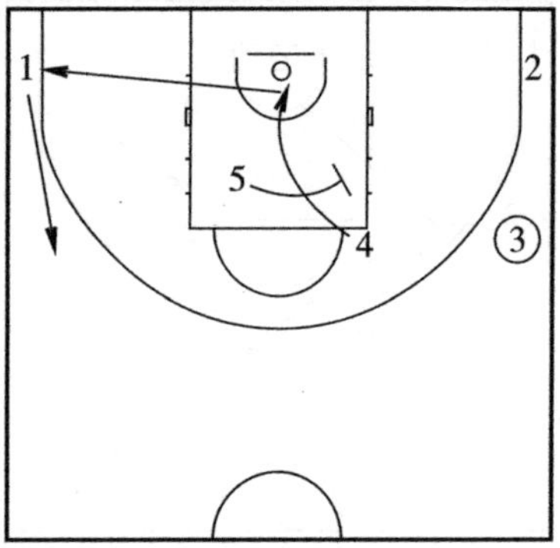

图 10-71

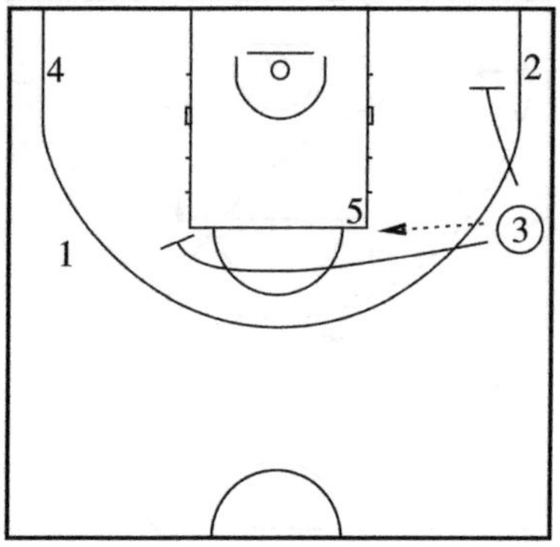

图 10-72

第三节　高位中锋掩护进攻

一、基础战术配合

（一）高位中锋掩护进攻的发起方式

如图 10-73 所示：当低位的 5 传球给 2 后，如果×4 强掩护导致 2 不能传球到弧顶，随即可以选择向弧顶运球移动。5 传球后上提至肘区给切向篮下的 4 做下掩护，4 如果没有机会则移动到右侧底角并向上补位。此时形成 chin 系列战术“2-3high”的基本落位。

如图 10-74 所示：2 传球给左侧高位的 1，然后借 5 的下掩护向篮下切入。1 接球后迅速传球给左侧侧翼的 3，3 伺机分球给切入的 2 上篮。5 掩护完成后移动到对侧肘区，如果防守者延误，2 移动到左侧底角，5 则迅速反跑接球上篮。

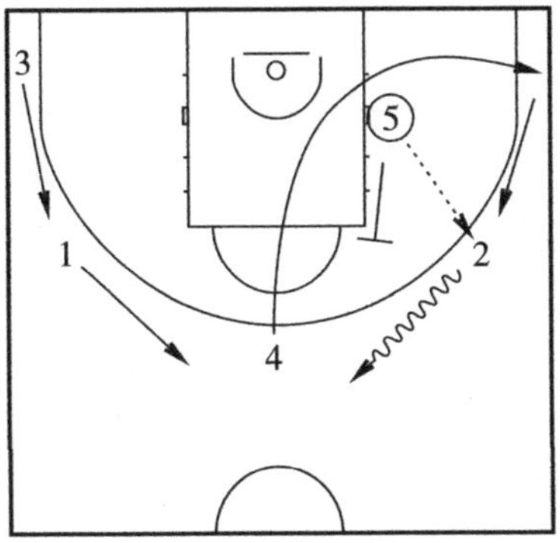

图 10-73

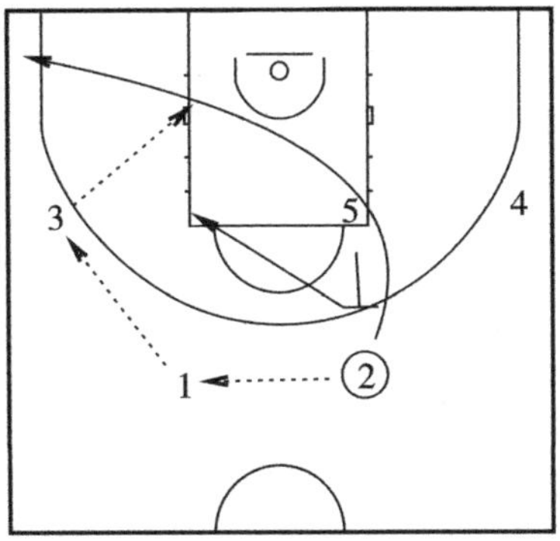

图 10-74

（二）2 未能接球进攻的情况

如图 10-75 及图 10-76 所示：2 没有机会后切入底角，3 回传给 1 并向弧顶移动，1 接球后运球向右侧移动。5 随之移动到右侧肘区。1 回传给 3

后，3 立即回传给 2。1 借 5 的掩护切入篮下，2 伺机传球给 1 上篮。此时再次形成了左侧的 chin 系列配合。

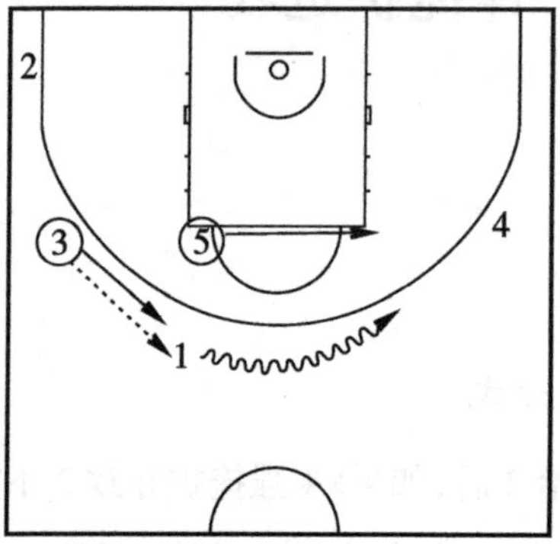

图 10-75

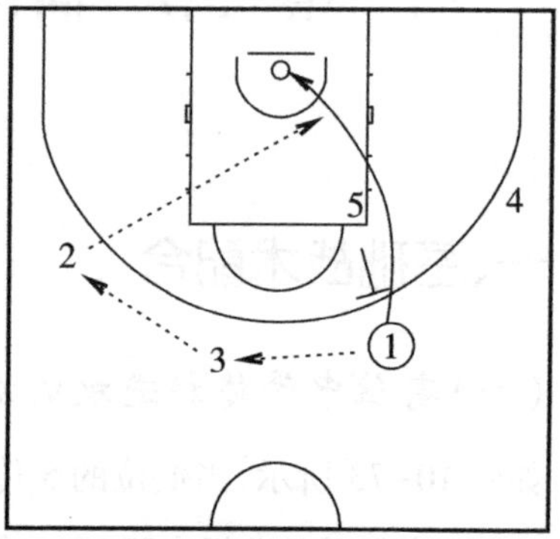

图 10-76

（三）对侧形成 Chin 系列配合的情况

如图 10-77 所示：1 切入后没有形成进攻机会，5 随即再给 3 做下掩护，3 借掩护移动到弱侧底角，而 2 同时运球向弧顶移动。

如图 10-78 所示：弧顶的 2 传球给 4 后，立即借 5 的掩护切入篮下。4 接球后传给右侧的 3，3 伺机传球给 2 上篮。此时，右侧再次形成 chin 系列配合。

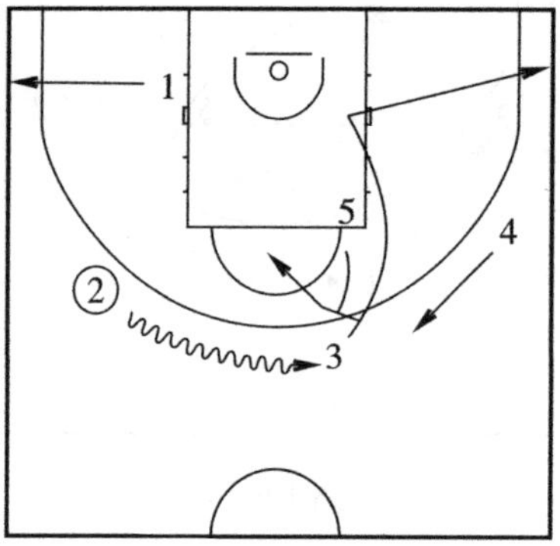

图 10-77

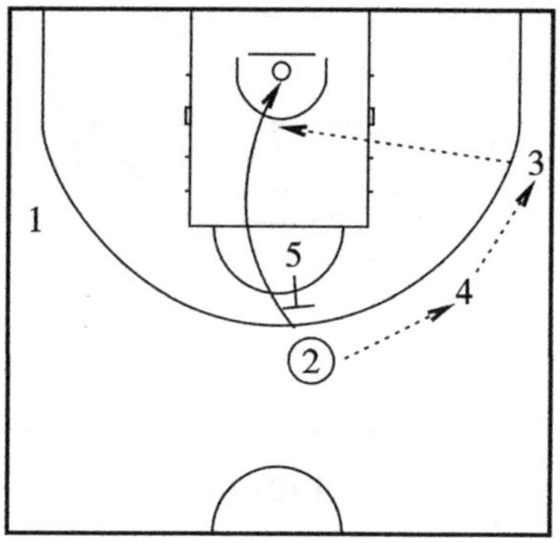

图 10-78

（四）UCLA 切入的情况（强侧切入）

接图 10-78，如图 10-79 所示：2 不传球给右侧侧翼的 4，而是传给左侧的1,随后借5的下掩护从强侧切入篮下,接1的传球上篮。

如图10-80所示:如果2没有机会,1则分球给弧顶的5,5可以传球给4或者2投篮或上篮。

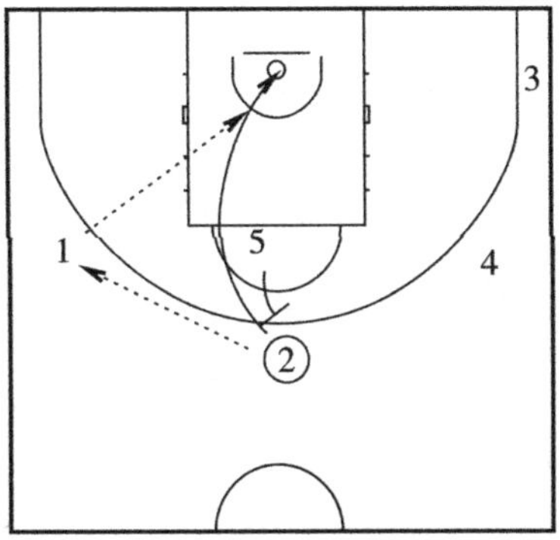

图10-79

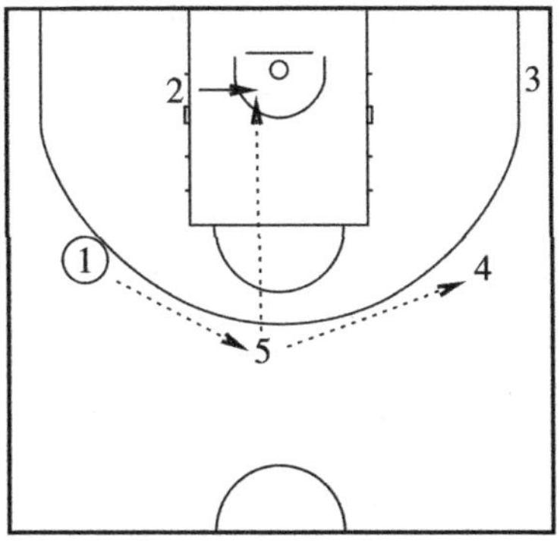

图10-80

如图10-81所示:5将球传给4后,3同时上提给5做掩护,5切入左侧低位,3弹出到弧顶。此时5顺势移动到强侧低位,转换到低位系列的落位。

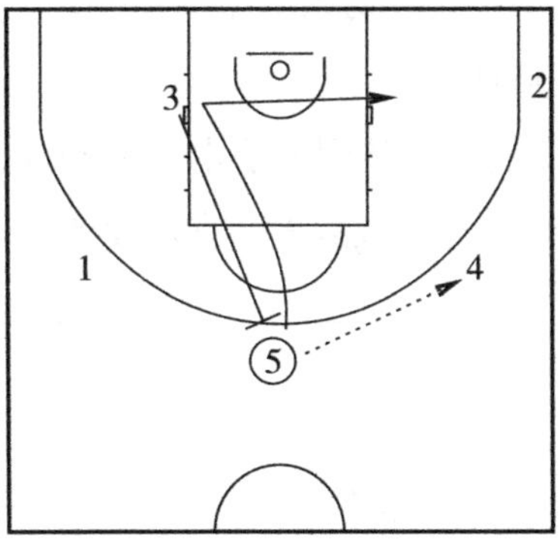

图10-81

二、手递手循环进攻

如图10-82所示:chin系列开始于强侧1和3之间的手递手配合。3接球向弧顶位置移动。弱侧2和4交换位置。内线的5提到右侧肘区。

如图10-83所示:3传球给4,随后4传给2。3传球后随即借5的下掩护切向篮下,如果没有机会则移动到左侧底角。5 在给 3 掩护后,顺势给 4 做外撤掩护,3 可以传球给 4 形成三分机会。

注意:3 切入的时机是 4 的球离手之后。如果 2 被防守强延误,则 4 持球向左侧移动,2 伺机反跑。

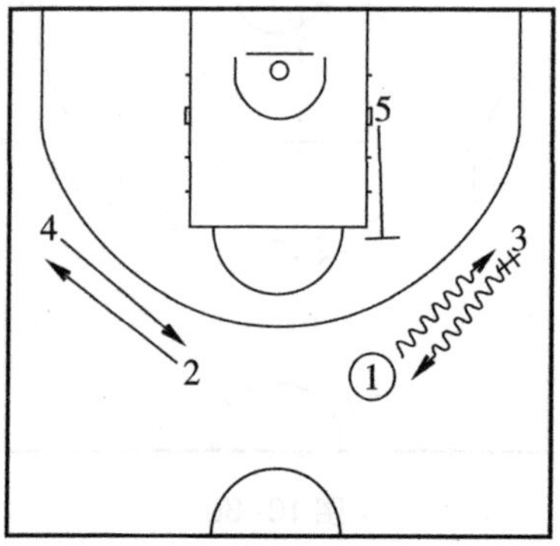

图 10-82

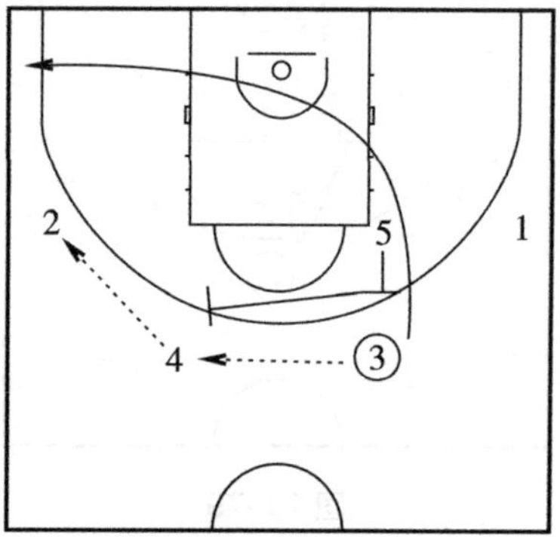

图 10-83

如图 10-84 所示:如果 2 没有传球机会,那么就运球到弧顶左侧位置。1 轮转到弧顶右侧接应。4 随后切入篮下,伺机接球上篮,然后补位到右侧底角。3 向上移动到左侧侧翼。

如图 10-85 所示:2 将球回传到 1 手中,1 传给 4。2 借 5 的掩护从弱侧做 UCLA 切入,伺机接球得分。该战术一直持续到投篮机会出现为止。

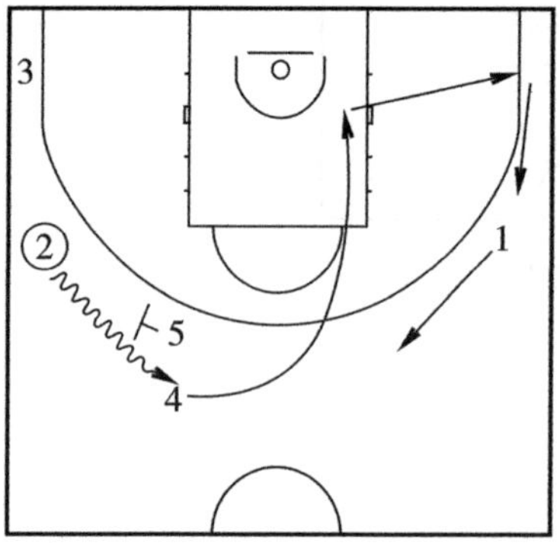

图 10-84

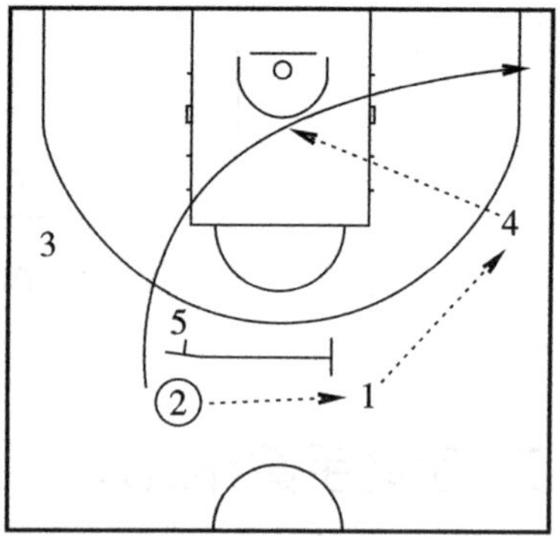

图 10-85

三、高位进攻

如图 10-86 所示:3 将球传给 4,4 传给 2。右侧肘区的 5 给 3 做 UCLA 掩护,3 传球后借掩护切入篮下,此时 2 可以伺机分球给 3 形成进攻机会。3 如果没有机会则移动到左侧底角。5 做完第一个掩护后再到强侧高位给 4 做掩护。

如图 10-87 所示:4 借 5 的掩护切入篮下并移动到右侧底角。2 回传球给 5 后,伺机反跑,3 移动补位,5 运球到弧顶。

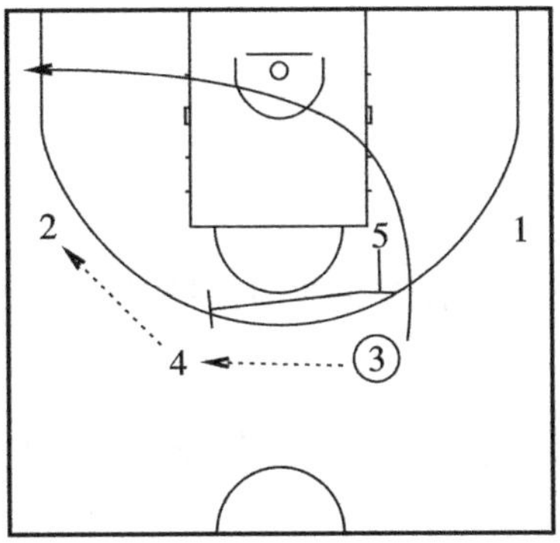

图 10-86

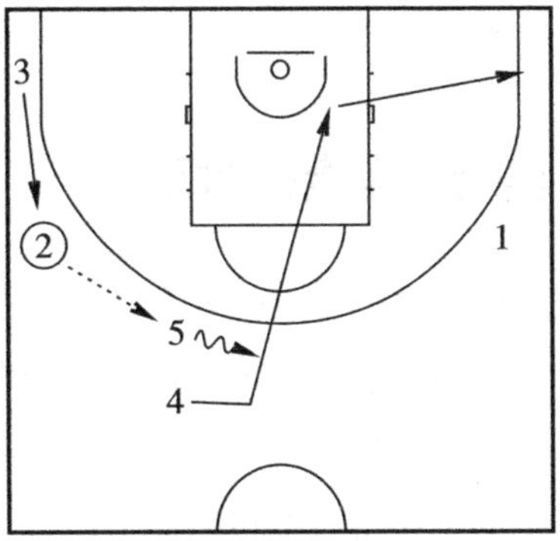

图 10-87

如图 10-88 所示:5 传球给移动到左侧侧翼的 3。3 可以选择投篮或者分球给左侧低位的 2(当球分给 3 时,转换为 low post 系列)。在弱侧,4 和 1 之间进行外撤掩护,时机应该在 3 移动补位的同时。1 做一个向强侧的切入从而借助 4 在肘区的掩护拉到弱侧投篮。

如图 10-89 所示:5 借助 3 的背掩护到低位,随后 3 和 4 都弹出到弧顶位置,从而保持场上的平衡。

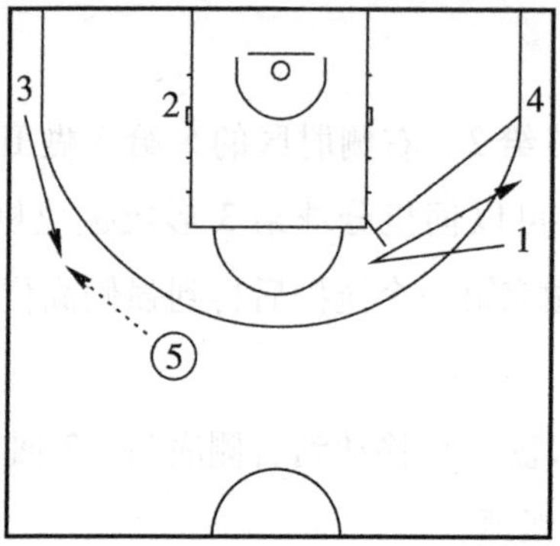

图 10-88

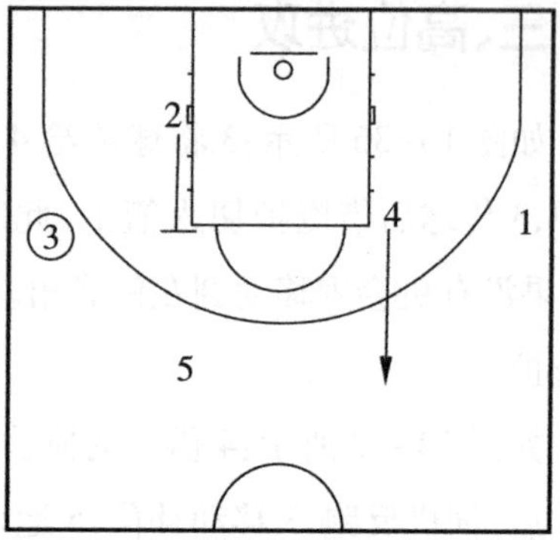

图 10-89

四、连续掩护进攻

如图 10-90 所示：选择一，1 传球给 2，随后借 5 的高位掩护切入篮下。左侧底角的 3 上提接应，并伺机传球给 1 上篮。

如图 10-91 所示：选择二，如果 1 没接到球，则 3 可以传球给与 5 进行外撤掩护的 2 获得投篮机会。

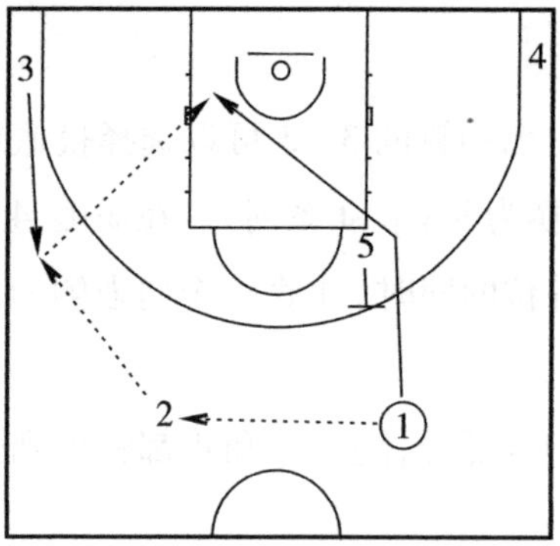

图 10-90

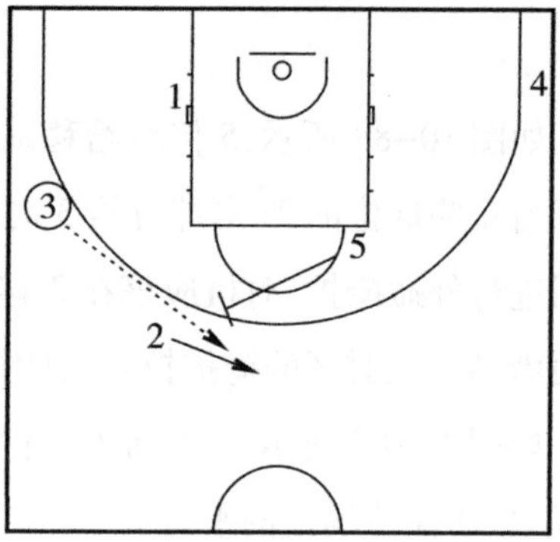

图 10-91

如图 10-92 所示：选择三，2 也可以借 5 的高位侧掩护绕切篮下，3 传球给 2 后伺机得分。

如图 10-93 所示：选择四，如果以上情况都没有机会，则 3 回传球给弧顶的 5。

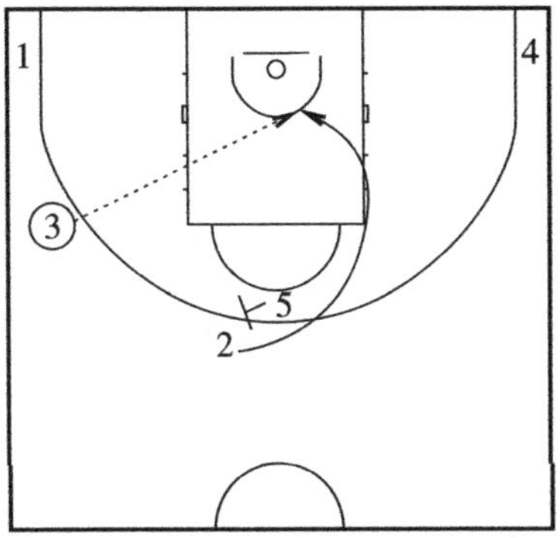

图 10-92

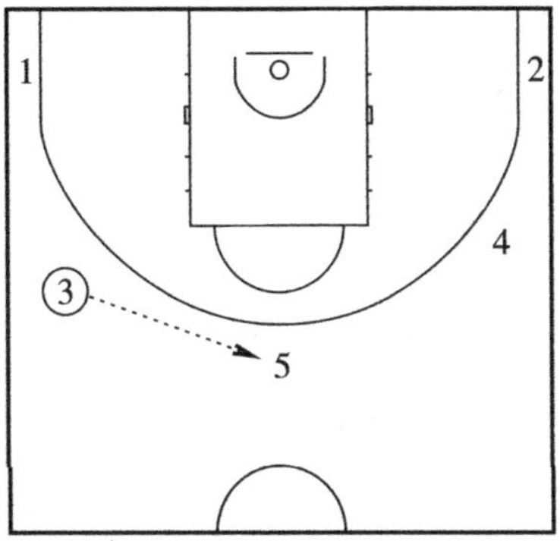

图 10-93

五、反跑进攻系列

如图 10-94 所示：该战术发起于弱侧 3 和 4 的交叉换位以及强侧 1 和 2 的手递手换位，5 位于高位。

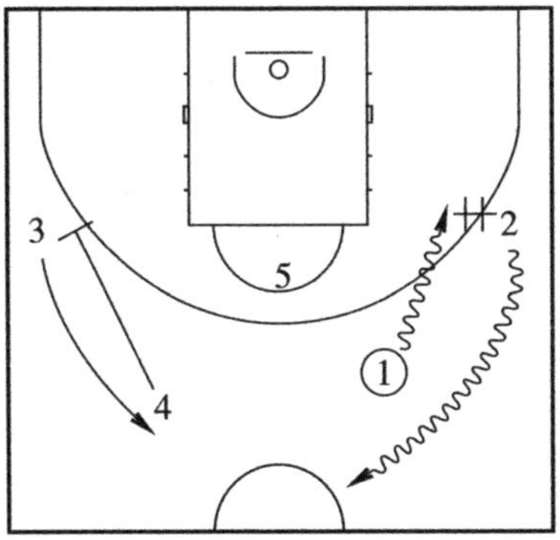

图 10-94

（一）5 直接传球的情况

如图 10-95 所示：3 接到 2 的传球后，立即传球给左侧侧翼的 4，并切向强侧底角。2 则借 5 的掩护在 4 接到球后切到左侧短角附近。此时弱侧防守薄弱。

如图 10-96 所示：5 掩护后弹出，接到 4 的传球，伺机分球给反跑的 1。

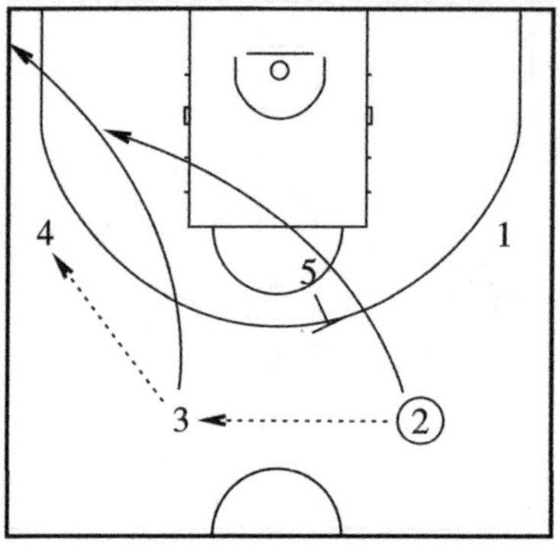

图 10-95

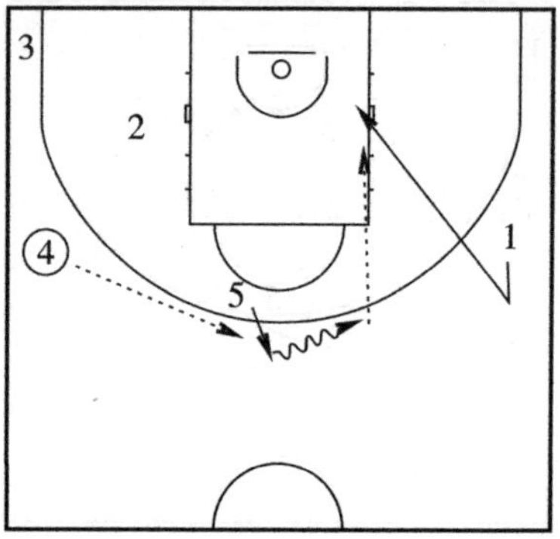

图 10-96

(二)5 和 2 配合的情况

如图 10-97 及图 10-98 所示:3 直接给 5 做下掩护,5 上提接球。3 掩护后向弱侧移动。2 和 5 佯装手递手,然后 2 向左侧切入,5 直接向右侧运球,伺机传给反跑的 1。1 从底角慢慢移动使防守放松警惕,然后突然反跑。

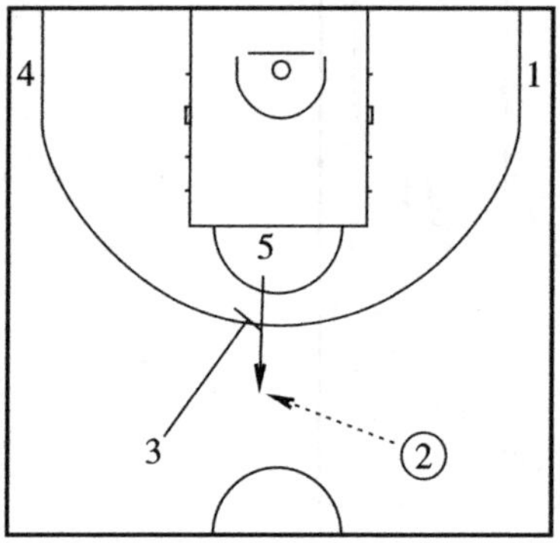

图 10-97

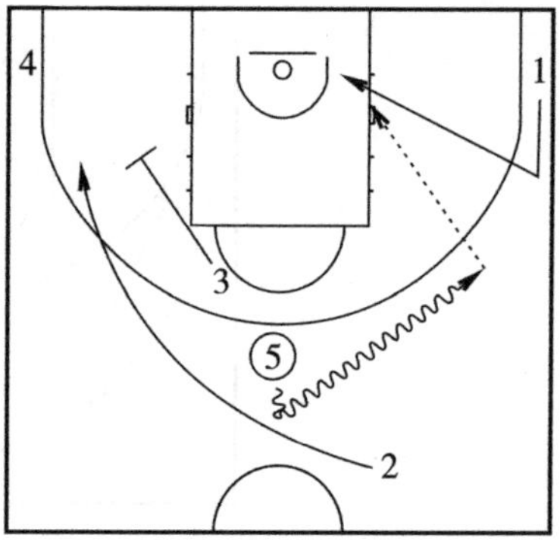

图 10-98

六、再掩护快速进攻

接图 10-94,如图 10-99 所示:3 接球后等待 2 通过第一个下掩护,随后 5 转身再次给 2 做掩护,2 弹出外线,接 3 的传球投篮。

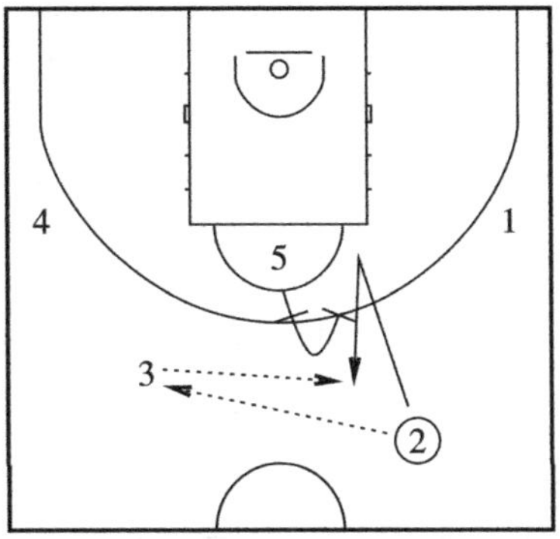

图 10-99

七、Chin 剪刀

如图 10-100 及图 10-101 所示：两侧交叉换位后，4 借 5 的 UCLA 掩护切入，2 伺机传球。如果没有机会，4 移动到左侧底角，2 则分球给移动到左侧肘区的 5。

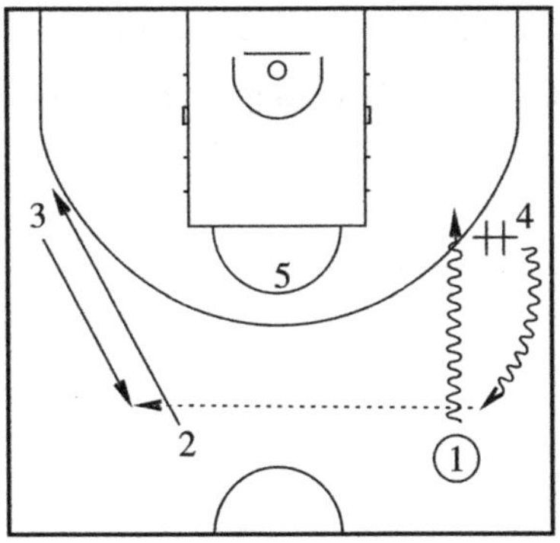

图 10-100

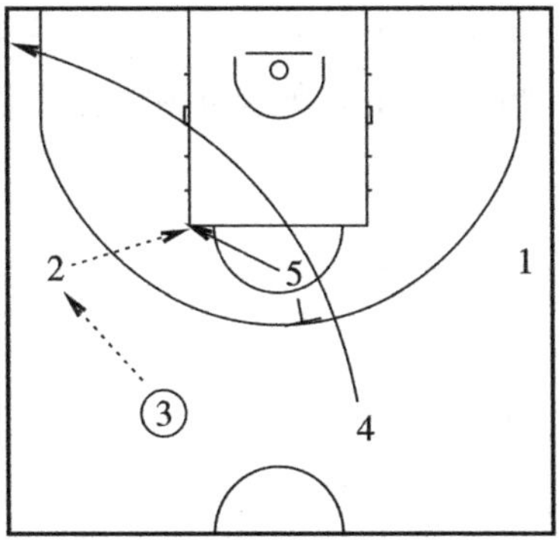

图 10-101

如图 10-102 所示：3 直接切入左侧底角，2 则交叉切入右侧底角。3 和 2 分别给就近的底角球员做下掩护。如果 2 能与 5 进行手递手，则 2 直接接球进攻篮筐，并伺机分球给底角的 1。

如图 10-103 所示：5 可以选择分球给反跑的 1，然后与 2 在右侧进行挡拆配合。

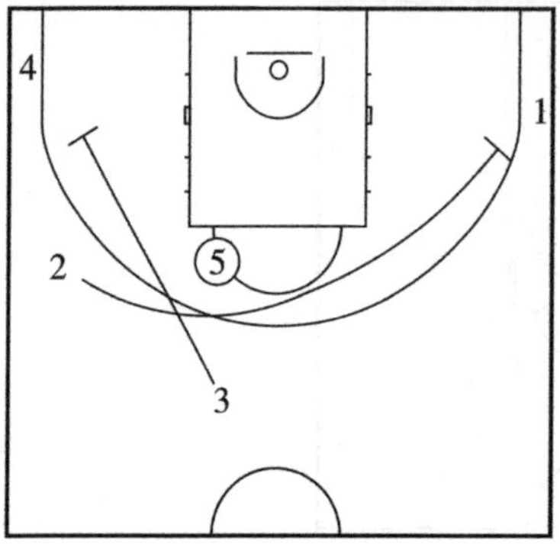

图 10-102

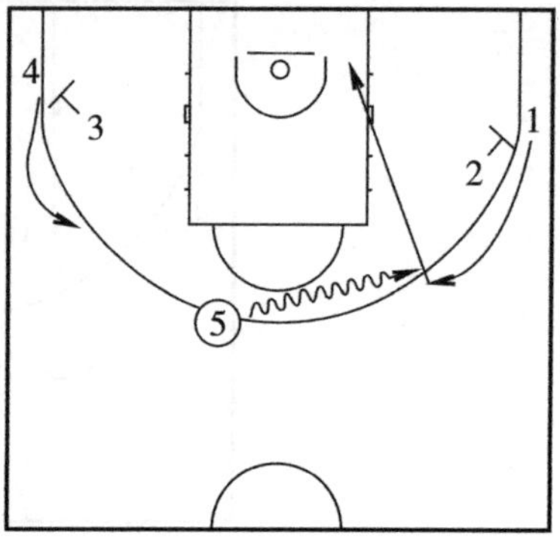

图 10-103

八、高位掩护系列

(一)弧顶球员发起挡拆

如图 10-104 所示:经典的 chin 系列进攻,5 在右侧肘区掩护,1 传球给 2 后借掩护切入篮下,伺机上篮。

如图 10-105 所示:2 接球后,5 给 2 做侧掩护。3 移动到底角。

如图 10-106 所示:4 和 5 给左侧底角的 1 进行双掩护,1 借掩护到弧顶接球。

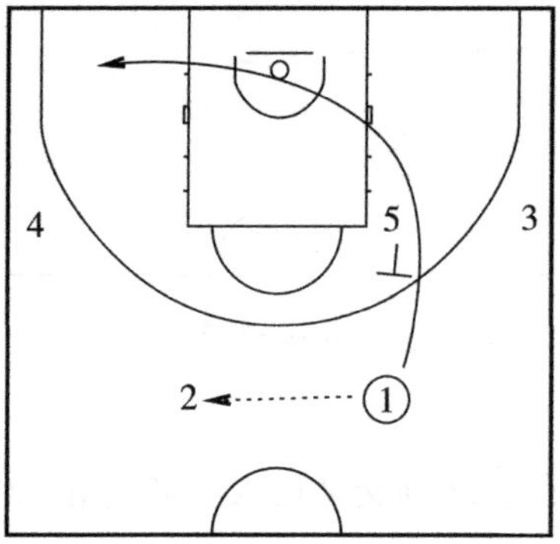

图 10-104

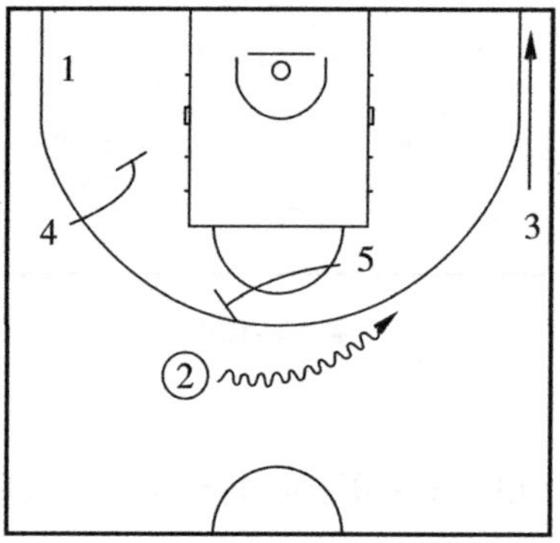

图 10-105

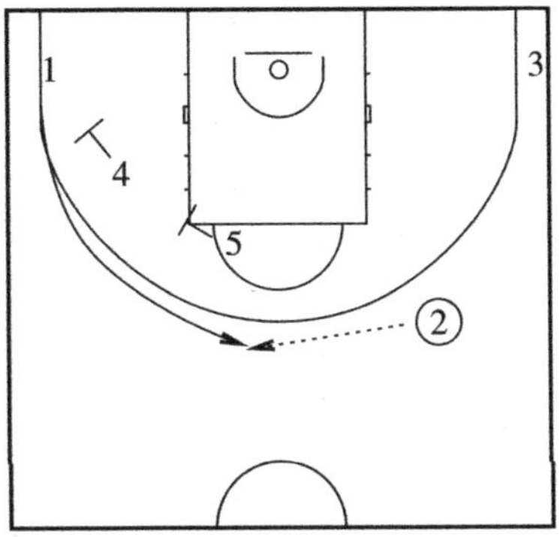

图 10-106

（二）侧翼球员发起挡拆

如图 10-107 所示:4 给 2 做无球掩护使其移动到弧顶。1 传球给 2 后,借 5 的高位掩护切入篮下并移动到左侧底角。

如图 10-108 所示:2 没有机会给 1 传球,5 上提给 2 做挡拆配合,同时,3 移动到右侧底角,5 上提弧顶以保持较好空间。

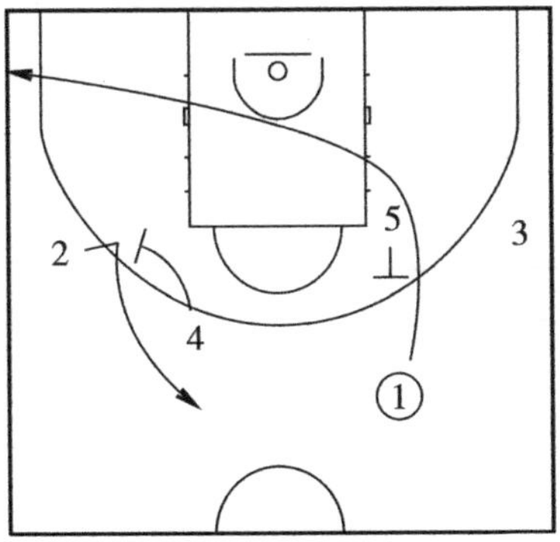

图 10-107

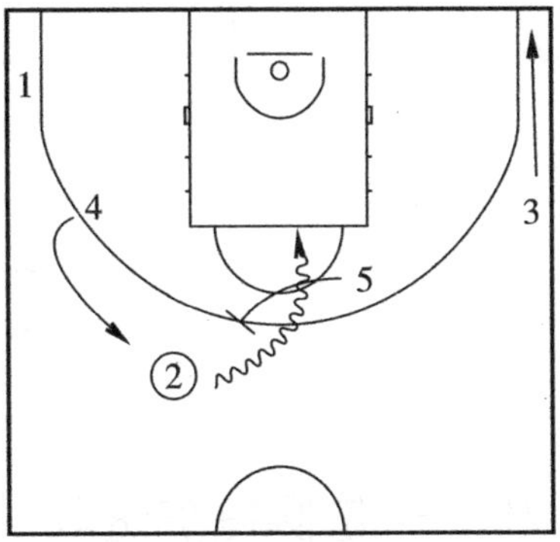

图 10-108

（三）绕圈高位掩护

如图 10-109 及图 10-110 所示:1 传球给 2 后借掩护切到左侧底角。2 随即与 5 进行高位掩护配合,5 掩护后下顺。4 向弧顶补位。3 移动到右侧底角。

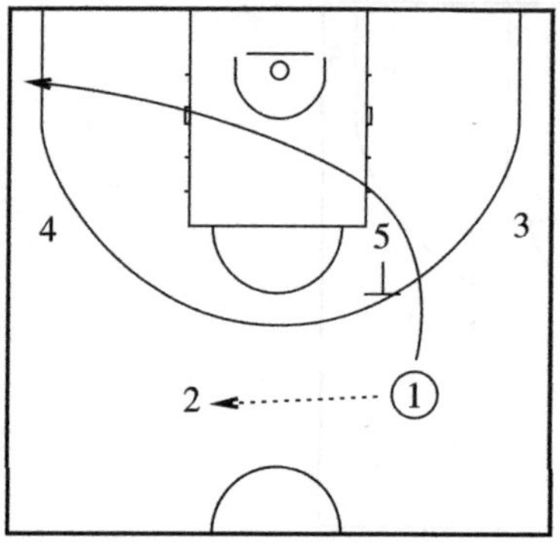

图 10-109

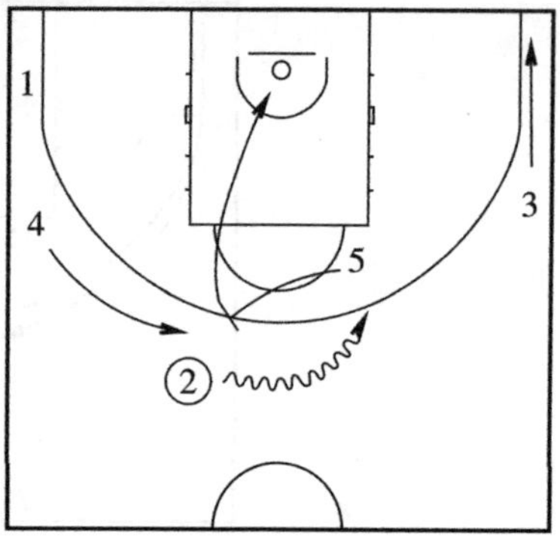

图 10-110

如图 10-111 所示:4 继续给 2 做第二个异侧的高位掩护,2 借掩护突破,4 掩护后移动到右侧侧翼。

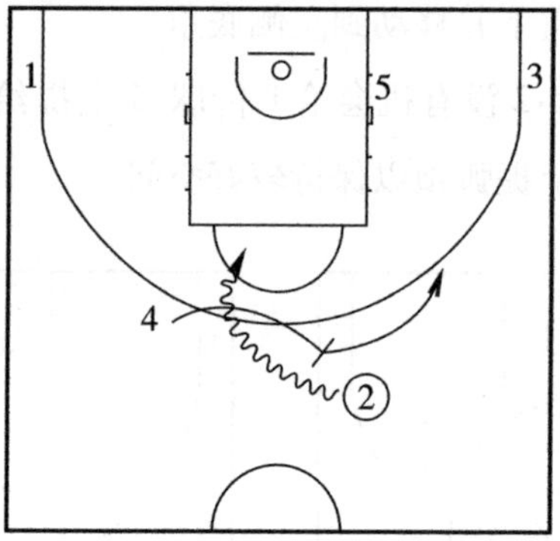

图 10-111

九、5 号位侧掩护进攻

如图 10-112 及图 10-113 所示:两侧交叉换位后,3 分球后借 5 的高位掩护移动到左侧底角,4 传球给 2 后直接切入右侧底角。

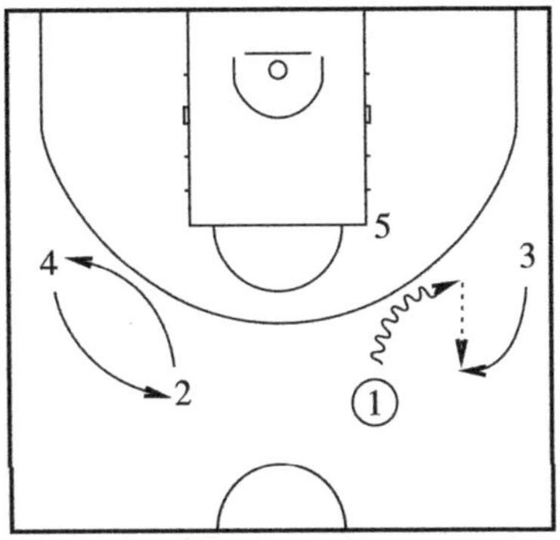

图 10-112

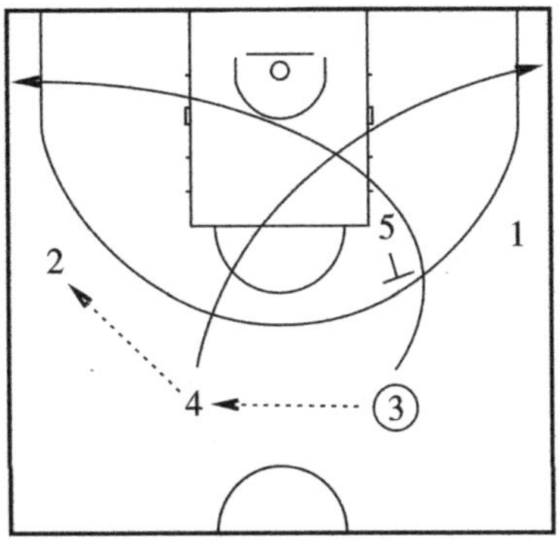

图 10-113

如图 10-114 所示:5 直接给 2 做侧掩护,二人在左侧区域配合进攻。

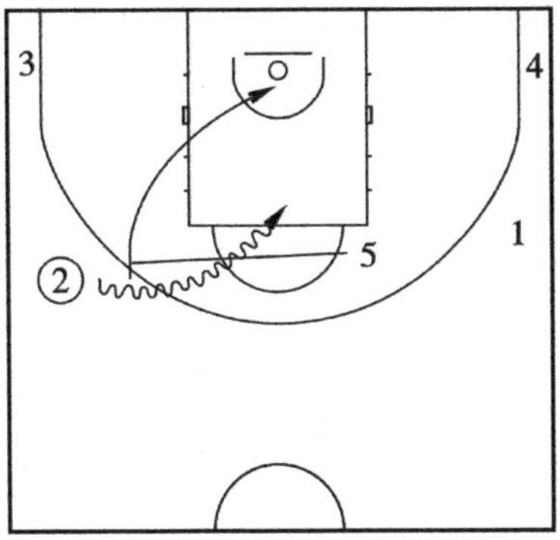

图 10-114

十、车轮进攻

如图 10-115 所示:1 传球给 3 的同时,5 上提到高位进行掩护。1 借掩护移动到左侧底角。2 向中间移动。

如图 10-116 所示:3 向弧顶运球,2 顺势借 5 的掩护移动到右侧底角。3 继续向左侧运球。

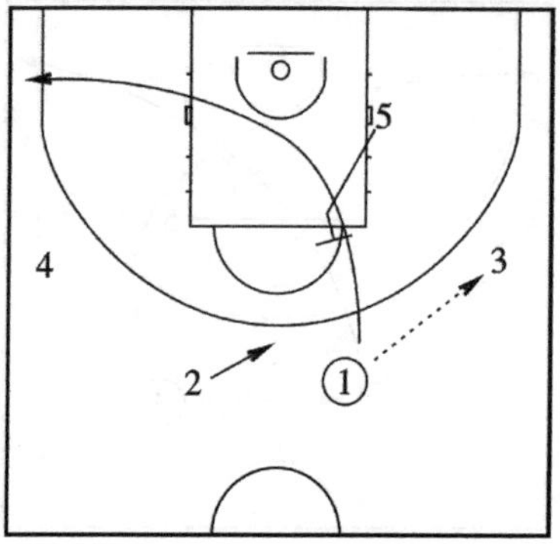

图 10-115

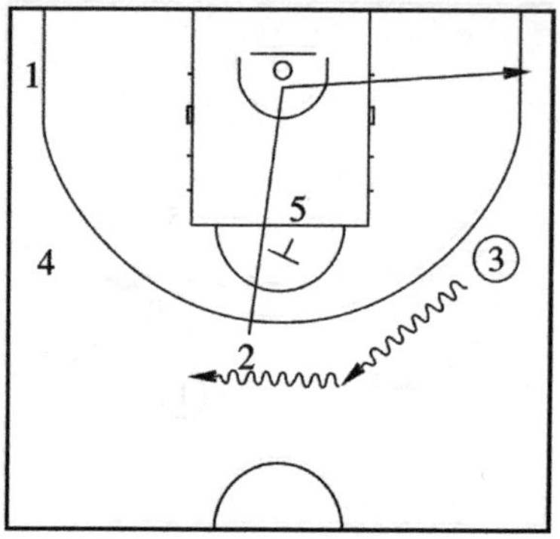

图 10-116

如图 10-117 及图 10-118 所示:4 在 3 向左侧运球时切入篮下,1 向弧顶补位接球。此时,5 移动到左侧肘区给 3 做外撤掩护,3 获得空位投三分球机会或者突破分球。

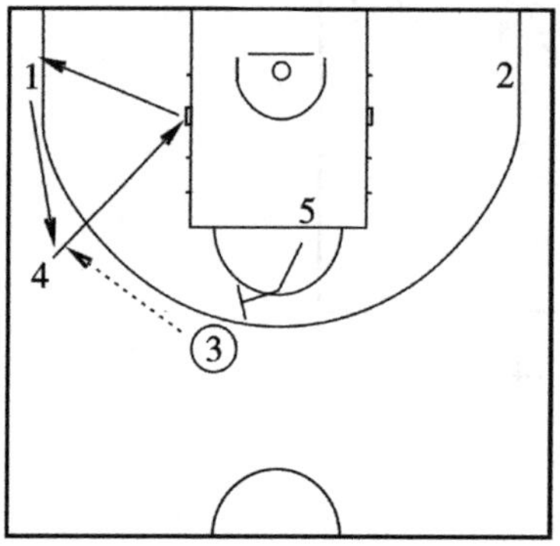

图 10-117

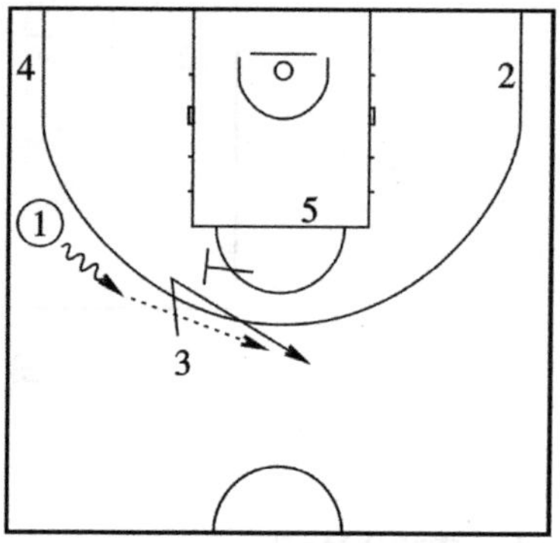

图 10-118

十一、高位反跑进攻

如图 10-119 所示:该战术中 5 落在高位,3 传球给 4 后,借 5 的掩护移动到左侧底角,4 接球后与 2 手递手配合。

如图 10-120 所示:2 运球向右侧移动,5 继续与其进行掩护配合,随后 1 伺机切入并接 2 的分球上篮。

如图 10-121 所示：如果没有机会传球给 1，则 4 和 5 迅速给底角的 3 做双掩护使其摆脱防守，移动到弧顶位置接 2 的分球投篮。

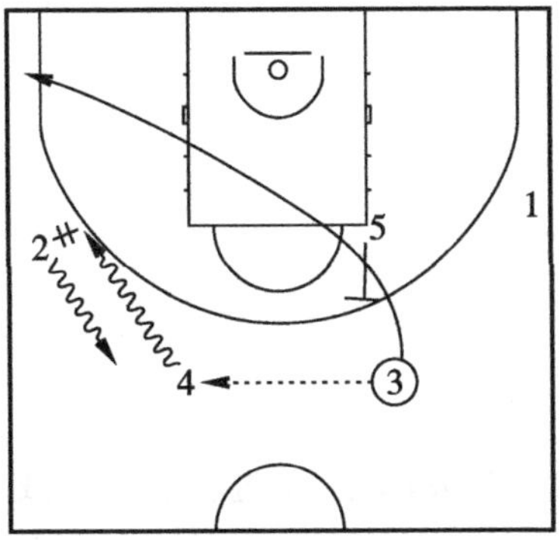

图 10-119

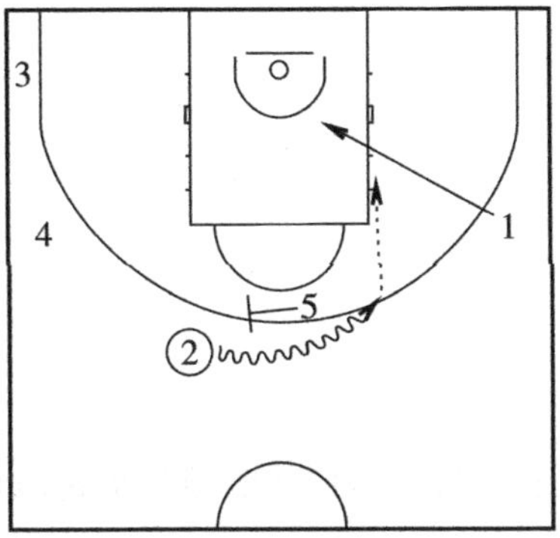

图 10-120

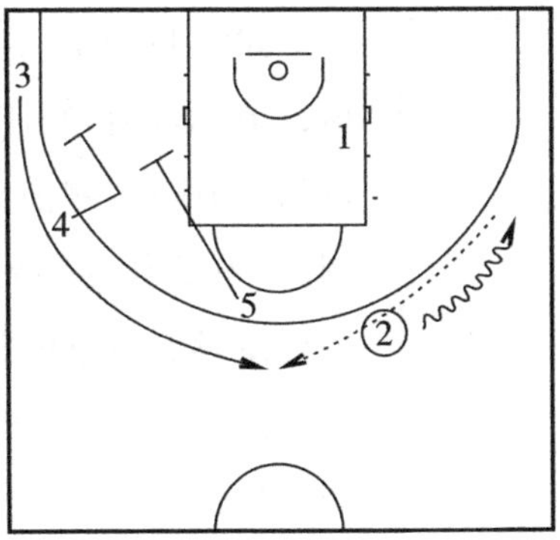

图 10-121

第十一章
普林斯顿进攻转换战术

转换进攻是普林斯顿移动进攻的重要组成部分,通过转换进攻战术的学习,教练和球员对于不同系列战术发起的落位形式、转换方法及其运用等方面形成深层理解,有助于提高转换进攻的速度和成功率。其发起及落位方式如下。

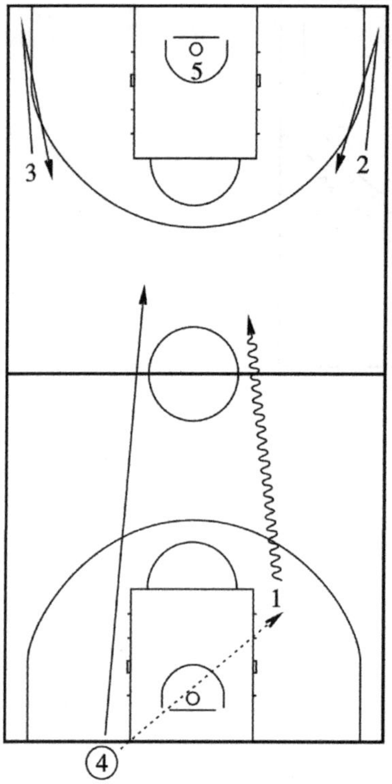

图 11-1

如图 11-1 所示:4 抢篮板球后底线发球,1 在后场对侧肘区附近接应。传球后 1 运球至中圈右侧前场附近,4 落于中圈左侧。2 和 3 作为侧翼球员到底线后在弹回侧翼,5 落在篮下位置。

如图 11-2 所示:球员落位后,根据防守情况进行进攻战术的选择。

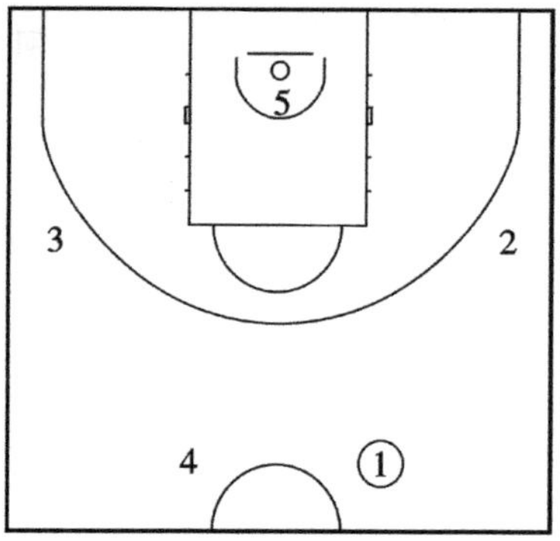

图 11-2

第一节　传球后发动进攻

(一)加拿大转换进攻

如图 11-3 所示:1 传球给右侧的 2 后向左侧底角移动,4 向弧顶补位,5 到右侧低位落位。

如图 11-4 所示:2 向中路突破,而 4 随之向内线切入,3 和 1 向弧顶轮转。

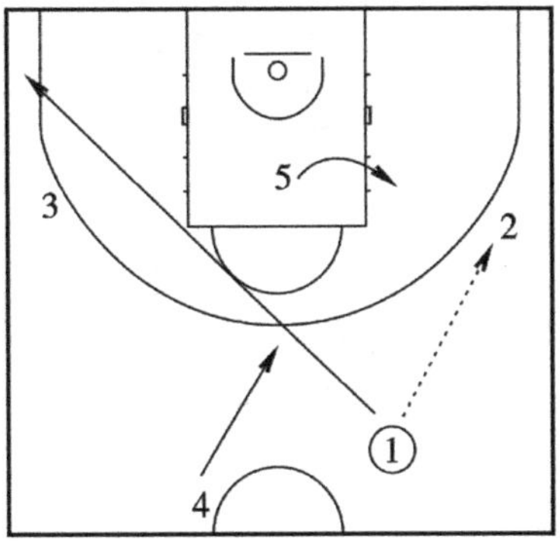

图 11-3

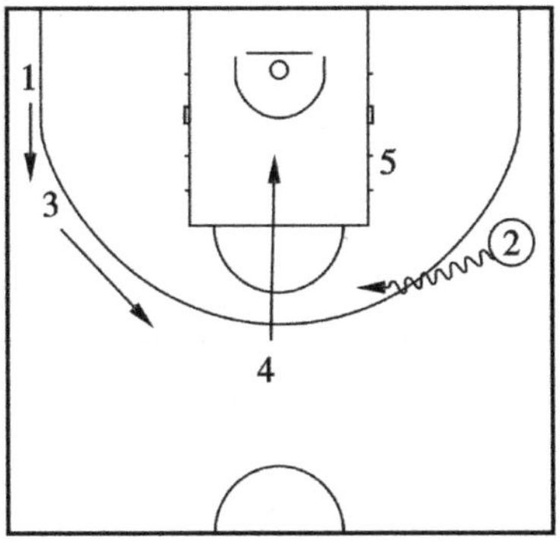

图 11-4

如图 11-5 所示:如果 4 没有机会,则 2 分球给 3 并移动到左侧底角,5 上提到右侧肘区接 3 的传球。而 4 向右侧底角移动,而 1 向上轮转,进入 point 系列。

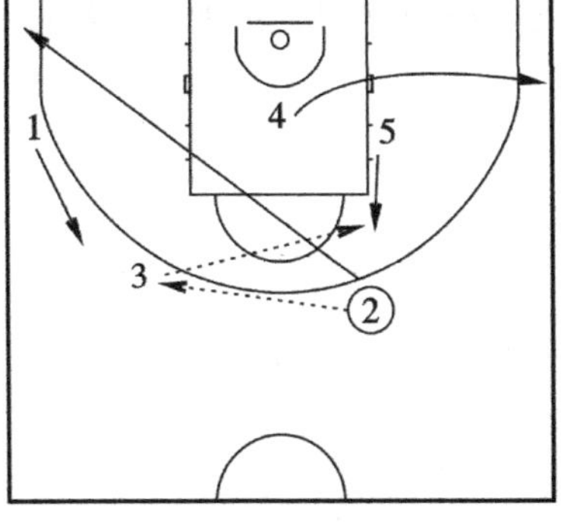

图 11-5

（二）分球给 2 系列

1. 转换方法

如图 11-6 所示：1 传球给 2 后向弱侧底角移动，4 移动到弧顶位置，5 向禁区外低位移动。此时，球队落位转换为 low post 系列阵形。

如图 11-7 所示：5 上提至右侧肘区，4 下沉给 3 做无球掩护，3 借掩护上提，两人完成位置交换，1 传球给 3。此时，转换为 chin 系列的阵形。

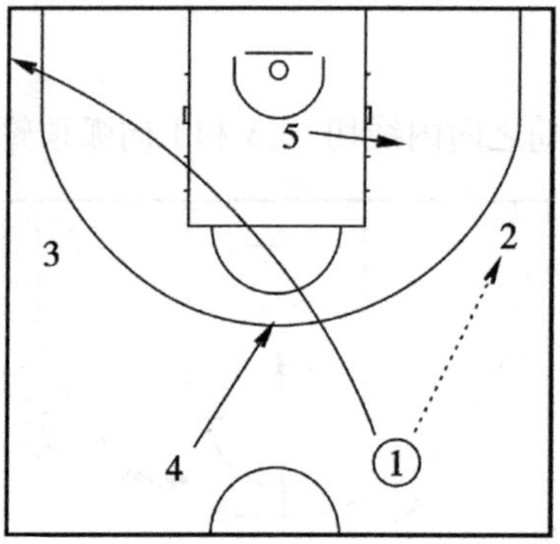

图 11-6

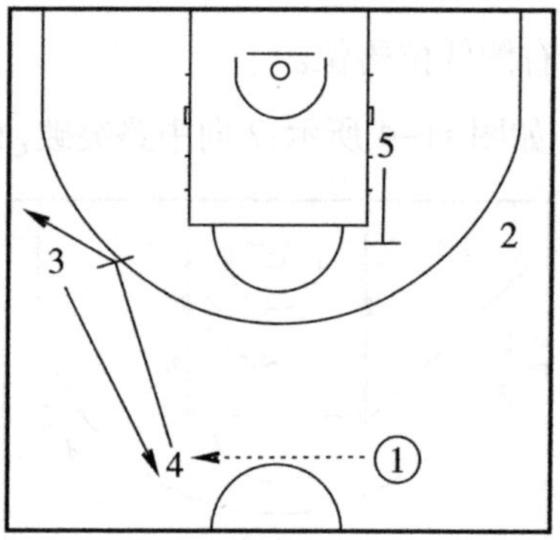

图 11-7

2. 快速进攻结合 Low Post 系列

如图 11-8 所示：1 传球给 2 后向弱侧底角切入，3 伺机进入内线给 1 做无球掩护，1 借掩护弹出到左侧侧翼。同时 4 移动到弧顶位置接应，5 移动到强侧低位。

如图 11-9 所示：3 继续进入禁区给 5 做无球掩护，5 移动到弱侧低位。4 伺机插入篮下，给 3 做上掩护，3 借掩护弹出外线接球投篮。

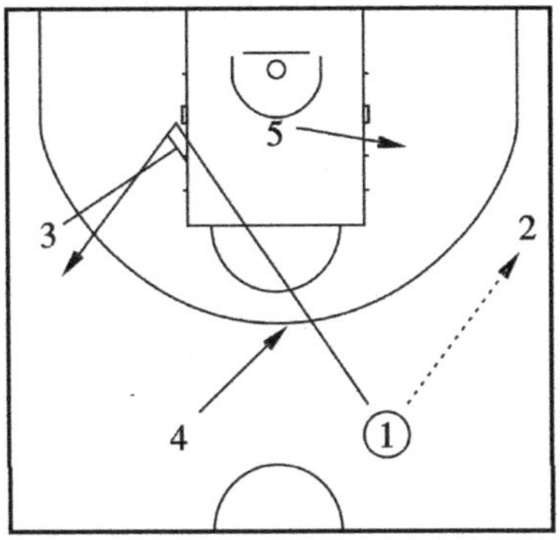

图 11-8

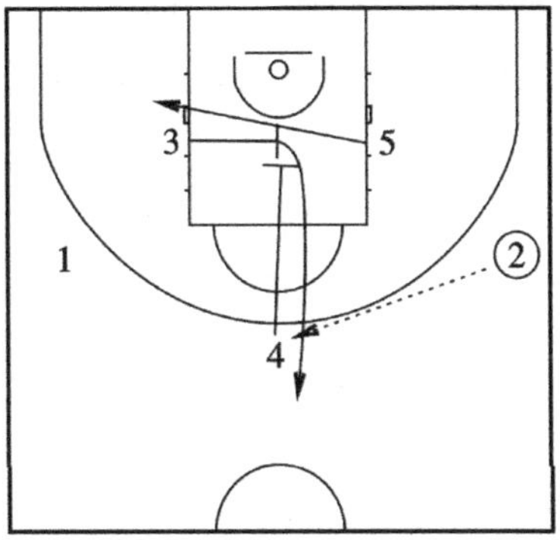

图 11-9

如图 11-10 所示:3 接球后如果没有机会则迅速传给 1,4 向右侧底角移动,从而在左侧进入 low post 系列。

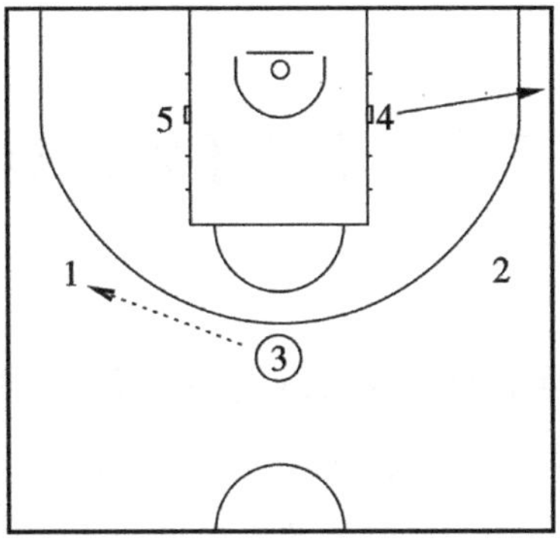

图 11-10

第二节　假掩护发动进攻

如图 11-11 所示:如果控球球员在后方,可以进行刷子掩护。5 移动到左侧肘区,4 移动到右侧底角,两人同时移动,并形成掩护。1 向前推进,并传球给肘区的 5,进入 point 系列。

如图 11-12 所示:如果防守者在掩护瞬间选择换防,则 4 继续移动带走×5,而 5 直接向篮下切入,接 1 传球后完成上篮。

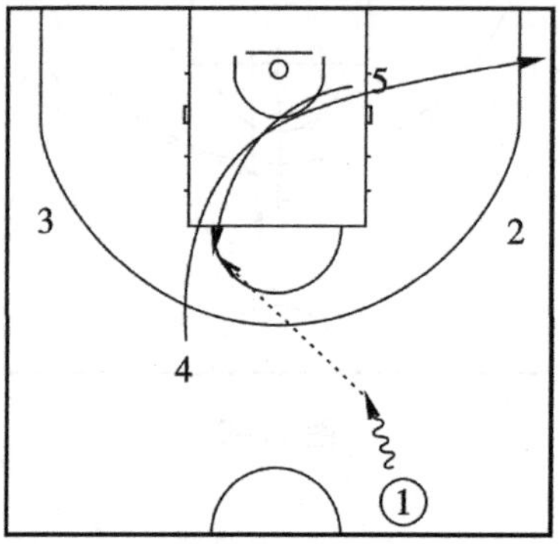

图 11-11

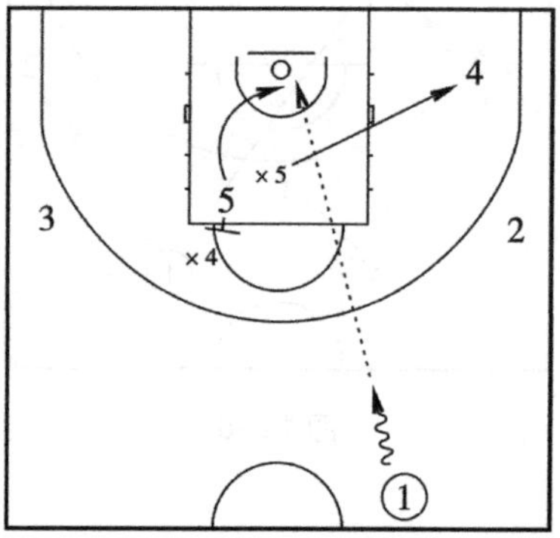

图 11-12

第三节　手递手发动进攻

如图 11-13 所示:1 传球给 4 后,4 与 3 做手递手配合,5 提到左侧肘区,1 传球后与 2 交换位置。此时战术落位进入 chin 系列。

如图 11-14 所示:4 向左侧侧翼的 3 运球,3 反跑至左侧低位,同时 5 移动到右侧低位。1 传球给 4 后切入弱侧底角,而不是运球施压。

如图 11-15 所示:3 向弱侧底角移动,同时 5 移动到左侧低位。2 移动到弧顶空位,4 伺机将球传入内线。如果没有机会,4 将球回传给弧顶的 2 并提到高位进入 point 系列。

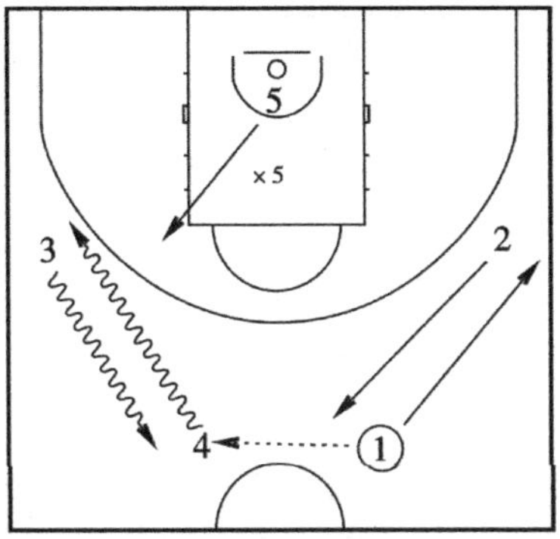

图 11-13

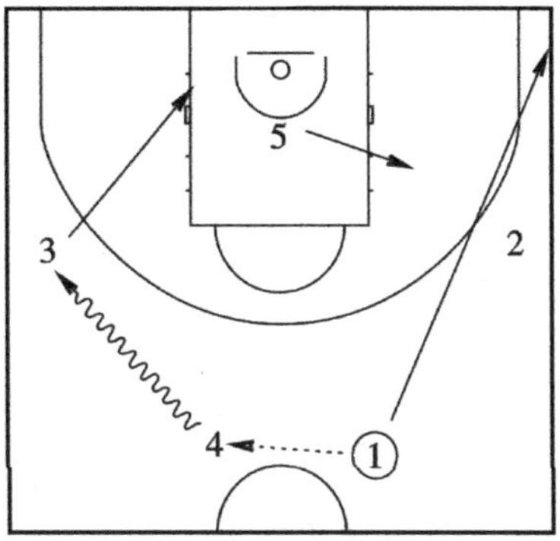

图 11-14

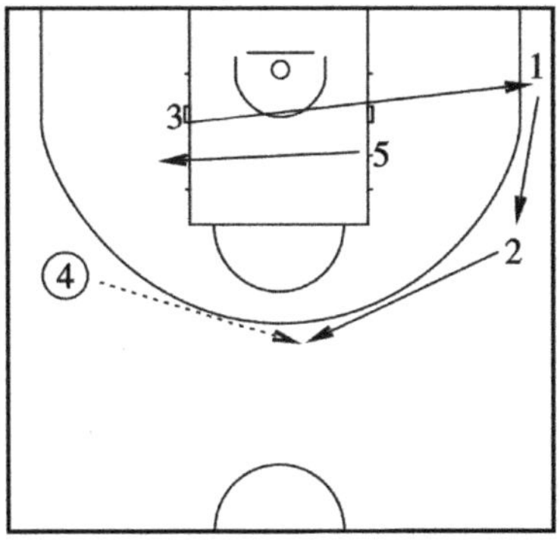

图 11-15

第四节　双掩护发动进攻

如图 11-16 所示:1 传球给 4 后,4 再传给 3。4 和 1 下沉给提上的 2 做双掩护,2 借掩护移动到弧顶。5 向左侧低位移动。

如图 11-17 所示:3 看向内线伺机传球给 5,如果没有机会传给弧顶的 2,5 提上罚球线并进入 point 系列。

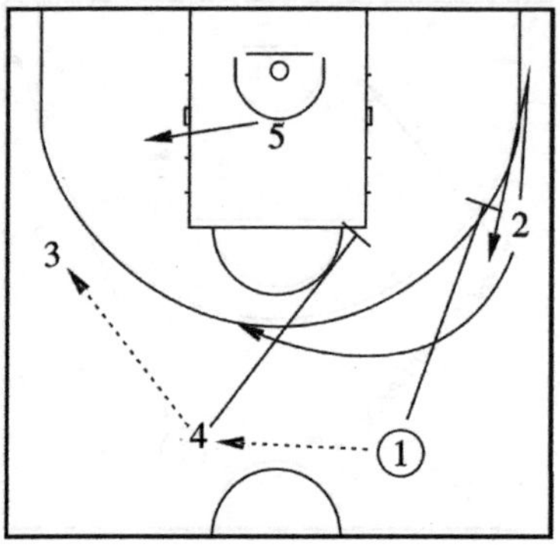

图 11-16

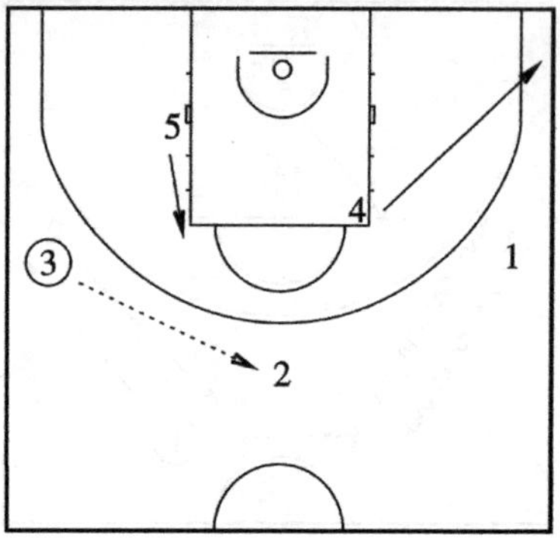

图 11-17

第十二章
普林斯顿进攻练习方法

第一节　个人基本技术训练

一、接球投篮训练

如图 12-1 所示:模拟借掩护接球投篮的情况。1 接球前应当保持重心降低,做好投篮准备,在接球瞬间快速出手。在场地两侧同时进行。

如图 12-2 所示:模拟与教练手递手、有球掩护、无球掩护等配合之后分球的情况。球员向底角移动,创造合适的传球角度,并接球投篮。教练可以被球员替代,练习突破分球底角的技术动作。在场地两侧同时进行。

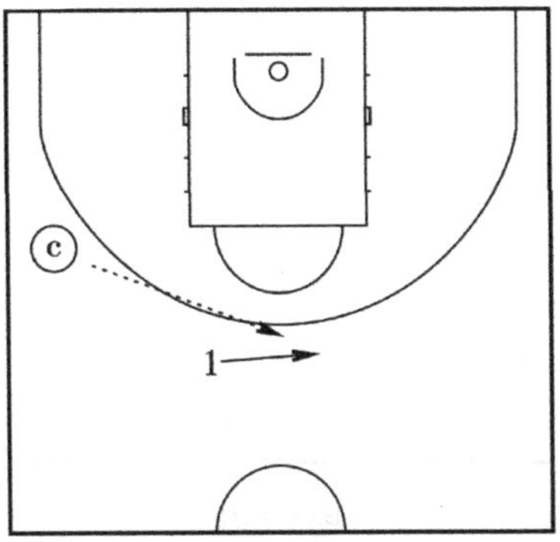

图 12-1

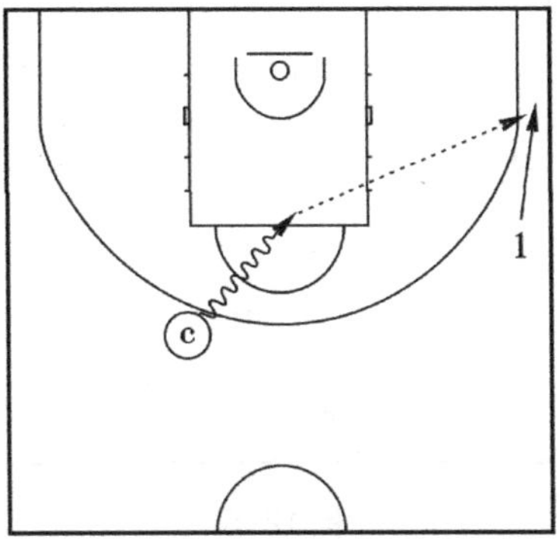

图 12-2

如图 12-3 所示:模拟手递手接球投篮。1 完成手递手后可以自行选择后撤投篮或突破篮下,当然可以将教练换成另一名球员从而进行局部的 2 人训练。在场地两侧同时进行。

如图 12-4 所示:模拟球员借下掩护接球投篮。可以将教练换成另一名球员从而进行局部的 2 人训练。在场地两侧同时进行。

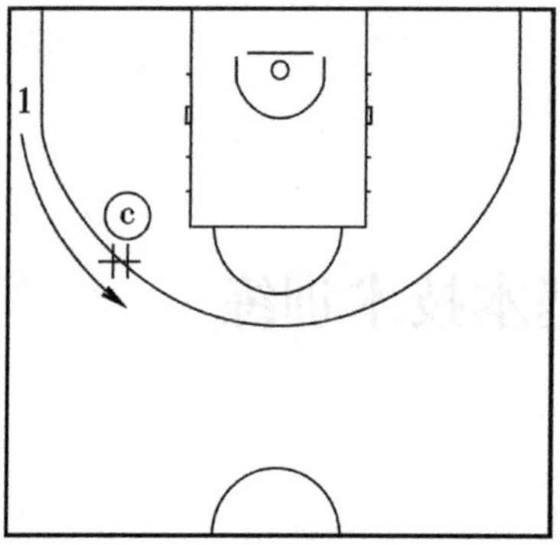

图 12-3

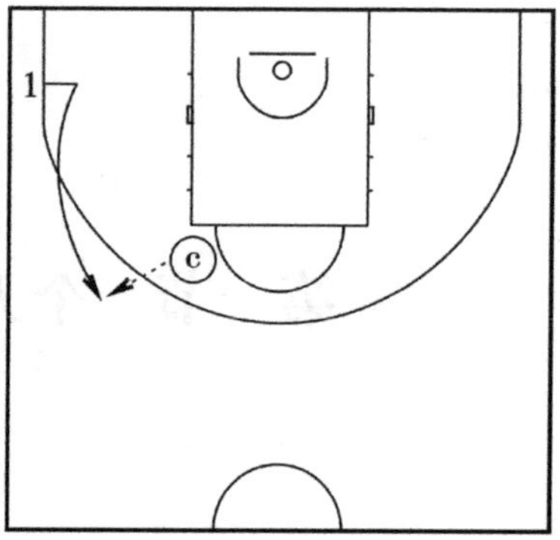

图 12-4

如图 12-5 所示:模拟球员在手递手或挡拆配合后接球投篮。灰色的点位及箭头表示其他可以通过配合得到投篮机会的位置和方向。

如图 12-6 所示:模拟球员掩护后弹出接球投篮。灰色点位表示其他教练可以开始运球以及球员可以掩护弹出接球的位置。

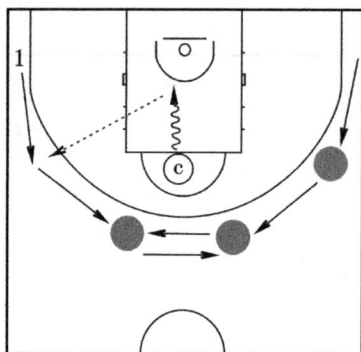

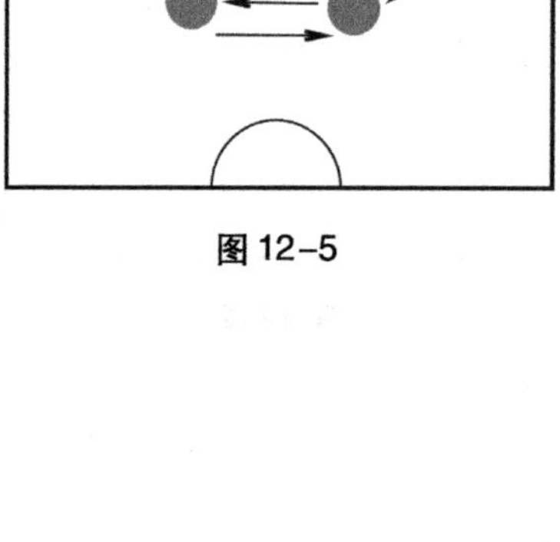

图 12-5

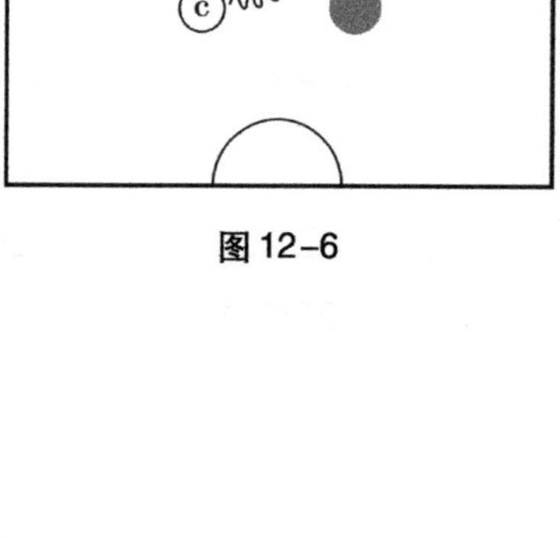

图 12-6

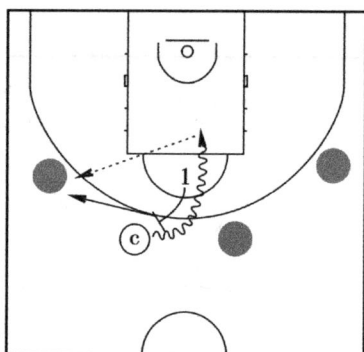

二、传球训练

如图 12-7 所示：在球场一侧，1 以球放在身体左侧的姿势用左手传球给切入篮下的教练。另一侧则为右侧持球右手传球。球员应当尽量注意传球的隐蔽性，采取不同的方式进行传球，注意球领人的重要性，当然也可以增加一名防守球员（图中以锥桶表示）从而提升训练难度。

如图 12-8 所示：教练选择下顺或弹出从而要求 1 做出相应的传球。教练可以用球员代替，在场地两侧同时进行。该训练具有训练球员决策反应能力的作用，不同位置传球需要不同的传球技巧。

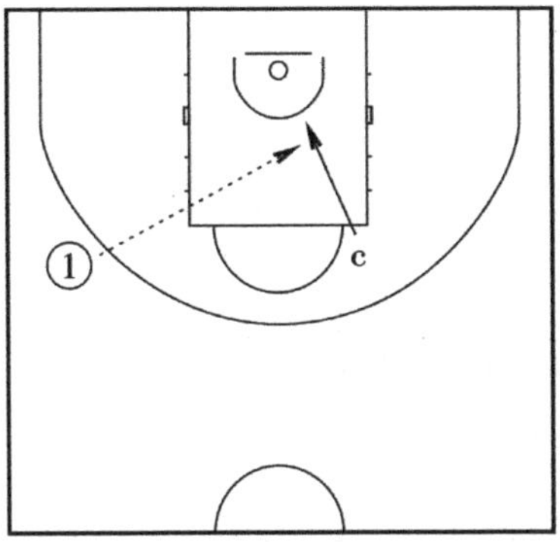

图 12-7

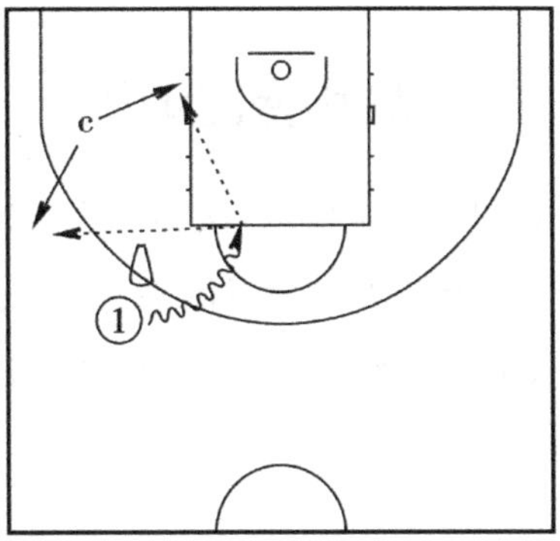

图 12-8

如图 12-9 所示：教练模拟向上轮转或者底线切入来要求 1 做出相应的传球。教练可以用球员代替，在场地两侧同时进行。这里可以通过增加一名防守球员来模拟实战情境。

如图 12-10 所示：在内线放置锥桶作为防守者来迫使 1 选择如何处理球。教练执行背切，教练可以用球员代替，在场地两侧同时进行。教练也可以向弧顶移动从而完成高位配合。

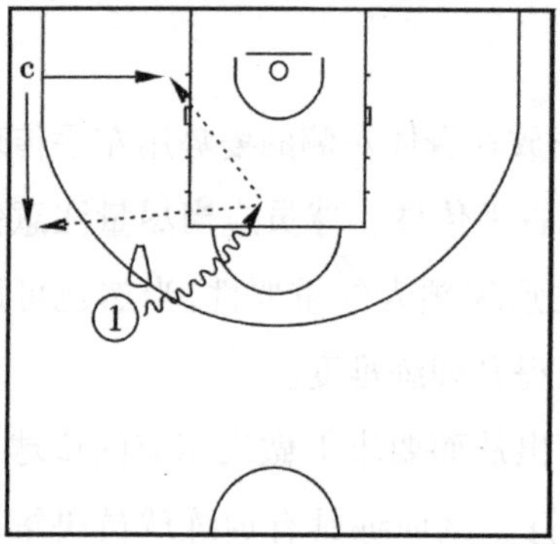

图 12-9

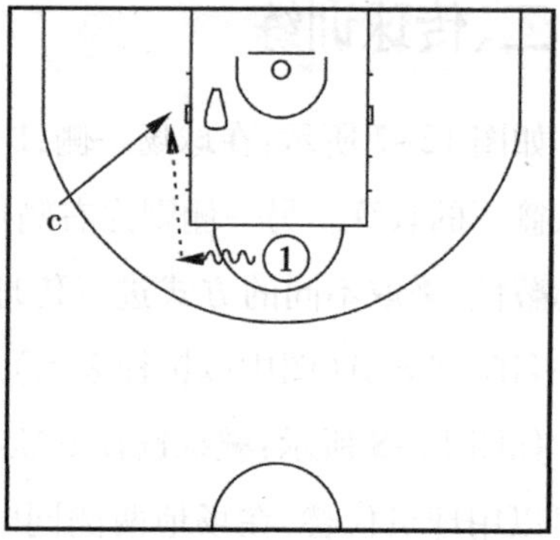

图 12-10

三、下顺和弹出训练

如图 12-11 所示:该训练为手递手后下顺。灰色点位代表其他教练可以持球开始以及 5 可以做手递手配合和下顺的位置。

如图 12-12 所示:该训练为手递手后弹出。灰色点位表示其他可以进行训练的位置。

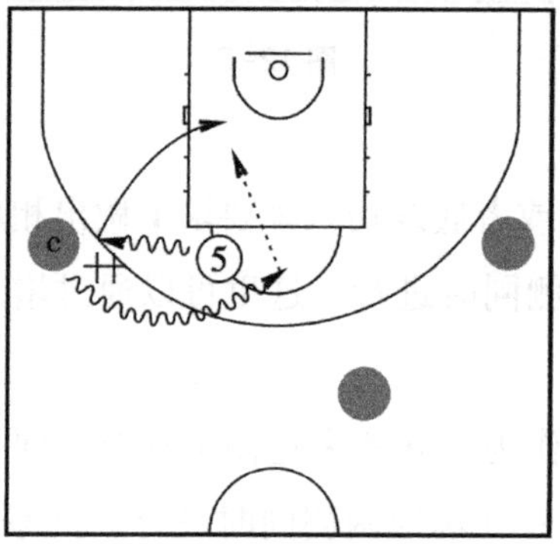

图 12-11

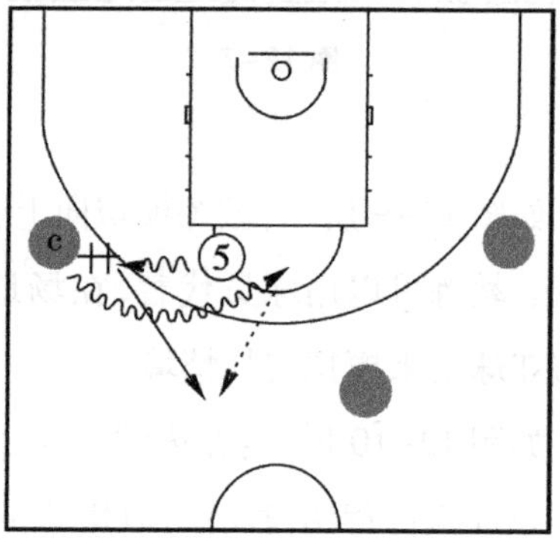

图 12-12

如图 12-13 所示:该训练为掩护后下顺。灰色点位指其他可以进行训练的位置。

如图 12-14 所示:该训练为掩护后弹出。灰色点位指其他可以进行训练的位置。

注意:该训练应当拉开持球人及其队友之间的距离而便于分球。

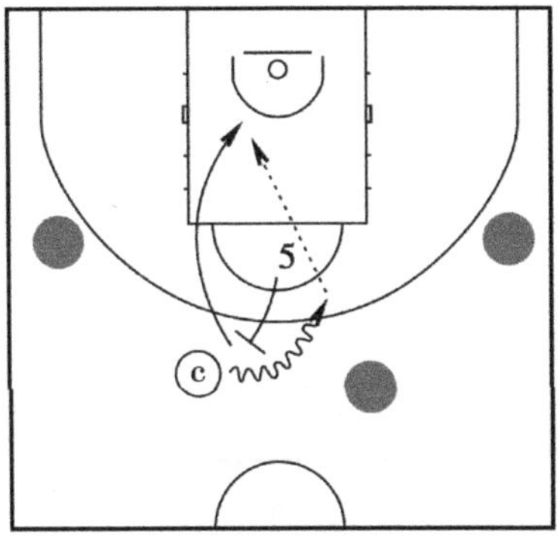

图 12-13

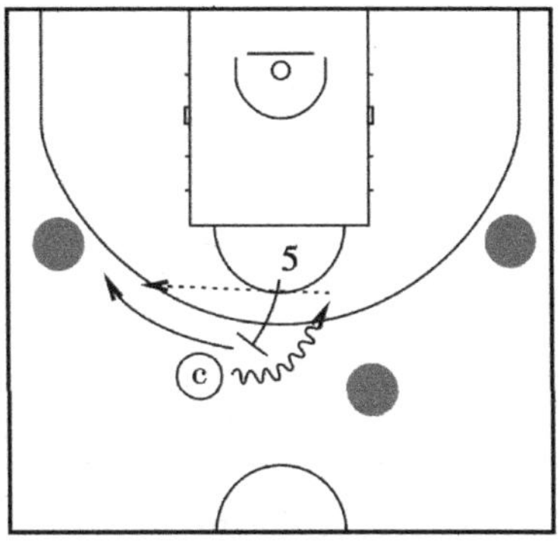

图 12-14

四、切入接球投篮训练

如图 12-15 所示:1 借高位为掩护或在遭受强延误时切入篮下,伺机接教练传球上篮。1 切入时应该紧贴锥桶,而教练也可以用球员代替。

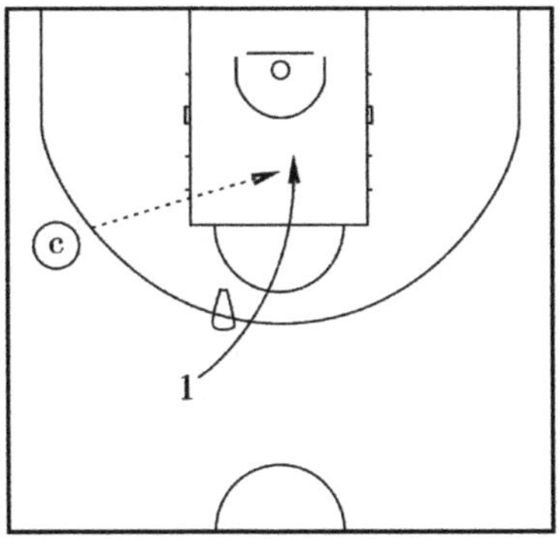

图 12-15

五、手递手进攻配合

如图 12-16 及图 12-17 所示:1 从侧翼或底角移动与教练进行手递手配合。确保 1 采用合适的脚步从而挡住防守者并获得空位。接球进攻时 1 贴近教练越紧,则防守越受到限制。

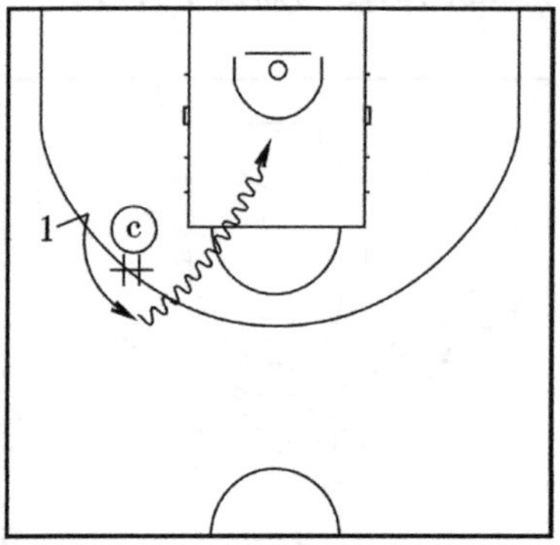

图 12-16

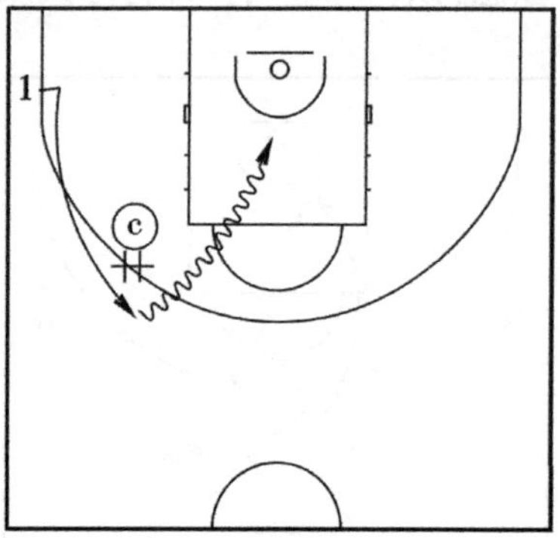

图 12-17

如图 12-18 所示:1 持球与教练进行手递手配合,并选择下顺切入。重点是切入时需要面向球,朝向篮筐。

如图 12-19 所示:1 持球与教练进行手递手配合,并选择弹出外线。注意避免弹出时背向持球人。

以上训练中,教练都可以用球员代替,从而丰富训练内容。

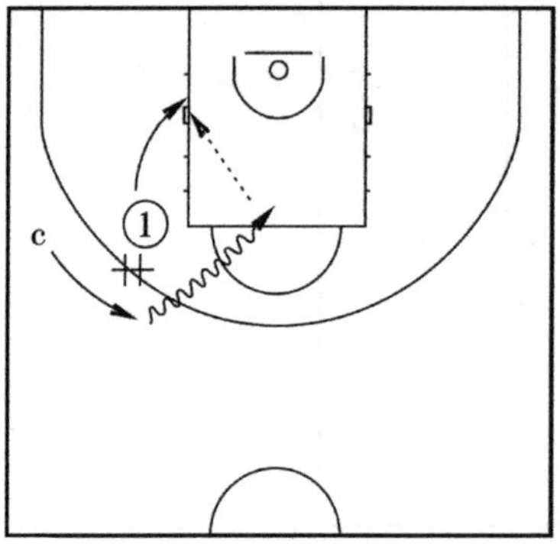

图 12-18

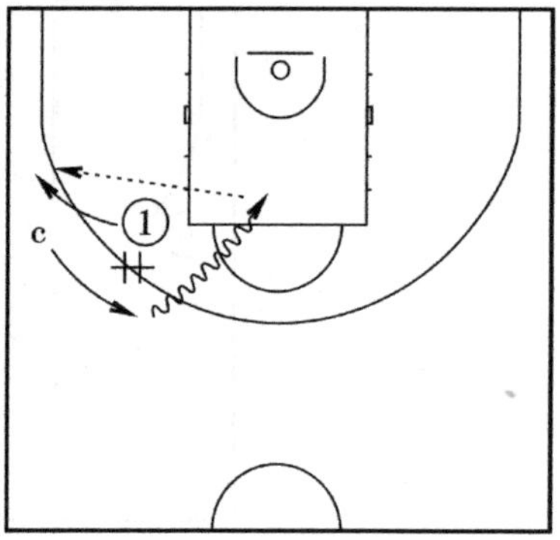

图 12-19

六、背切训练

如图 12-20 所示:1 自侧翼背切进入篮下,教练伺机传球给其上篮。确保 1 采用合适的脚步从而挡住防守者并获得空位。

如图 12-21 所示:1 和教练互换身份,1 应该向左侧肘区运球移动,同时伺机用左手传球。

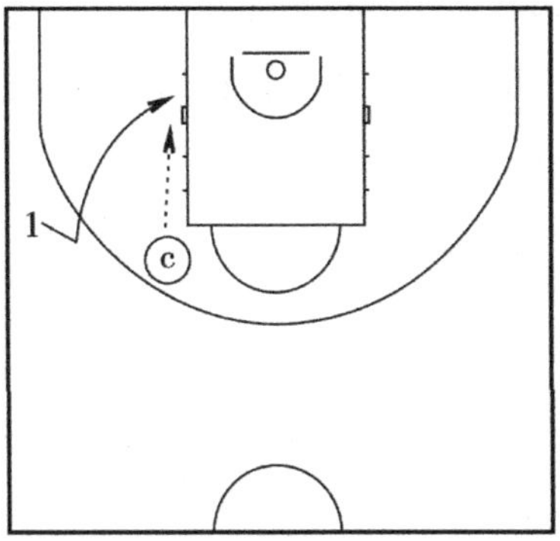

图 12-20

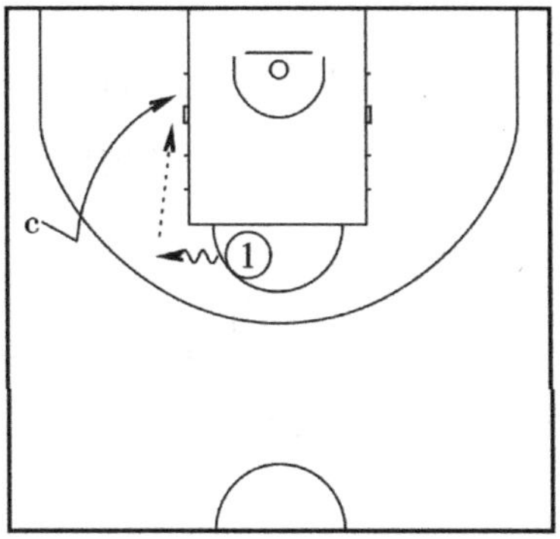

图 12-21

七、下掩护训练

如图 12-22 所示：1 借 1 掩护切入，教练在肘区伺机传球。锥桶作为防守者，绕切篮下时应该利用脚步获得空位。

如图 12-23 所示：1 利用掩护切入篮下得分，应该利用脚步获得空位。

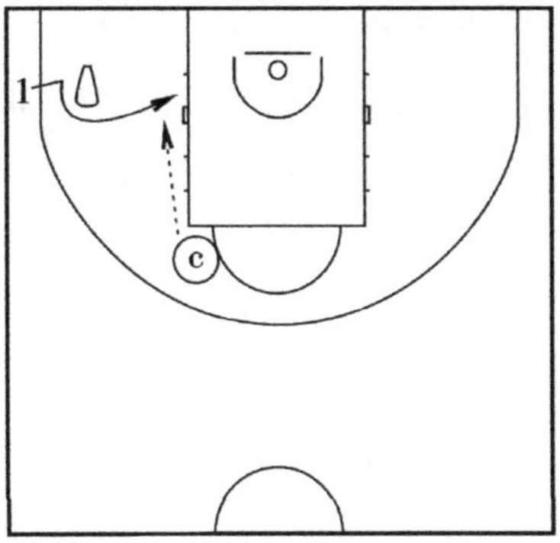

图 12-22

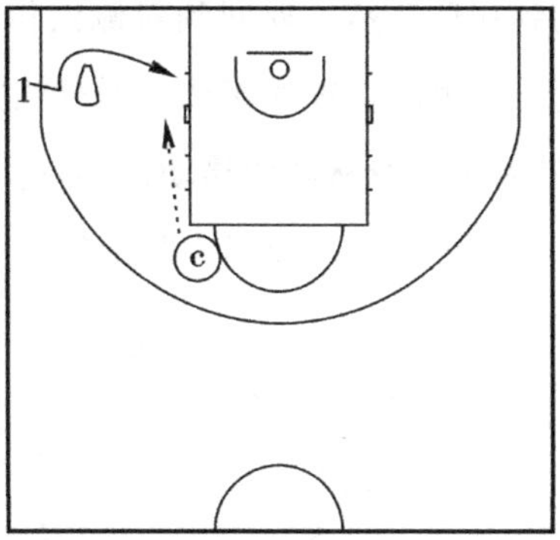

图 12-23

八、背掩护训练

如图 12-24 所示：该训练是 chin 系列高位背掩护的局部训练。1 可以从强侧或弱侧借高位掩护切入篮下。但无论从哪边切入，都应该吸引防守并利用脚步挡住防守者。在场地两侧同时进行。

如图 12-25 所示:1 向右侧运球并传球给右侧侧翼的教练,随即根据防守情况借高位掩护切入篮下,1 应该吸引防守者并利用脚步挡住防守者,然后切入篮下接球上篮。在场地两侧同时进行。

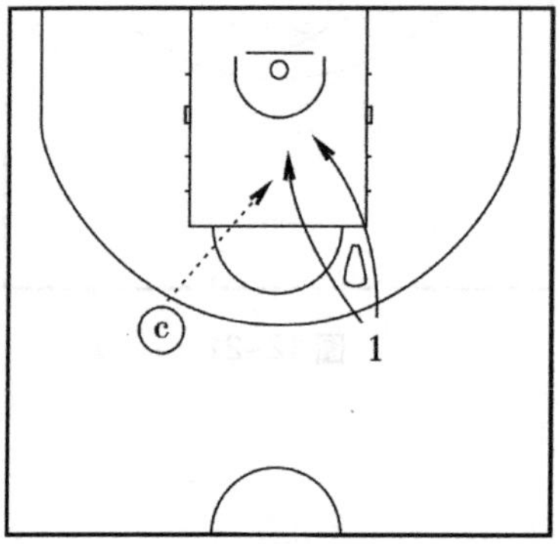

图 12-24

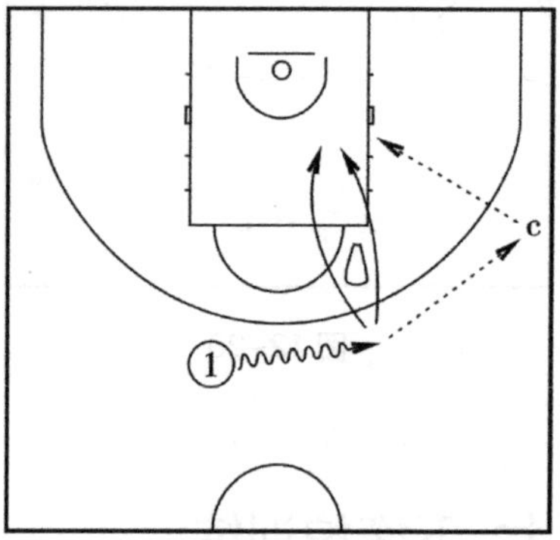

图 12-25

九、多人麦肯训练

如图 12-26、图 12-27 所示:该训练中底线篮板两侧共有两队球员。他们切到罚球线然后返回到对侧低位,得到传球后高举高打。传球者随后从投篮人后侧向罚球线移动而到对侧接球高举高打。在训练过程中可加入鼓掌、喊名字以及从高位移动,从而提升训练效果。当然也可以增加从底角提上后的接球投篮。要尽力起跳!

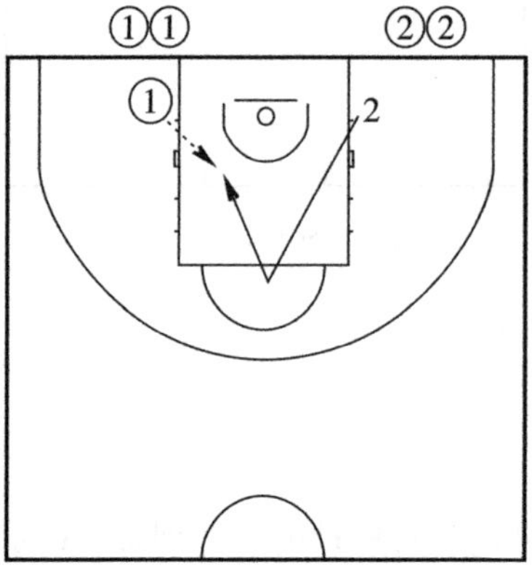

图 12-26

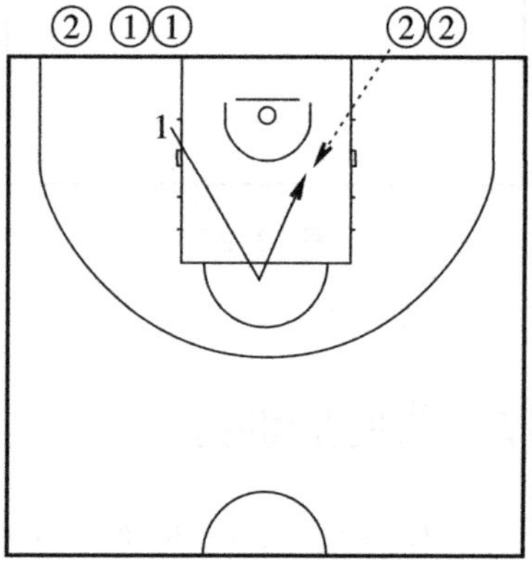

图 12-27

十、持球稳定性训练

如图 12-28 所示：两人一组以三分线为界相对站立，教练站在三分线内。持球人紧紧控制住球，而防守者则进行干扰。当教练喊到球员的名字时，球员立即将球传给教练。

如图 12-29 所示：在持球球员成功将球传出后，进攻者和防守者交换位置，在球场两侧都可以进行训练。

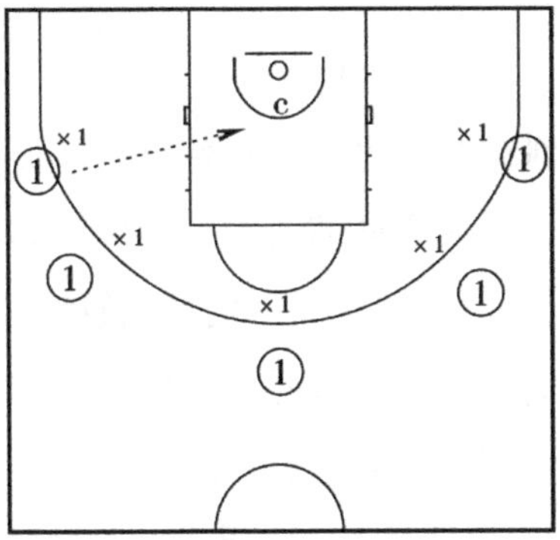

图 12-28

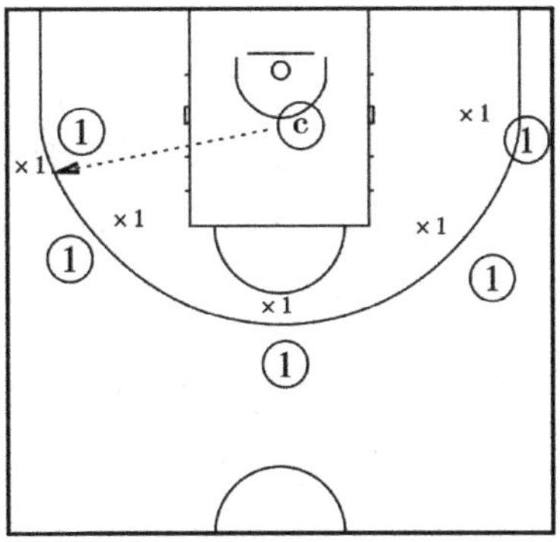

图 12-29

十一、篮板训练

如图 12-30 所示：该训练为抢篮板球能力的训练。罚球线肘区两侧分别站有两队，教练持球位于罚球线中间。另有两队分别在篮板两侧的内线低位。教练投篮后，球员必须抢到篮板球并顶着压力将球投进。球员可以背对防守者，但绝不允许犯规。1 可以运球，失败者交换位置从而保持队伍平衡。持续 3 ~4 分钟。

如图 12-31 所示：教练投篮时，底线的队伍上移，背对上线队伍。

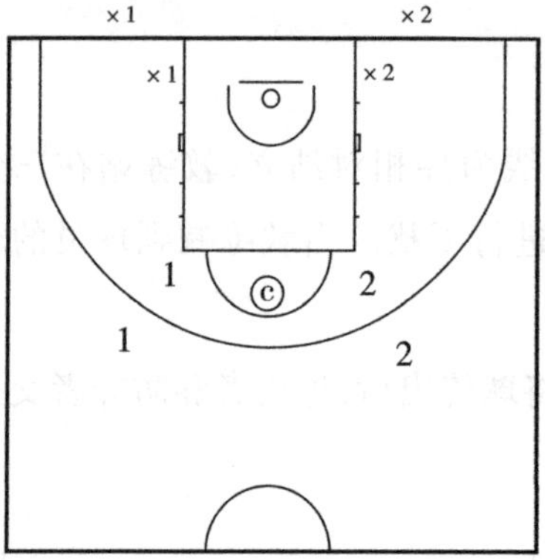

图 12-30

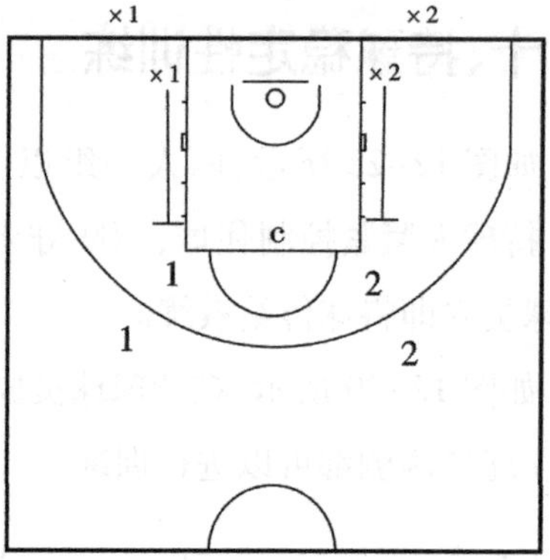

图 12-31

如图 12-32 所示:黑白两队球员分别在左右边线。两名白队球员在右侧肘区和罚球线延长线与三分线交汇处。两名黑队球员在左侧肘区和罚球线延长线与三分线交汇处。教练将球传给任一侧侧翼。例如,教练将球传给右侧侧翼的 2,而 2 接球后可以投三分球。他的队友挡住左侧肘区的黑队队员,肘区的黑色球员 1 移动到对侧进行干扰。如果三分球进,则 3 分算在白队。如果防守者抢到篮板球,则 1 分加在黑队身上。如果进攻者得到进攻篮板球,则进攻队伍得到 2 分,并伺机进攻。如果得分,则另外加 1 分。以上是高位训练部分,接下来是低位部分。弱侧防守者试图在低位抢到位置获得篮板球。每组两人,训练用时 2.5 分钟。关键是将球最后传给教练。

如图 12-33 所示:该训练中三人一组比赛,教练投篮,然后球员在相互对抗中抢篮板球。篮板手在压力下大力进攻得分,得分后替换为其他球员。5 ~6 名球员参加训练,一旦得分,该球员就退出去,一个新的球员参与训练。

图 12-32

图 12-33

如图 12-34 所示：该训练为定时训练(4～5 分钟)，让 5 名防守队员围绕在三分线外进行进攻。失误得-3 分，进球得 1 分，获得进攻篮板球得 2 分。失败方到不同队伍中。每次得分后停下来并重新列队。

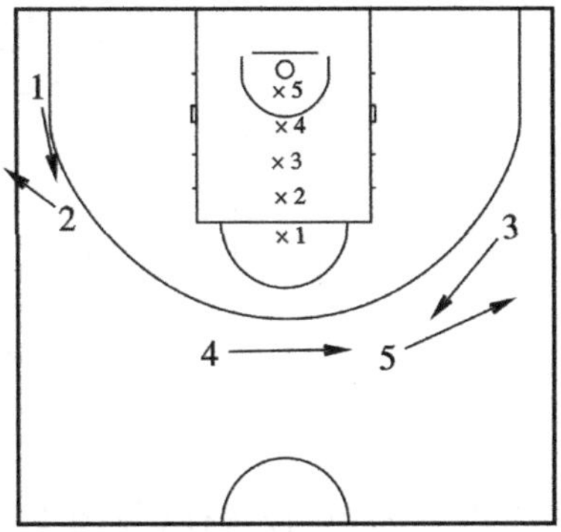

图 12-34

第二节　"3 对 0"系列训练

一、"3 对 0"弧线切入训练

如图 12-35 所示：该训练为 3 人连续训练。

- 后卫始终进行抢篮板球训练。
- 前锋始终轮转至弧顶。
- 内线球员始终上提做掩护并退到同侧侧翼。
- 抢篮板球者接着进入内线，然后分球给新的后卫并继续训练。

如图 12-36 所示：3 将球传给 1 后上提到左侧肘区并接 1 的回传球。1 传球给向弱侧切入高位的假想球员做掩护，并弹回弧顶。

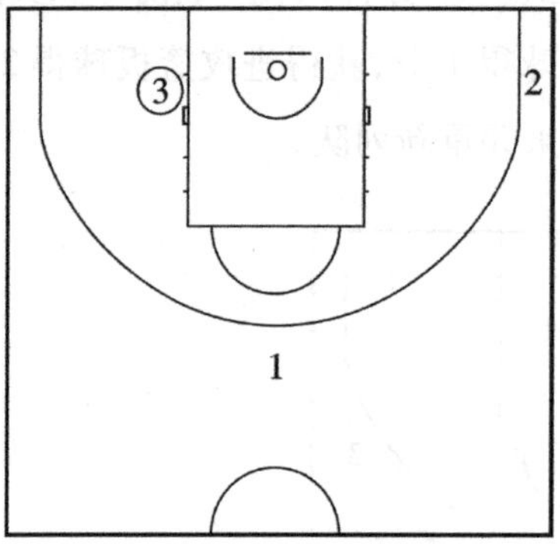

图 12-35

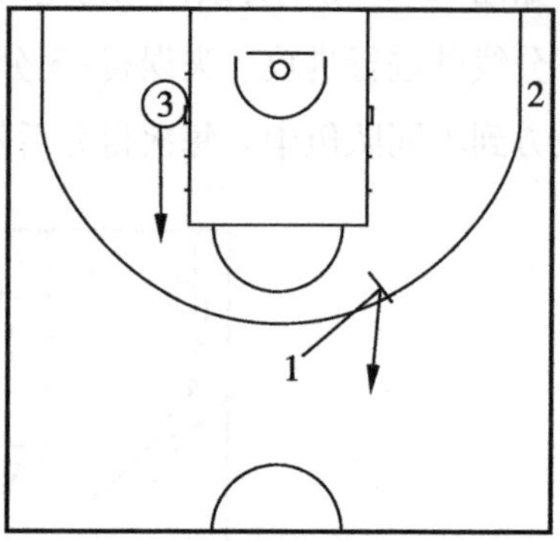

图 12-36

如图 12-37 所示:这里一共有 6 种选择(见图 12-39 至图 12-44)。后卫始终要抢篮板球并补位到低位或罚球线高位附近。

如图 12-38 所示:1 不借用 3 的掩护并传球突破上篮。1 自己抢到篮板球成为新的内线球员。而原本的内线 3 变成侧翼球员。前锋 2 则补位到弧顶成为新的后卫。训练从场地另一侧开始进行。

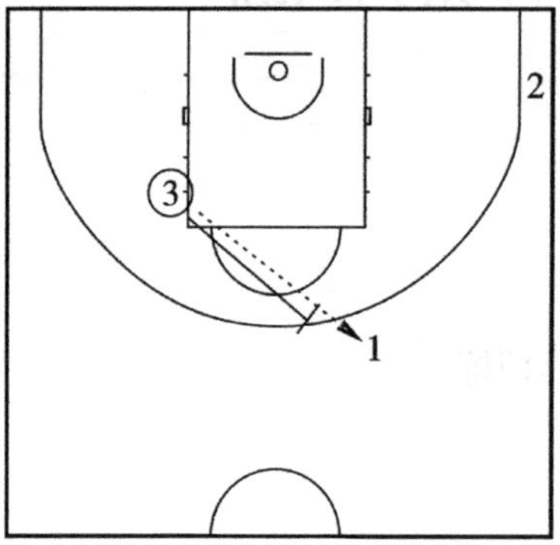

图 12-37

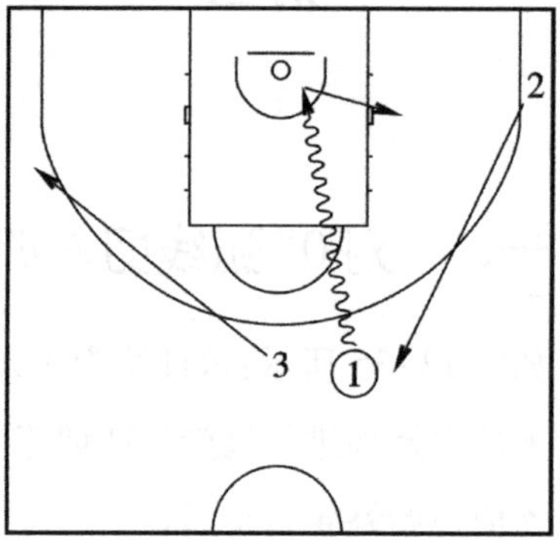

图 12-38

如图 12-39 所示:2 传球给右侧肘区的 1,随后给弱侧做反掩护。

如图 12-40 所示:选择 1 或 2,后卫 2 弹出后接球投篮或者持球突破。

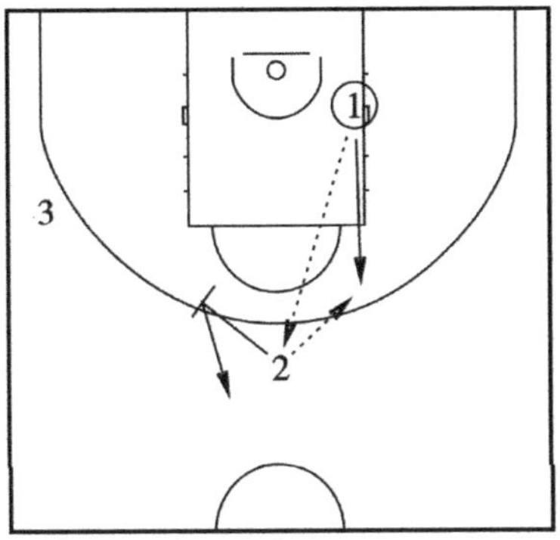

图 12-39

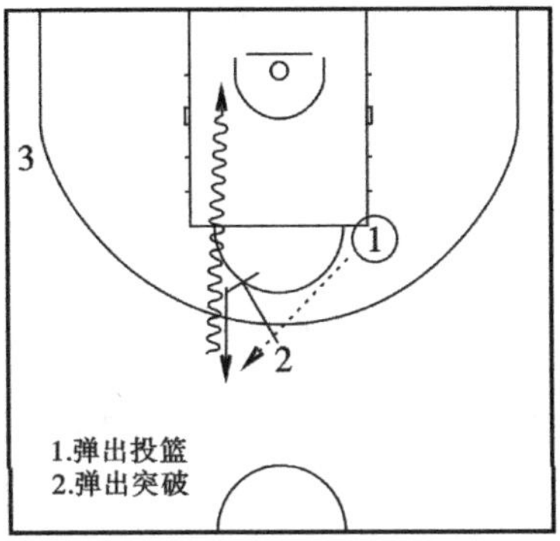

图 12-40

如图 12-41 所示:2 突破后分球给左侧侧翼的 3,应当提醒球员注意传球的时机和方式。

如图 12-42 所示:当 2 弹出后没有机会时,1 则远距离传球给 3 投篮。注意传球时机的衔接,提升传球的隐蔽性。

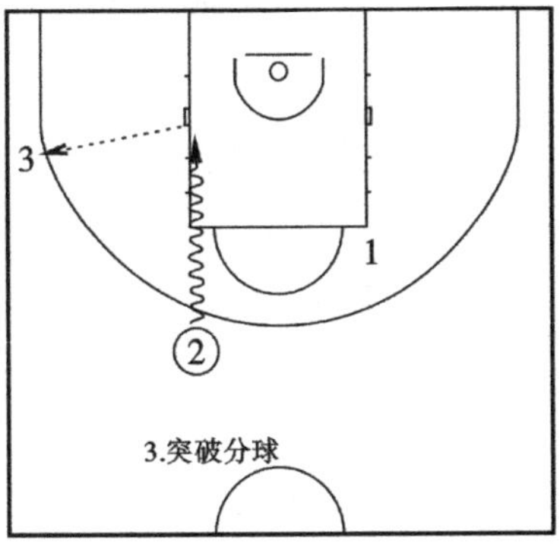

图 12-41

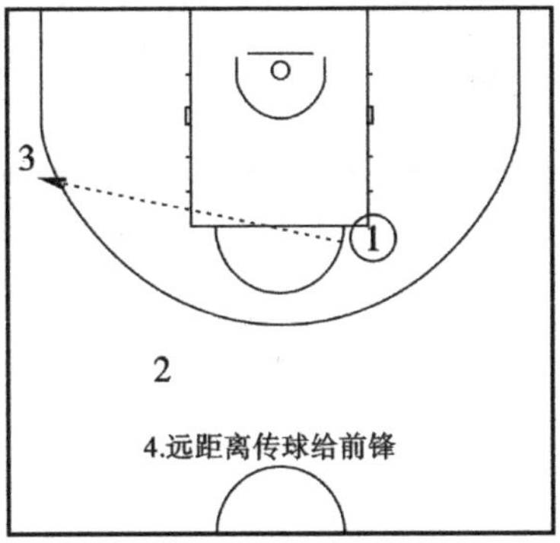

图 12-42

如图 12-43 所示:如果掩护弹出后被严防,则 2 可以选择背切上篮。

如图 12-44 所示:2 接球后可以顺势与 1 进行掩护配合。

3
1
2
5.双切入，如果在掩护弹出背强延误后，
可以直接背切上篮

图 12-43

图 12-44

二、"3 对 0"弧顶反跑训练

如图 12-45 所示：该训练开始于两名侧翼前锋和一名弧顶后卫。一侧前锋 2 向弧顶运球，弧顶的后卫 1 伺机反跑。

如图 12-46 所示：进攻者自抢篮板球并传给另一侧前锋 3，传球后补位到右侧侧翼。

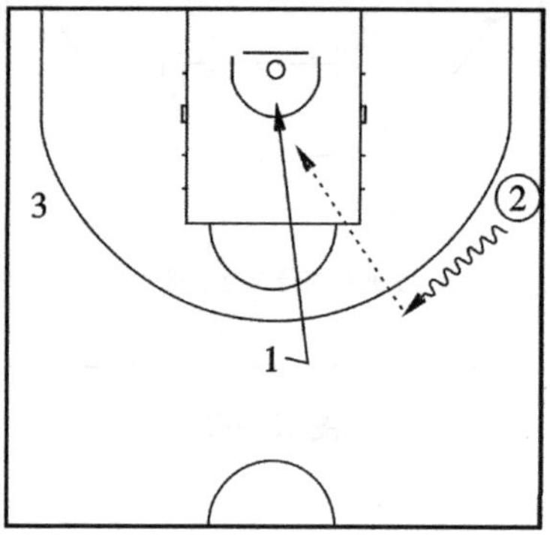

图 12-45

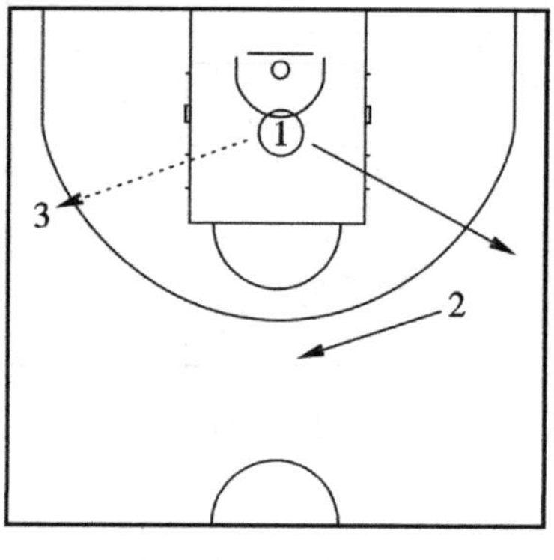

图 12-46

如图 12-47 及图 12-48 所示：该训练于另一侧继续进行。2 切入上篮后传球给 1，然后补位到左侧侧翼。

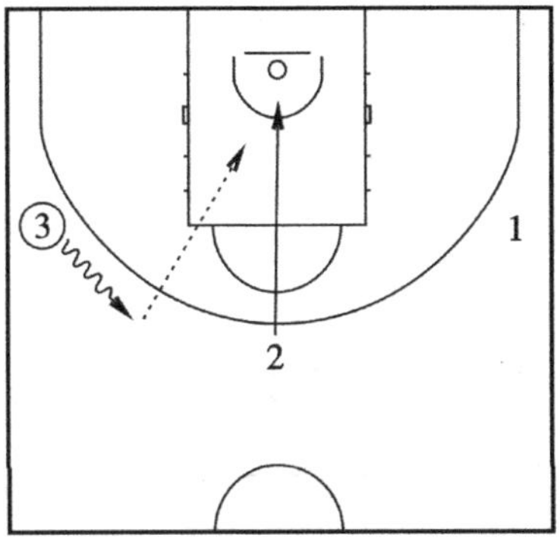

图 12-47

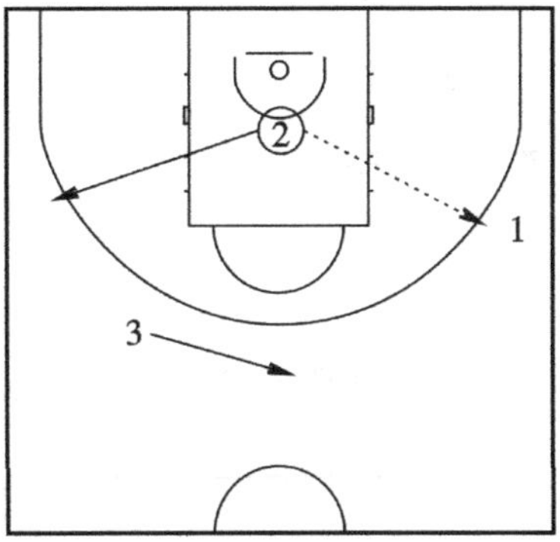

图 12-48

三、"3 对 0" Chin 切入训练

如图 12-49 所示：该训练为连续的 3 人切入训练。

- 后卫始终负责抢篮板球并传回弧顶，而后移动到弱侧侧翼。
- 强侧前锋始终在传球后移动补位到弧顶。
- 弱侧前锋保持不动，转换为强侧前锋。

如图 12-50 所示：1 传球给 3 后做闪挡掩护向弱侧切，接球后共有 5 种选择，例如持球突破等。

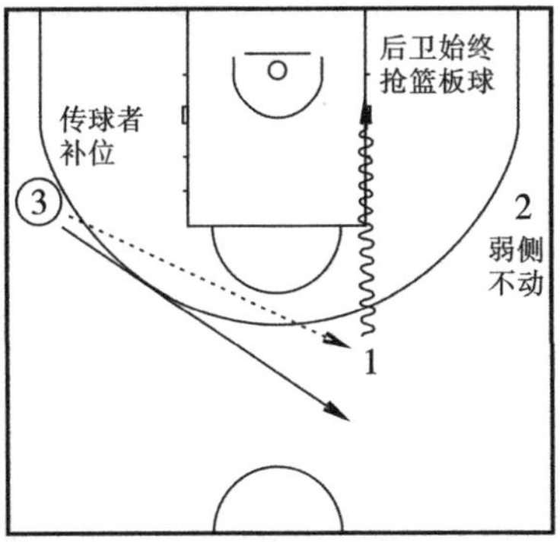

图 12-49

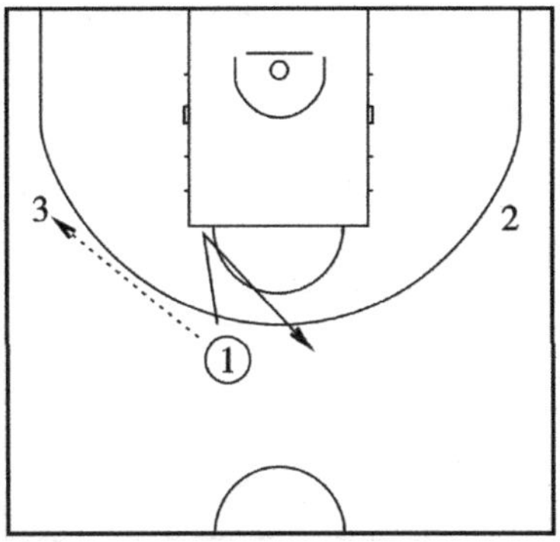

图 12-50

如图 12-51 所示：补位到弧顶位置的 3 接到 1 的分球并传给右侧侧翼的 2，然后利用闪挡掩护获得 2 的回传球后，有以下 5 种选择：

- 接球跳投。
- 持球突破。
- 突破分球。
- 伺机反跑。
- 传切配合。

如图 12-52 所示:3 接球后依据防守情况选择跳投或突破上篮。

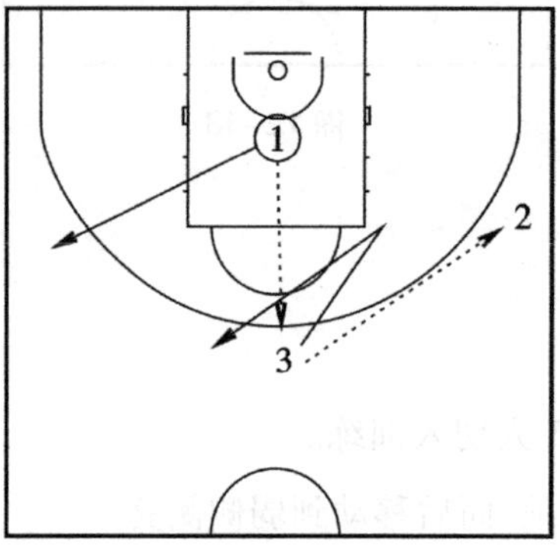

图 12-51

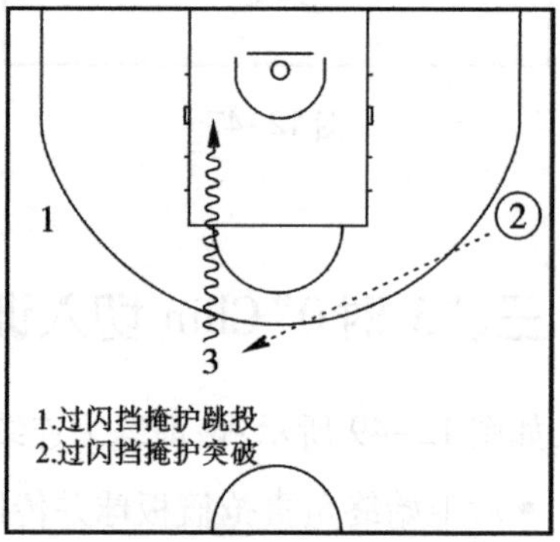

图 12-52

如图 12-53 所示:3 接球后持球中路突破并伺机分球给随之下顺的 1。

如图 12-54 所示:3 借闪挡掩护后伺机反跑接 2 的传球上篮。

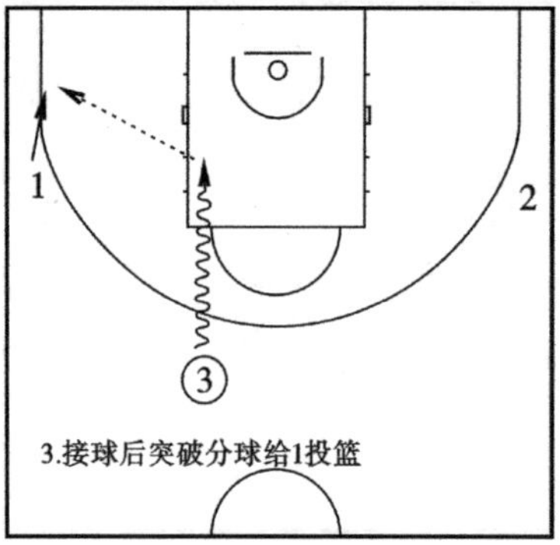

图 12-53

图 12-54

如图 12-55 所示:如果 3 外弹,则 3 接球后传给另一侧的 1,随即立即切入篮下。

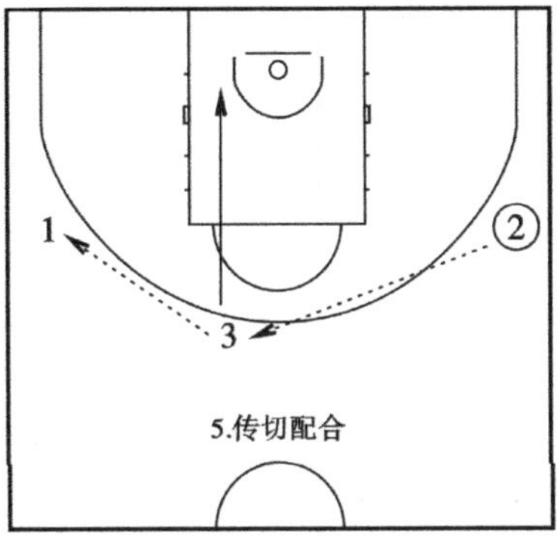

图 12-55

四、“3 对 0”侧翼手递手或反跑训练

如图 12-56 所示：训练有两名球员在两侧侧翼，一名球员位于篮下。篮下球员持球传给右侧侧翼的 2，随之移动到弧顶接 2 的分球。

如图 12-57 所示：1 向弱侧侧翼运球，多数情况下侧翼的 3 选择反跑接球上篮，而 3 也可以与 1 进行手递手配合，接球投篮。

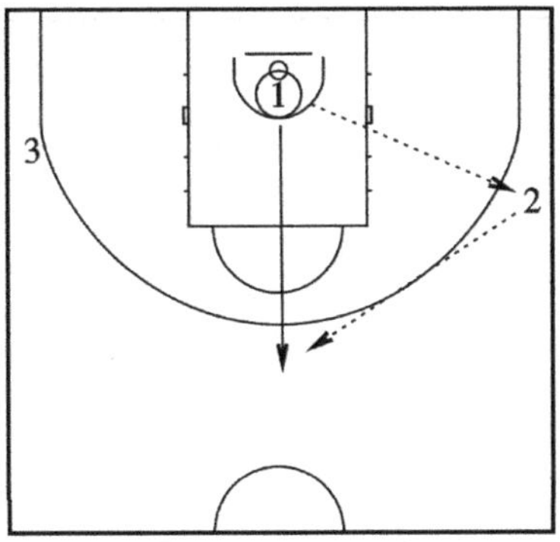

图 12-56

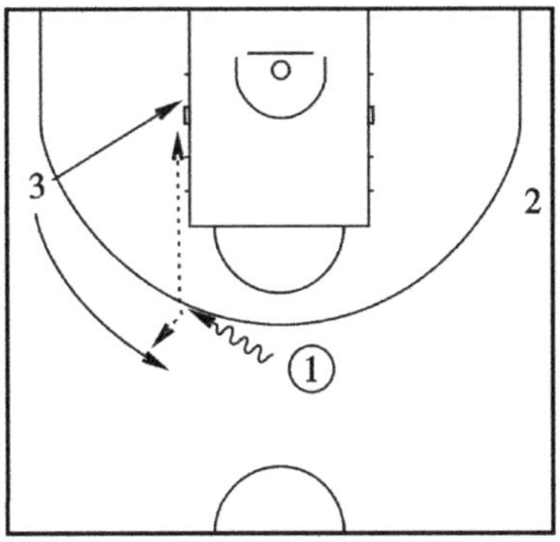

图 12-57

如图 12-58 所示：3 上篮后自己抢到篮板球，传给补位到同侧侧翼的 1，随后上提到弧顶位置，准备在另一侧开始进行训练。

如图 12-59 所示：3 接到 1 的回传球后，向右侧侧翼运球，2 集中注意力伺机反跑，并在篮筐附近采用不同的终结方式完成得分。

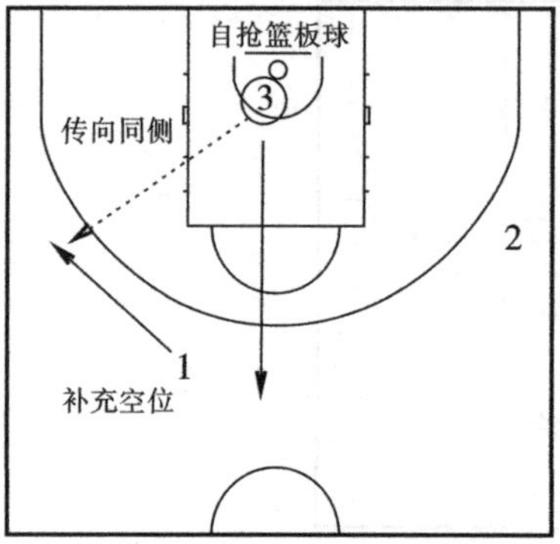

图 12-58

图 12-59

五、"3 对 0"Chin 反跑训练

如图 12-60 所示:2 传球给 1 后,1 随即传球给左侧侧翼的教练。5 给传球后的 2 做下掩护,2 借掩护切入篮下,随即接左侧教练的传球上篮。

如图 12-61 所示:5 随即给 1 做行进间横掩护,1 移动到右侧接教练 c1 传球持球突破,而 5 掩护后下顺接 c2 传球上篮。

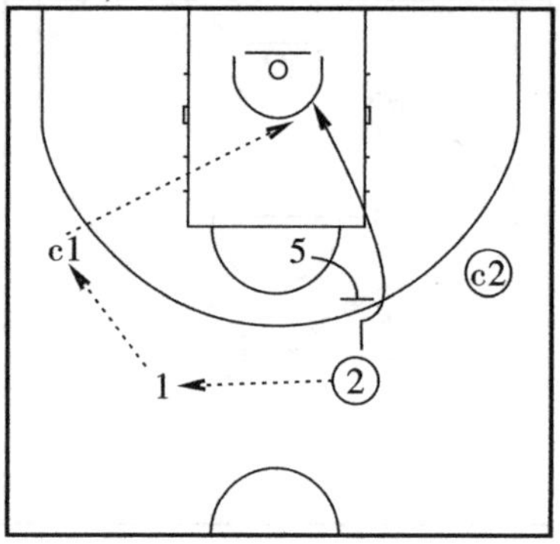

图 12-60

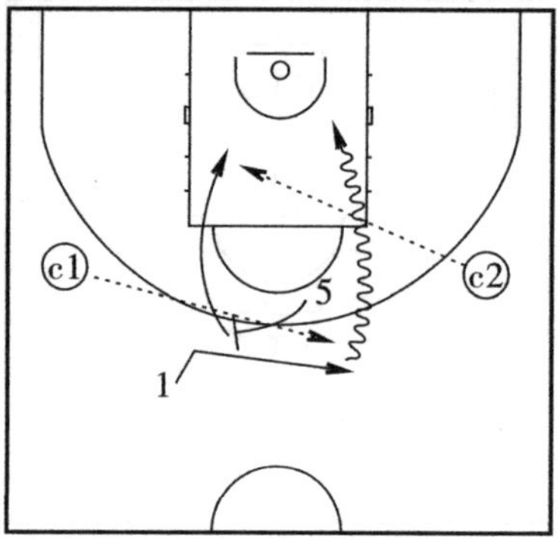

图 12-61

六、"3 对 0"肘区/高位手递手切入训练

如图 12-62 所示:两名教练 c1 和 c2 呈对角线分别站在底角和侧翼。1 持球站在左侧侧翼,2 位于左侧肘区,而 3 则站在左侧底角位置。1 将球

传给 2。

如图 12－63 所示：2 运球向外线移动，与 1 进行手递手配合。1 持球中路突破，而 2 完成手递手后下顺切入，并接到上线教练的传球上篮。而 3 随之补位到左侧侧翼接底线教练的传球而进行三分投篮。

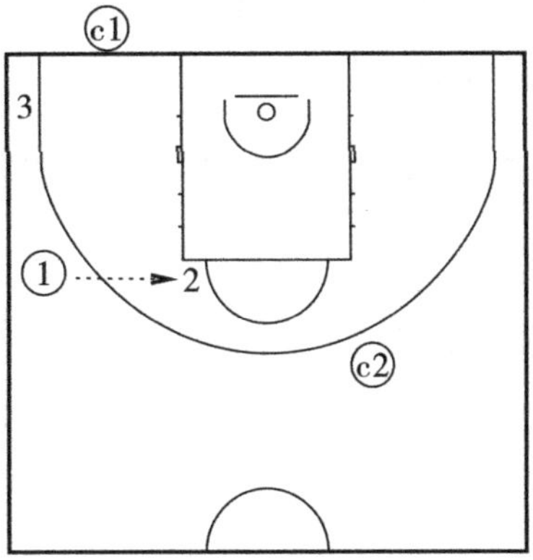

图 12－62

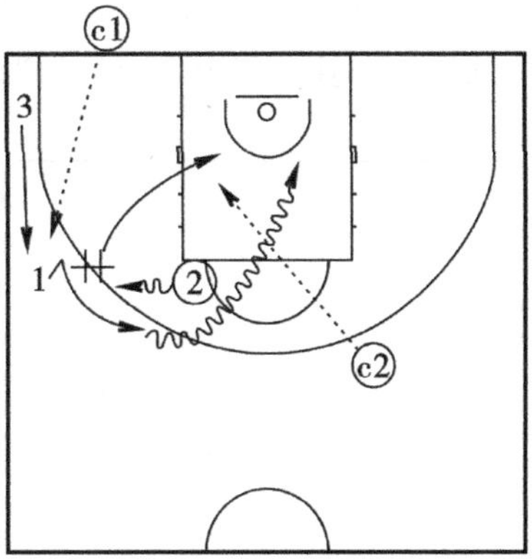

图 12－63

如图 12－64 所示：1 与 2 在左侧侧翼完成手递手后，1 持球中路突破。而此时 2 在完成手递手后可以直接弹出外线，接到底线教练的分球完成外线三分。而 3 则伺机切入篮下，接上线教练的传球完成上篮。

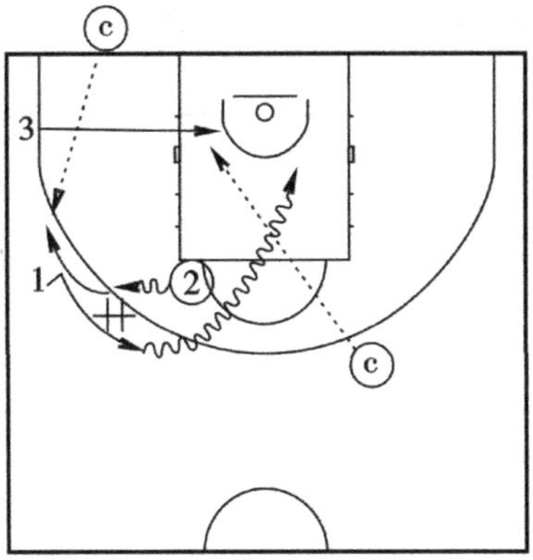

图 12－64

七、“3 对 0”肘区/高位反跑训练

如图 12-65 所示：两名教练 c1 和 c2 分别站在上线，1 持球站在左侧侧翼，2 位于左侧肘区，而 3 在左侧底角。该训练也可在半场的右侧进行。

如图 12-66 所示：1 传球给左侧肘区的 2 后伺机反跑切入，而 2 向左运球，传球给 1 使其进行上篮，要模拟摆脱防守的脚步。

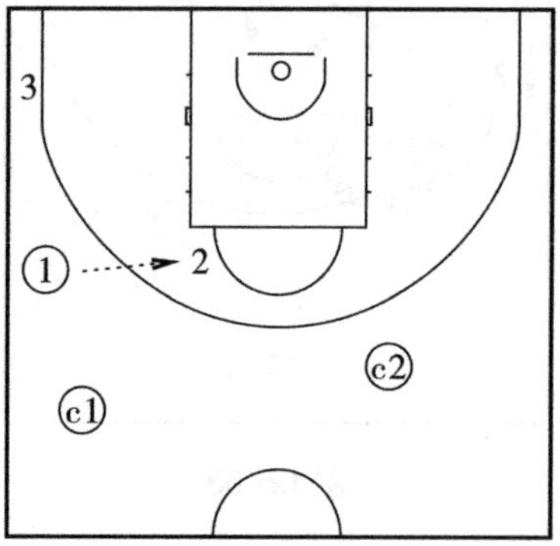

图 12-65

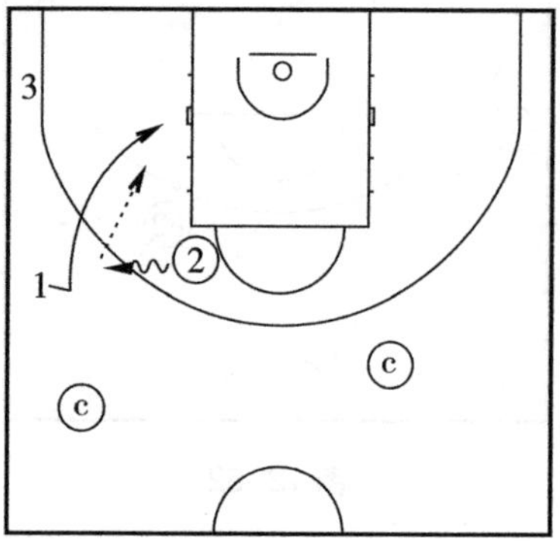

图 12-66

如图 12-67 所示：3 继续上提到左侧侧翼，左侧槽点的教练 c1 将球传给肘区的 2，2 随即与 3 再次进行手递手配合，3 持球中路突破而 2 下顺接另一名教练 c2 的传球上篮得分。

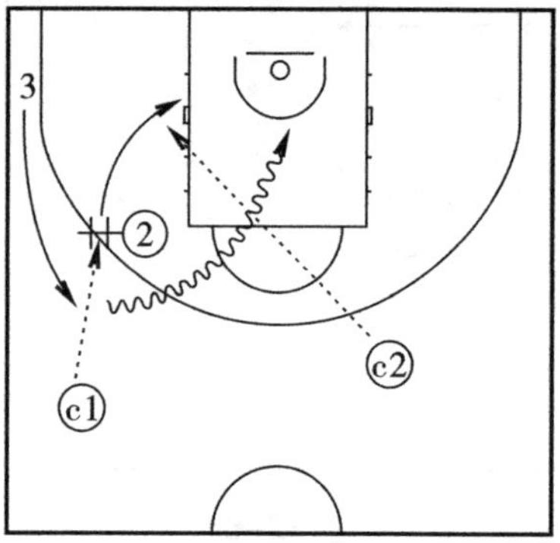

图 12-67

八、"3 对 0"肘区/高位下掩护训练

如图 12-68 所示:该训练球员的站位与前一个基本相同。

如图 12-69 所示:1 传球给左侧肘区的 2 后,1 下沉到底角给 3 做下掩护,3 可以从掩护两侧伺机切入篮下,而 1 掩护后弹出到侧翼接到教练的传球上篮,而 2 伺机分球给切入的 3 上篮得分。

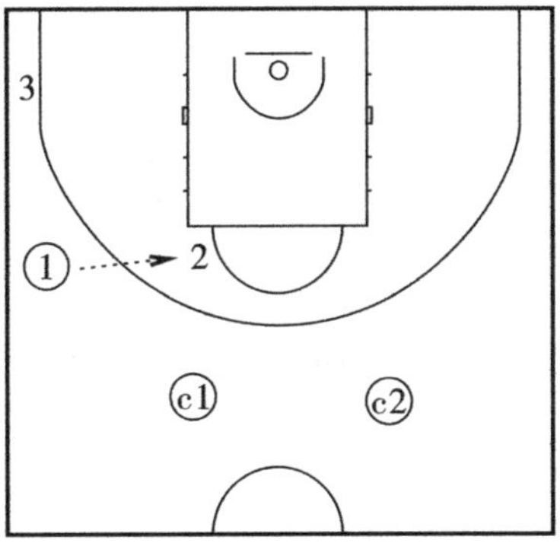

图 12-68

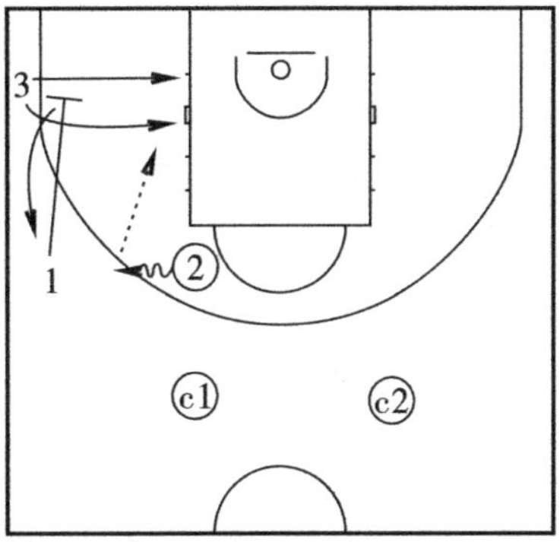

图 12-69

如图 12-70 所示:左侧教练将球传给 2,1 与 2 随即进行手递手配合,1 持球中路突破,而 2 手递手完成后下顺篮下,接另一名教练 c2 的传球上篮。

如图 12-71 所示:1 给 3 掩护后,3 与 2 进行手递手配合。3 持球突破,而 1 留在左侧底角。

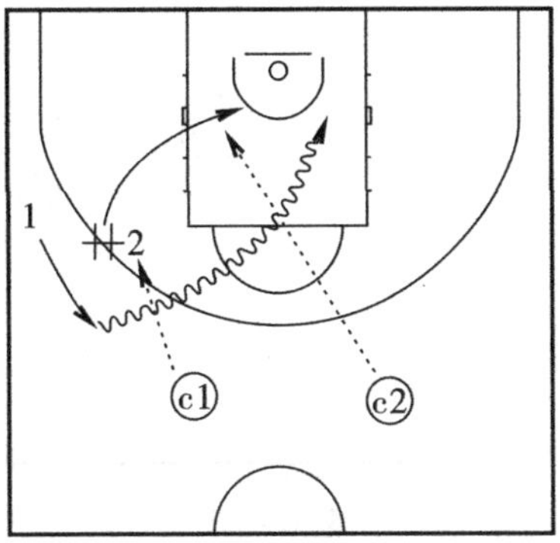

图 12-70

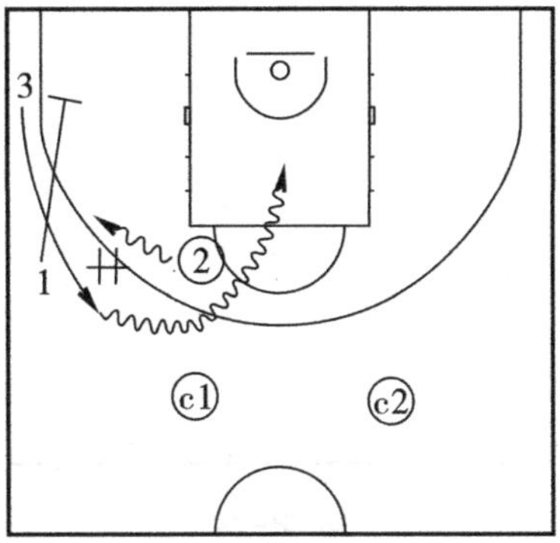

图 12-71

如图 12-72 及图 12-73 所示：底角的 1 可以选择上提至左侧侧翼接球投篮或者切入篮下接球上篮。而 2 与 1 动作相反，即向内线切入接球上篮或弹出外线接球投篮。

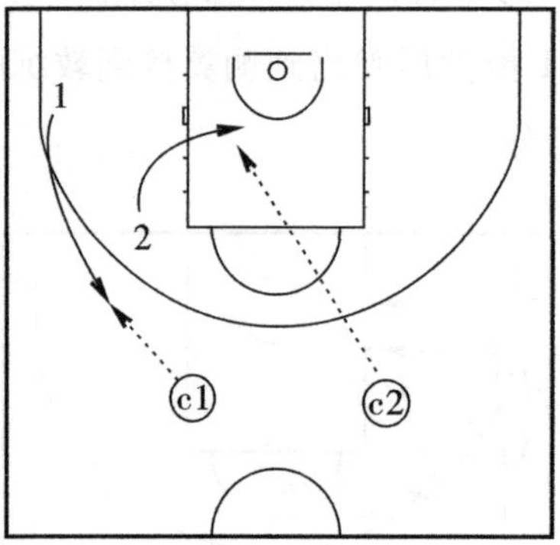

图 12-72

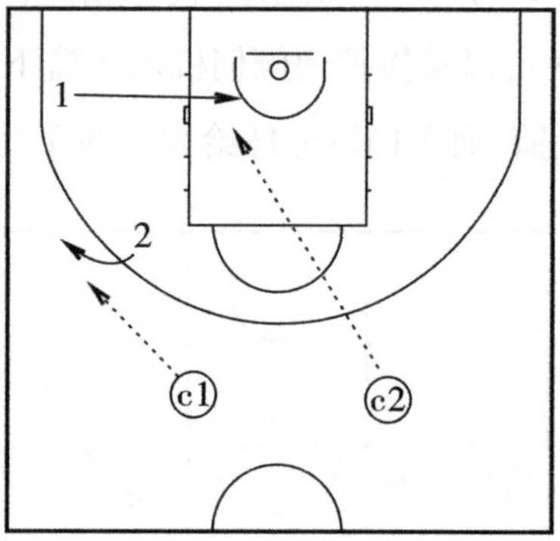

图 12-73

九、"3 对 0"强侧高位配合

如图 12-74 所示：两名教练 c1 和 c2 持球纵向在左侧侧翼站立，1 持球在弧顶左侧，2 在右侧肘区，而 3 在右侧底角。1 传球给右侧肘区的 2 后，随即给右侧底角的 3 做下掩护，3 借掩护上提至右侧侧翼，2 将球传给 3。

如图 12-75 所示：2 给 3 传球后，与 3 进行掩护配合。3 持球中路突破。

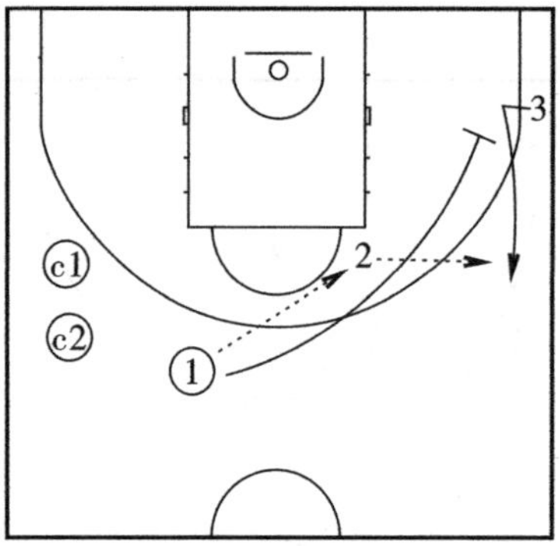

图 12-74

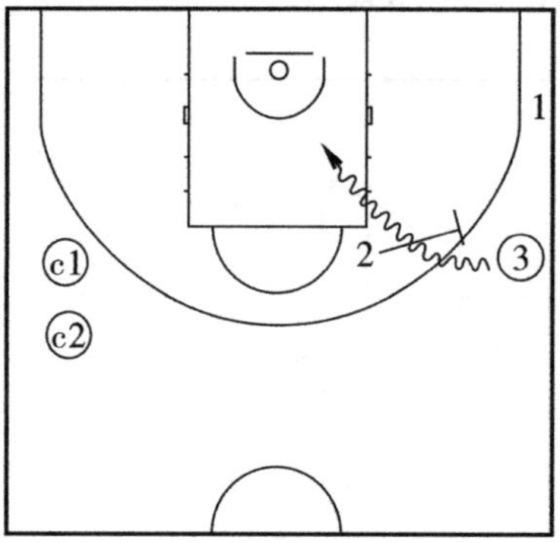

图 12-75

如图 12-76 及图 12-77 所示:2 有两种选择,当 2 下顺接球上篮时,1 提到右侧侧翼接球投篮;而当 2 掩护后弹出外线时,1 选择切入篮下接球上篮。

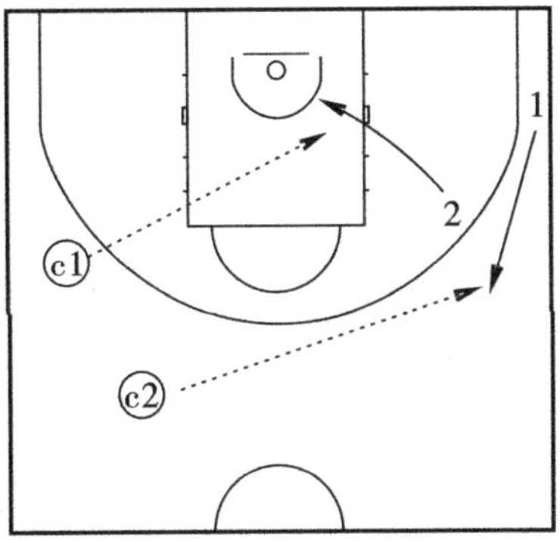

图 12-76

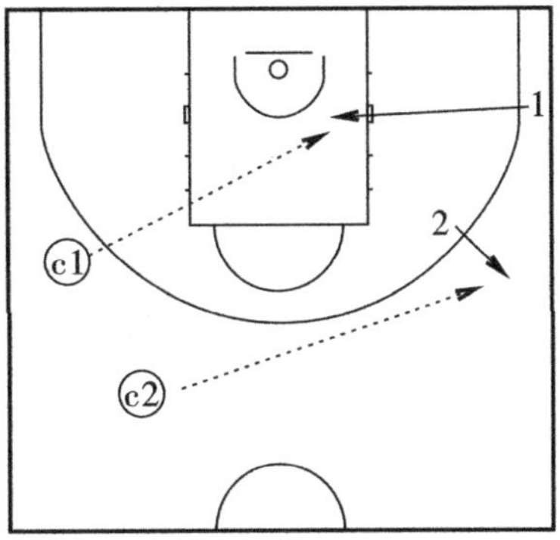

图 12-77

十、“3 对 0”强侧低位配合

如图 12-78 所示:两名教练分别持球站在左侧肘区和弧顶右侧。而 1 持球站在弧顶左侧,2 在右侧肘区,而 3 位于底角。1 传球给 2,而后往篮下切入,3 进入低位给切入的 1 做无球掩护,使其弹出外线,2 伺机传球,1 接球后随即投篮。

如图 12-79 所示:3 在内线给 1 做完掩护后插入篮下,接到弧顶右侧教练的传球上篮。

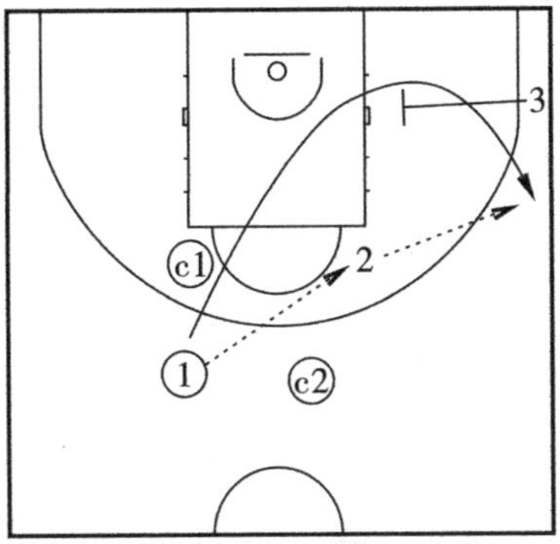

图 12-78

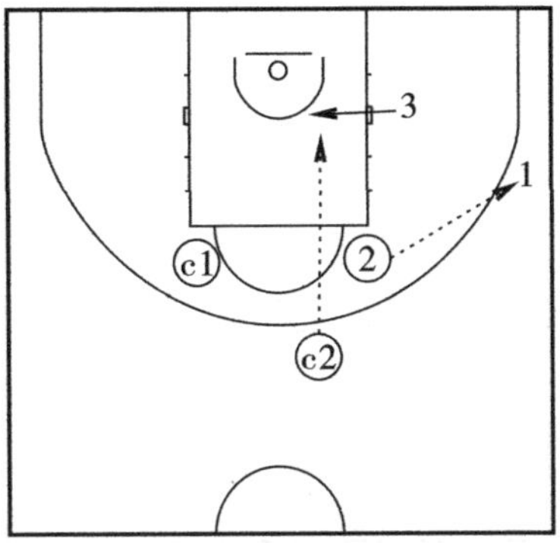

图 12-79

如图 12-80 所示:如果 1 接球后没有投篮机会,2 则跟上与 1 进行有球掩护配合,随后 2 切入篮下接左侧肘区的教练 c1 传球上篮,而 1 从上线持球突破。

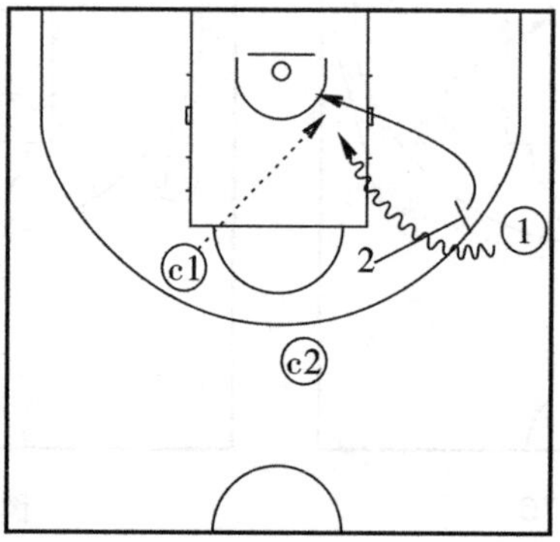

图 12-80

十一、"3 对 0"弱侧配合

如图 12-81 所示:1 传球给右侧肘区的 2 后向弱侧移动给 3 做反掩护。两名教练在弧顶右侧持球。

如图 12-82 所示:3 可以伺机反跑篮下接 2 的分球上篮,也可以借 1 的掩护绕切篮下接球上篮,而 1 在掩护后直接弹出外线,得到教练 c1 的传球后投三分球。

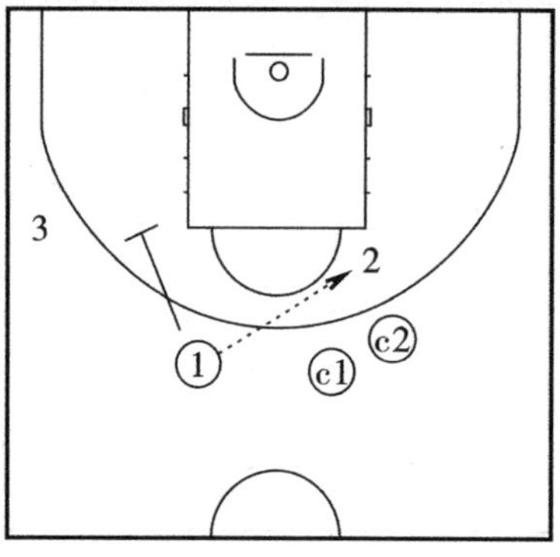

图 12-81

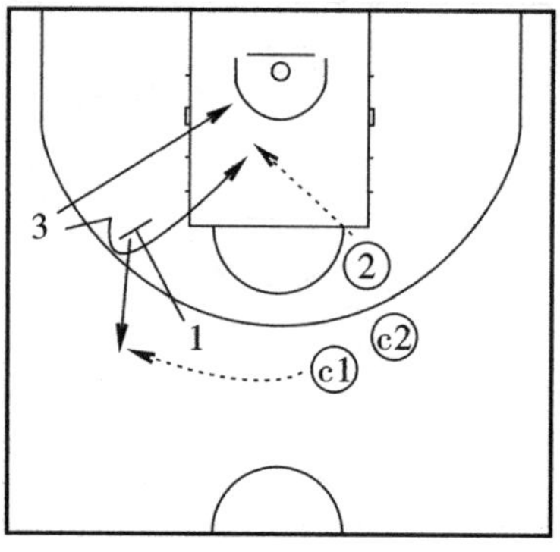

图 12-82

如图 12-83 所示:1 弹出后接到球如果没有外线投射机会,则右侧肘区的 2 去给 1 做有球掩护,1 持球中路突破,而 2 掩护后下顺接教练 c2 传球上篮。

如图 12-84 所示:3 可以借 1 的掩护弹出到外线,接 2 的传球投篮,而 1 则移动到远端外线。

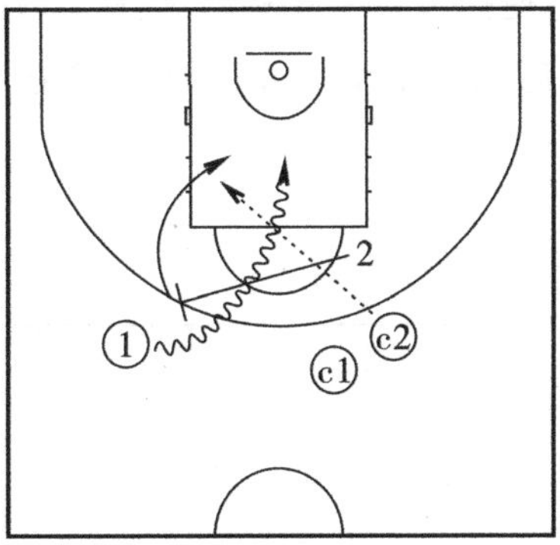

图 12-83

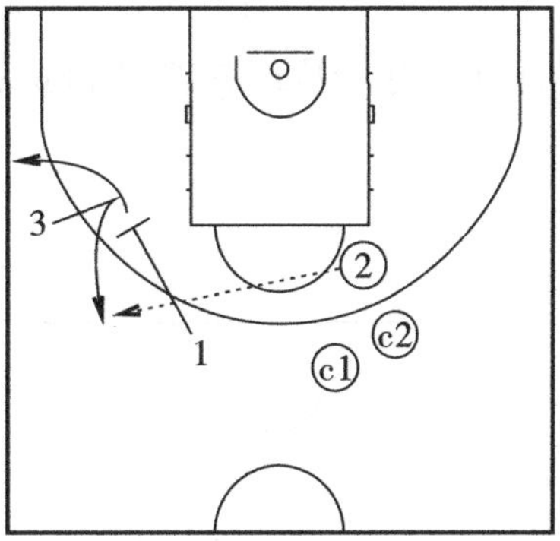

图 12-84

如图 12-85 所示:3 弹出接球后,2 给 3 做有球掩护,3 持球突破,2 掩护后下顺。

如图 12-86 所示:2 下顺接教练 c2 传球上篮,而 1 移动到 3 原来的位置接教练 c1 传球投篮。

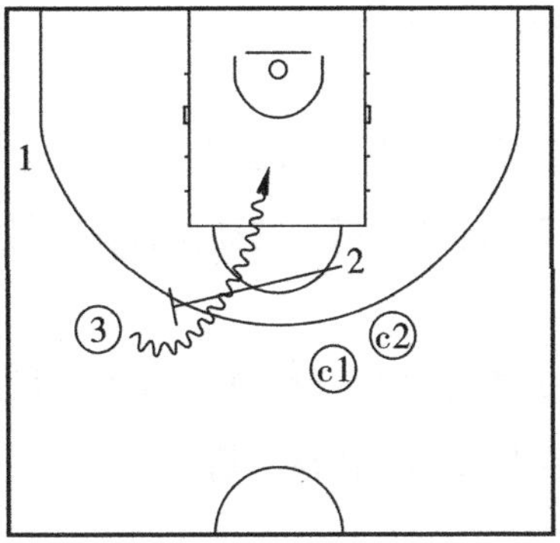

图 12-85

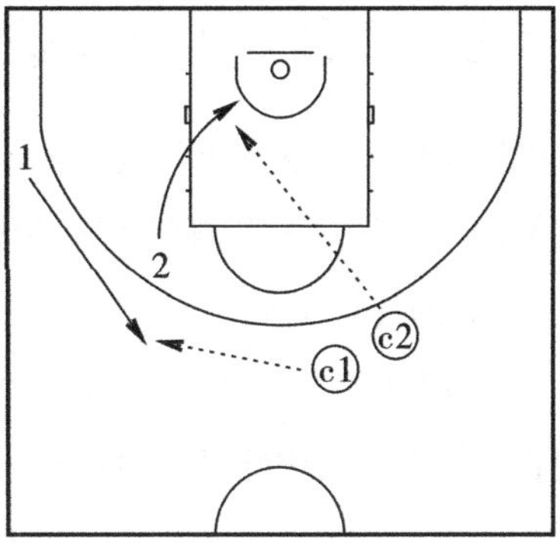

图 12-86

十二、"3 对 0"Reel 训练

如图 12-87 所示：1 在弧顶右侧持球，2 在左侧侧翼，3 在罚球线附近。两名教练 c1、c2 分别在左右两侧。1 运球向左侧侧翼移动，2 伺机反跑，1 传球给 2 上篮。

如图 12-88 所示：随后 3 给 1 做无球掩护，1 向右侧移动，接左侧教练 c1 的传球，1 接球后持球突破，3 掩护完成后向篮下下顺并接教练 c2 的传球上篮。

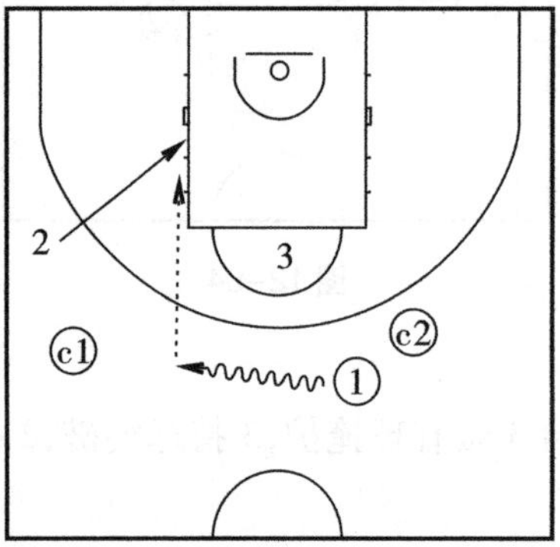

图 12-87

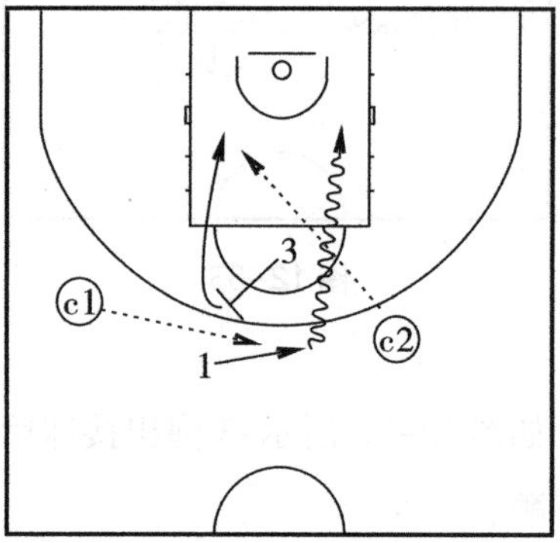

图 12-88

十三、"3 对 0"UCLA 切入训练

如图 12-89 所示：两名教练 c1 和 c2 纵向在左侧槽点附近站立，1 在弧顶左侧向右侧运球并传球给右侧侧翼的 2。随后 1 借 3 的高位背掩护做 ucla 切入，接 2 的传球上篮。

如图 12-90 所示：3 掩护后接教练 c2 传球，向右侧运球，与 2 进行手递手配合。2 接球后中路突破，而 3 下顺接到教练 c1 传球上篮。

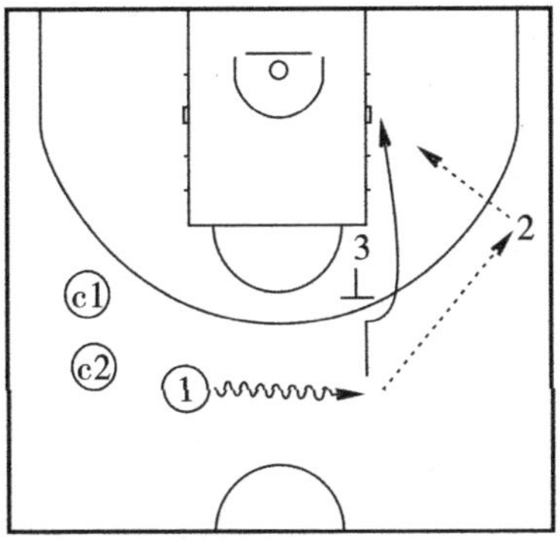

图 12-89

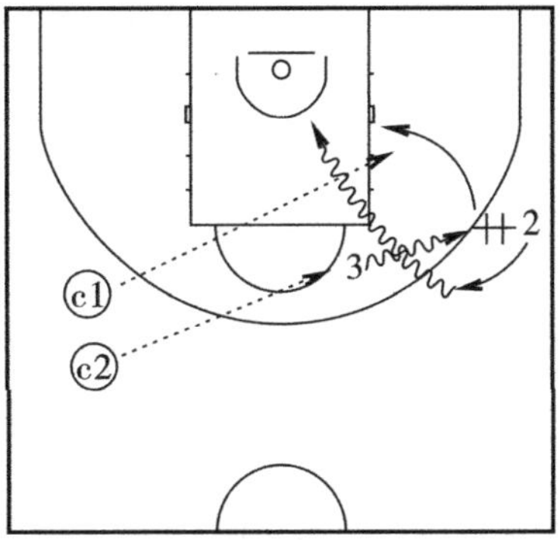

图 12-90

第三节　全场训练

一、全场“3 对 2”训练

如图 12-91 所示：白队防守一侧篮筐，黑队防守另一侧篮筐。两名防守球员进行防守，三名进攻球员持球开始训练。场边的其他队友准备进行替换。该训练是一个“3 对 2”的循环训练，要求半场只能有一次投篮和两次传球。

如图 12-92 所示：运球者向投手一侧移动而远离终结者。弧顶球员喊：“球！”并向一侧压迫。后面跟进的球员做好准备接球。

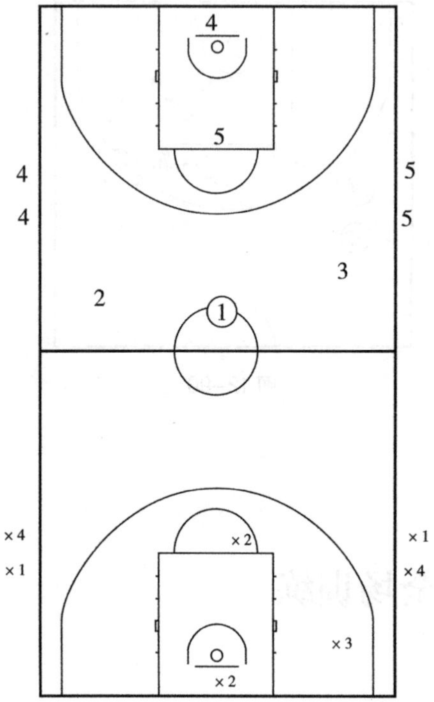

图 12-91

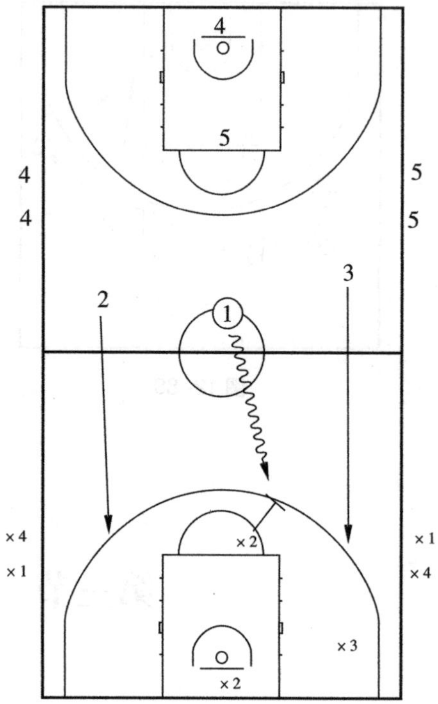

图 12-92

如图 12-93 所示：进攻方面，1 传球给一侧侧翼并移动到肘区伺机投篮，3 从防守后方切入准备接吊球进攻，2 看向篮筐并伺机传球。防守方面，底线防守球员上提防守接到首次传球的 2，上线防守球员立即下沉至禁区。

如图 12-94 所示：进攻方面，2 传球给 1，从而使其获得肘区跳投，2 和 3 去抢进攻篮板球；防守方面，干扰防守并抢防守篮板球。

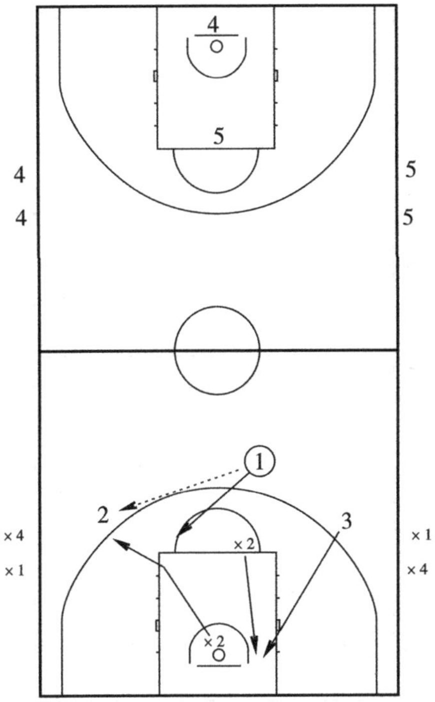

图 12-93

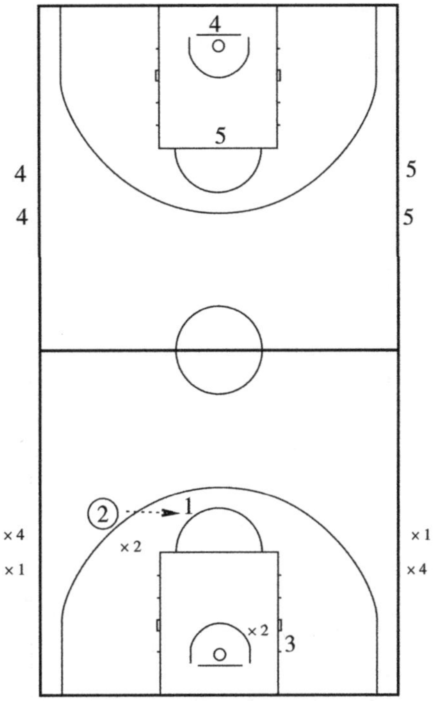

图 12-94

如图 12-95 所示:进攻球员离开球场。防守球员抢到篮板球后,另一名防守球员也退出训练。两名新的球员进入场地,三人一起成为新的进攻球员,在另一侧进攻。

如图 12-96 所示:×2 传球给×1 后,从其后方切过。×1 持球中路突破,另一侧进攻球员下顺。

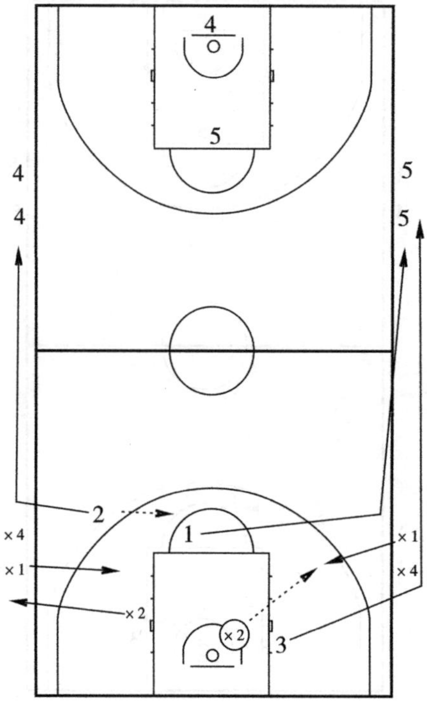

图 12-95

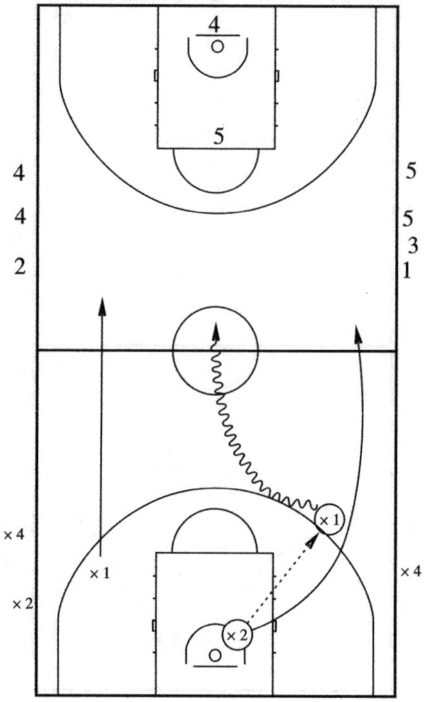

图 12-96

二、4 人转换训练

如图 12-97 所示:4 名球员在底线进攻,4 名球员在罚球线上防守。教练持球开始训练,并将球传给底线上的球员。持球球员前面的防守队员必须触碰到底线并立即去补防转换进攻,进攻方进行“4 对 3”直到防守复位。

如图 12-98 所示:防御回防到三秒区,形状为向上的三角形。转换进攻的前三步是最重要的。

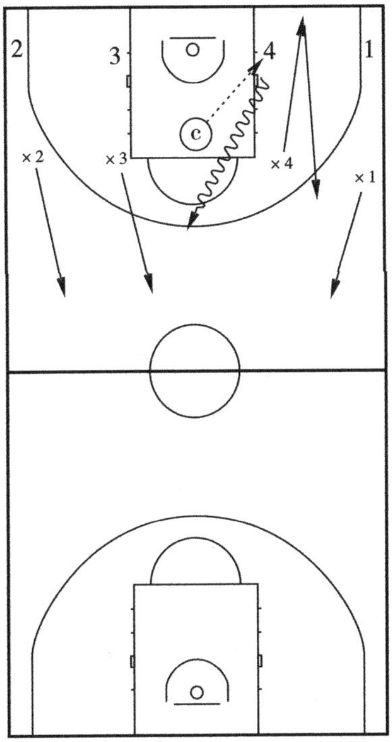

图 12-97

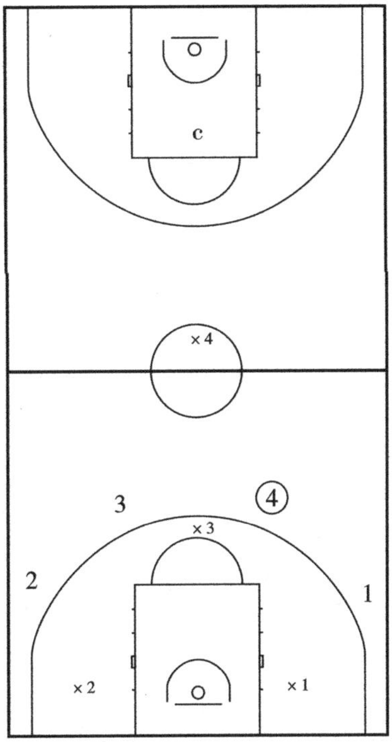

图 12-98

如图 12-99,12-100 所示:联防的顶部球员×3 逼迫球离开中路。×4 回防落位在弱侧禁区随后 1 对 1 防守。保持交流。球是最重要的,而不是人。在发生失误时立即转换进攻。

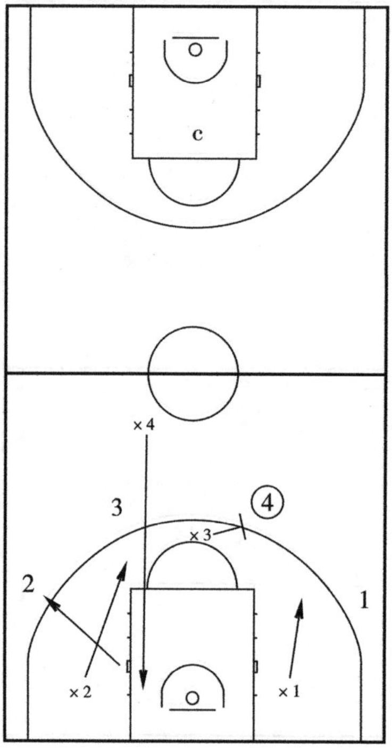

图 12-99

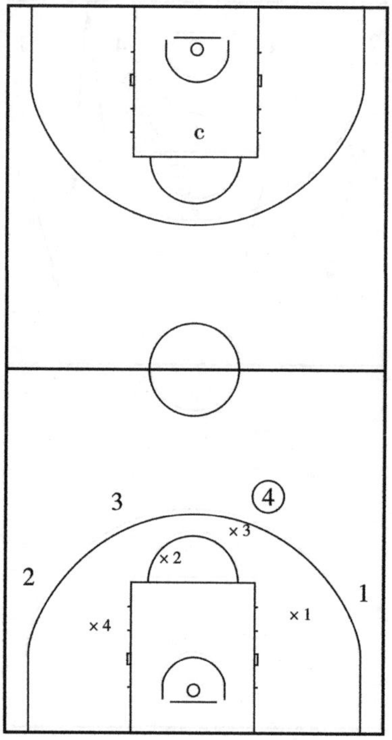

图 12-100

三、"4 对 4 对 4"Point 训练

如图 12-101 所示:两队球员站在球场两侧并进行比赛。

失误扣 2 分,抢到篮板球得 2 分,进球得 1 分,抢断得 3 分,失败者换人。

如图 12-102 所示:一旦球过半场,第四名防守球员先触摸中圈,然后直接到弱侧进行防守。

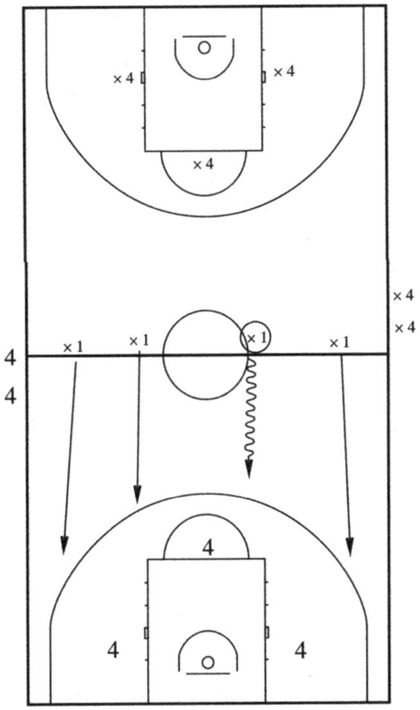

图 12-101

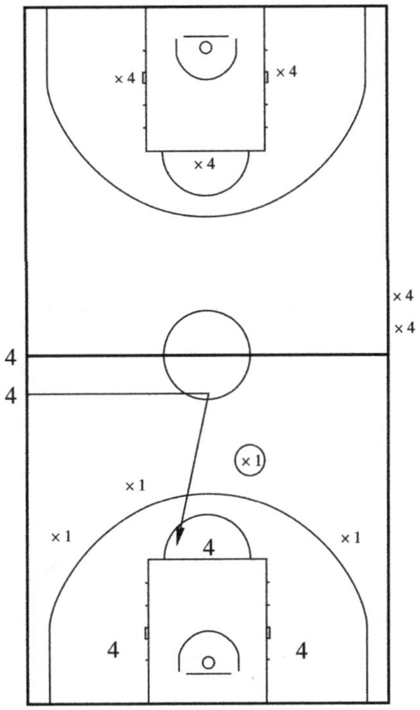

图 12-102

如图 12-103 所示：当抢篮板球、得分或者失误发生时，防守球员进攻另一端球场，而进攻球员回到场边队尾。

变化：

如图 12-104 所示：助教可以要求如何进行防守，例如要求防守球员必须紧贴防守并积极回防。

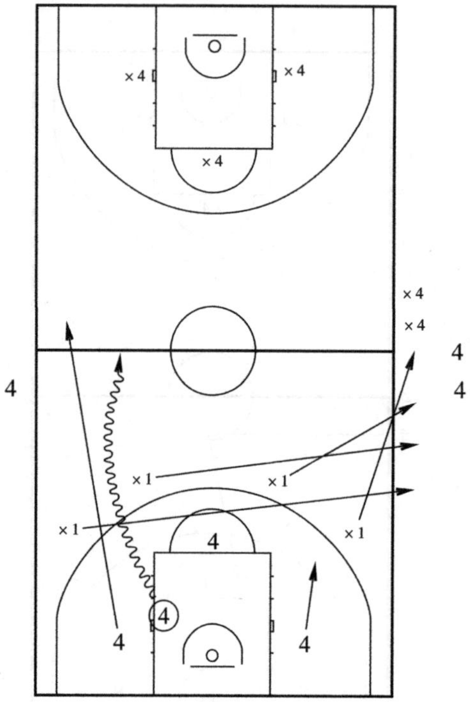

图 12-103

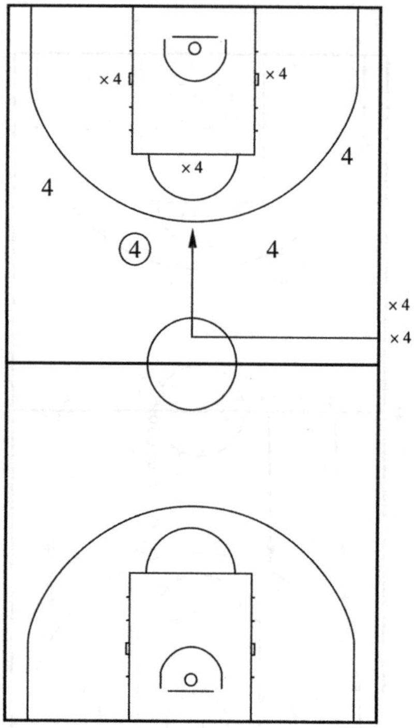

图 12-104

第四节　团队综合训练

一、连续手递手切入训练

图 12-105 为连续手递手切入训练的基础站位。两名教练 c1 和 c2 在弧顶平行站立,球员分为 4 队。其中两队分别站在罚球线以上的场地两侧,另有两队在底线篮筐左右站立。

如图 12-106 所示:2 传球给 c1 后上提至左侧肘区,随后接 c1 的回传球。2 接球后向 1 运球,1 随即将球传给 c1,随后 1 与 2 进行手递手配合。1 运球中路切入,2 下顺接 c1 的传球上篮。两侧同时进行。

轮转方式:1 到 3 队尾,2 到 4 队尾。

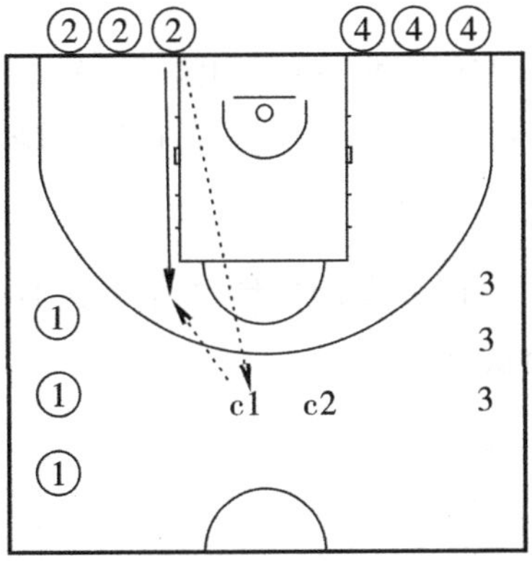

图 12-105

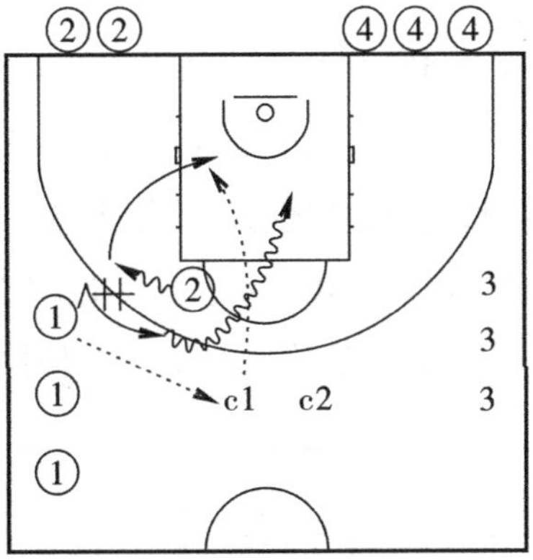

图 12-106

二、连续背切训练

如图 12-107 所示:1 伺机背切并接 2 的传球上篮。3 上提至侧翼,并接 4 的传球。

如图 12-108 所示:该训练为下顺和弹出。3 借 2 的掩护向篮筐突破,2 随即下顺接教练的传球上篮。

轮转方式:1 抢篮板球后到 2 的位置。2 抢篮板球后传球给教练。3 自抢篮板球后到 4 队尾。

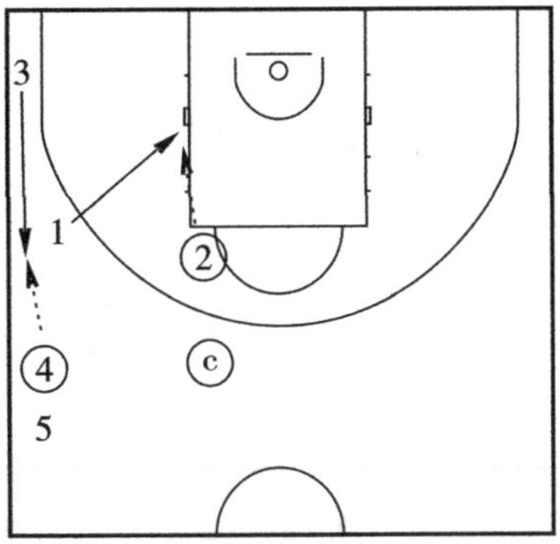

图 12-107

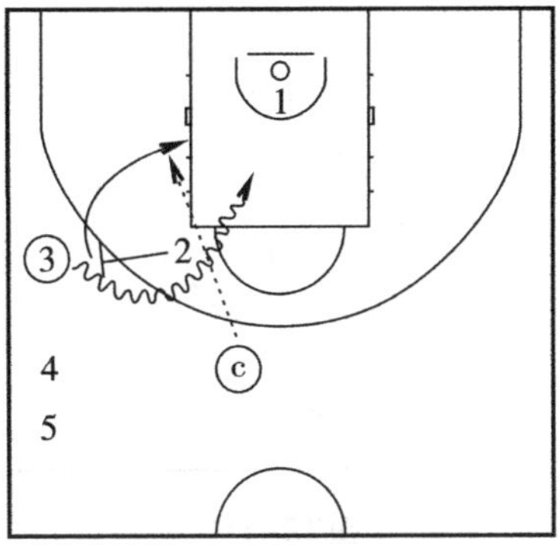

图 12-108

三、连续下掩护训练

如图 12-109 所示：左侧槽点站一队，左侧底角、肘区和弧顶分别有一名球员（只有弧顶球员持球）。1 分球给肘区的 5 后，下沉至底角给 4 做下掩护，4 可以伺机从掩护两侧切入篮下，并接 5 的传球上篮。

如图 12-110 所示：当 1 掩护完成后返回接 2 的传球，5 给 1 做有球掩护，5 下顺接 6 的传球上篮，1 过掩护后突破篮下。

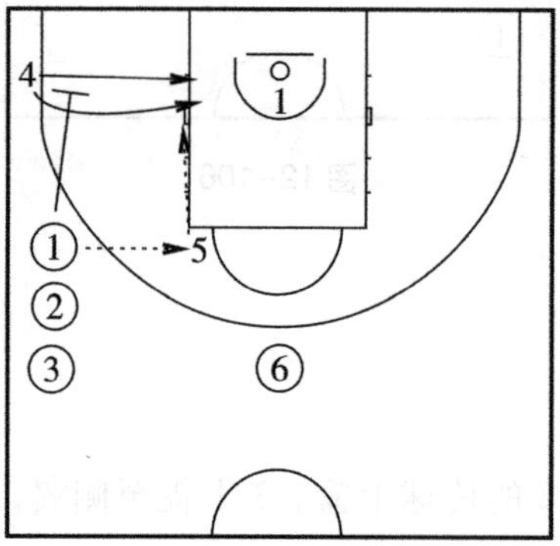

图 12-109

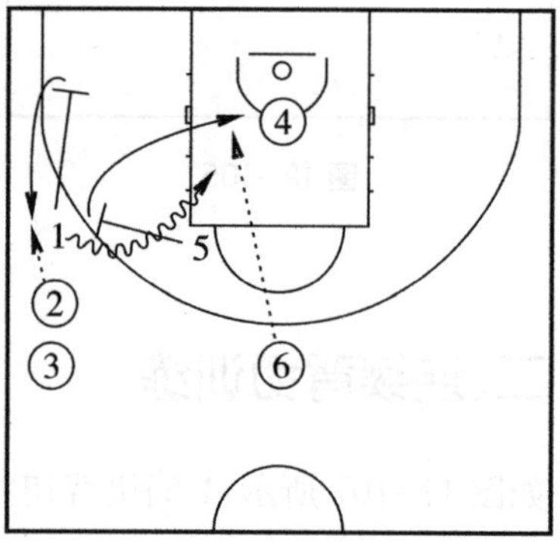

图 12-110

如图 12-111、图 2-112 所示：之后 2 移动到左侧底角。4 和 5 抢篮板球回到槽点队尾，1 抢到篮板球后移动到 6 的位置，而 6 补位到左侧肘区。

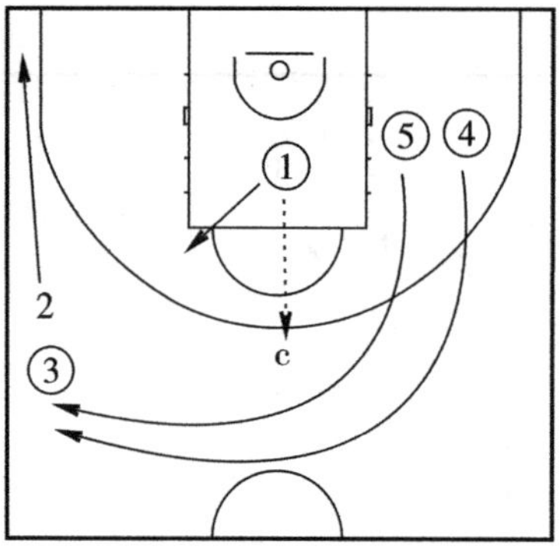

图 12-111

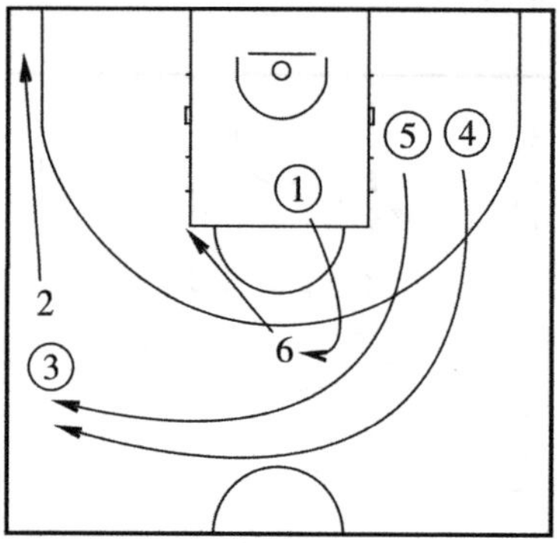

图 12-112

四、补位和切入训练

如图 12-113 所示：指派一队球员模拟补位接球投篮，另一队球员模拟切入接球投篮。两队在重复训练一遍后交换位置。该训练是场上较为基础的技术。不要仅仅从底角开始，还要从其他位置进行训练。

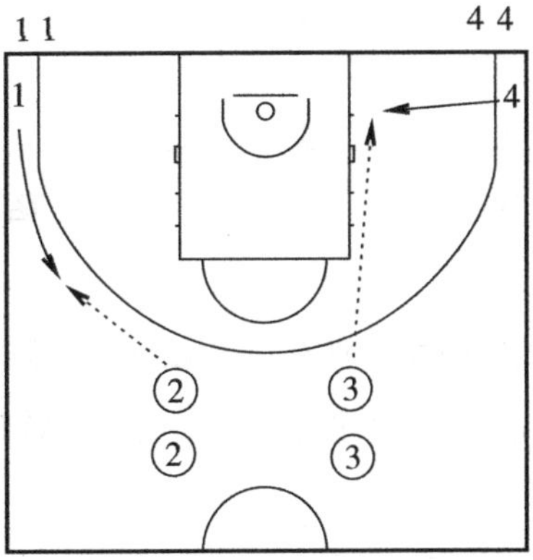

图 12-113

五、基础 Chin 系列训练

如图 12-114 所示：1 传球给 2，2 传给 3，而 3 传球给借 4 的背掩护切入篮下的 1。

掩护队员下顺：

如图 12-115 所示：传球/下顺/底角三分投篮的训练中，2 接 3 的传球，借 4 的掩护突破篮下。这个闪挡掩护也能够让 2 在远端获得投篮机会。接着 4 转身下顺后接 5 的传球上篮。

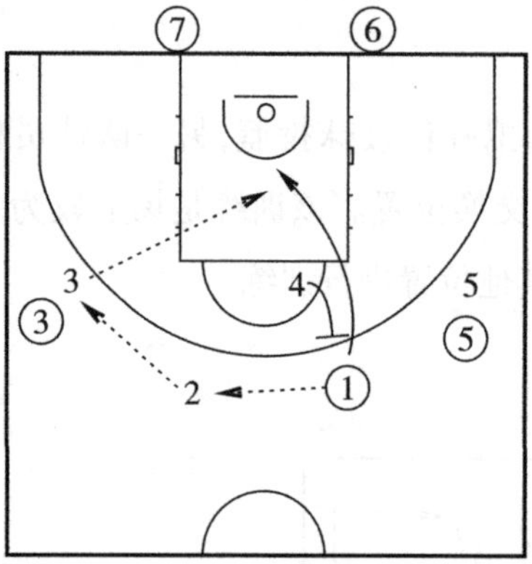

图 12-114

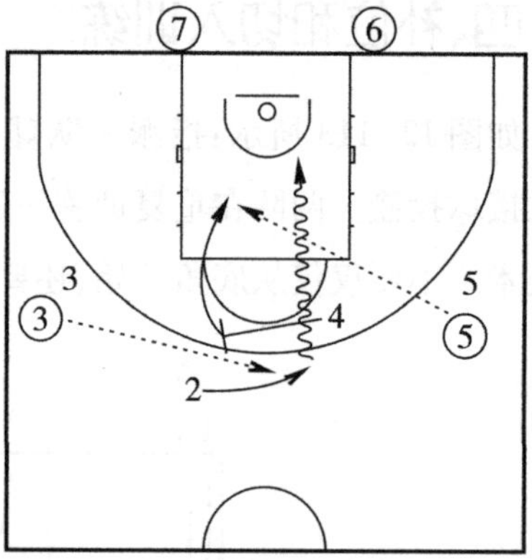

图 12-115

如图 12-116 所示:3 和 5 分别补位到弧顶和右侧底角,接 7 和 6 的传球投篮。在接球投篮过程中应当模拟实战,在接球前做好准备完成快速出手。

掩护队员外弹:

如图 12-117 及图 12-118 所示:传球/弹出/底角三分投篮的训练中,2 借 4 的闪挡掩护在远端获得接球进攻机会,3 伺机分球给 2,此时 2 可以选择冲击篮下或直接投篮。而 4 在掩护后外弹,接底线 7 的传球投篮。传球后的 3 向篮下切入,接到 5 的分球上篮,而另一名球员则移动到底角接球投篮。在重复几组 4 下顺和 3 补位之后,下一环节 4 弹出而 3 切入。

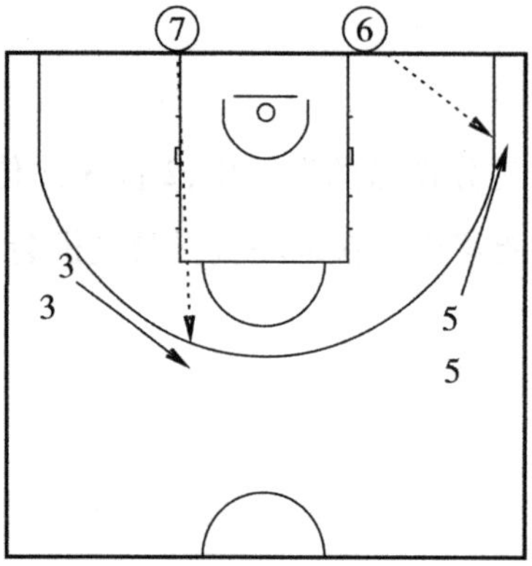

图 12-116

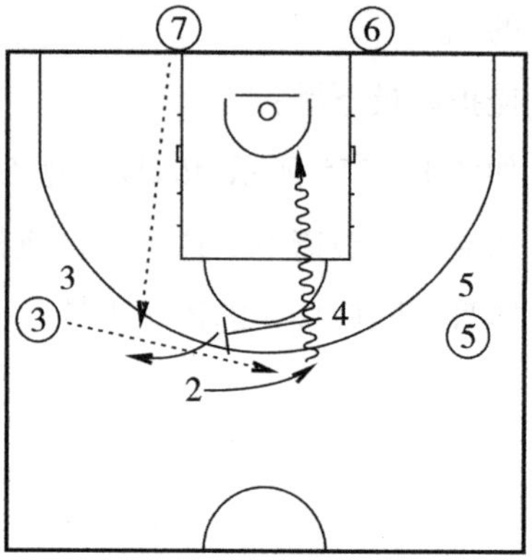

图 12-117

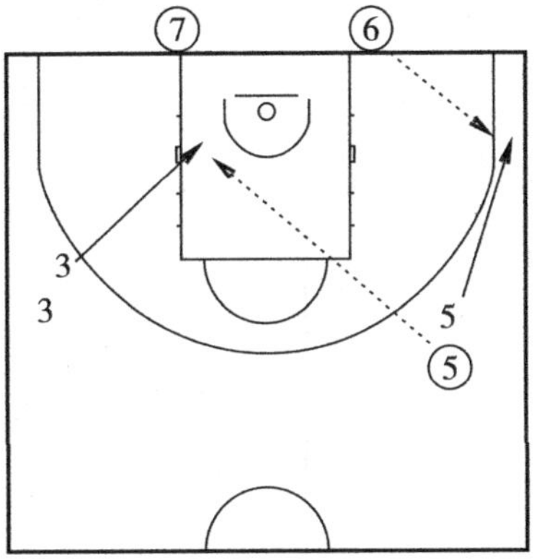

图 12-118

六、肘区/高位手递手切入

如图 12-119 及图 12-120 所示:1 传球给 2 后,2 再将球传给左侧侧翼的 3。1 传球后借 4 的背掩护切入篮下。若 1 没有机会,移动到左侧底角。随后 4 再给 2 做行进间掩护切入,3 伺机传球给 2。此外,4 也可以弹出到弧顶接球。

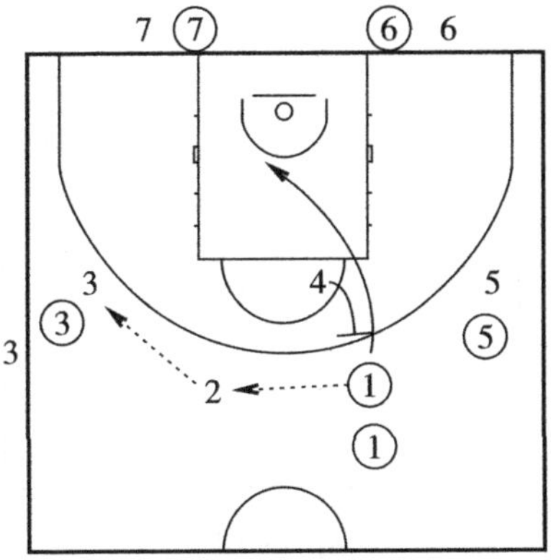

图 12-119

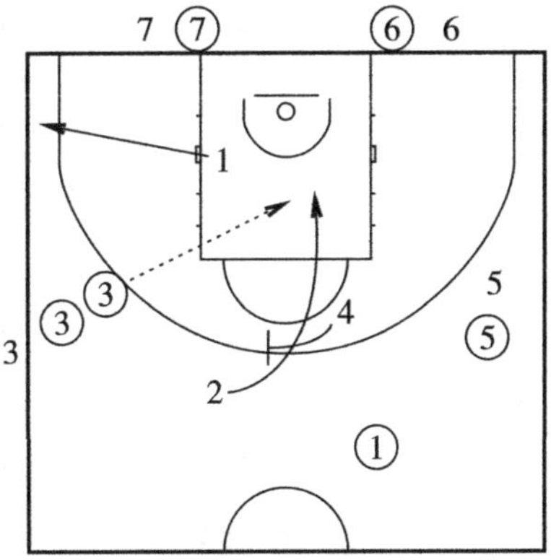

图 12-120

如图 12-121 所示:左侧侧翼的第二名球员传球给肘区的4。随后3 向4 的方向移动,与4 手递手配合。3 接球后突破向篮下,而4 则向篮下下顺。5 则移动到右侧底角接到6 的传球投篮。

如图 12-122 所示:左侧底角的 1 上提到左侧侧翼接 7 的传球投篮。

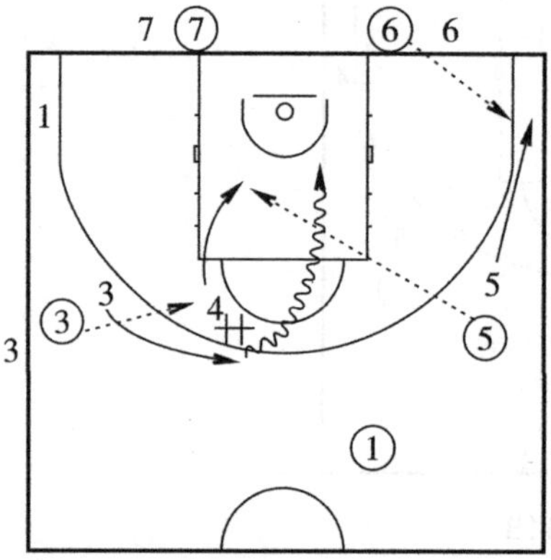

图 12-121

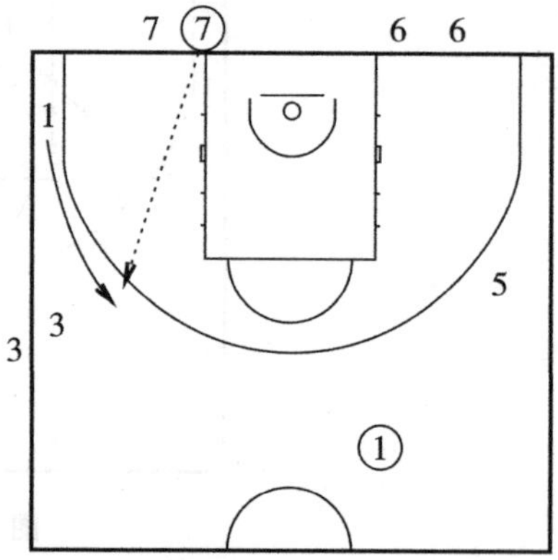

图 12-122

如图 12-123 所示:左侧侧翼队伍的第二名球员传球给肘区附近的 4,3 随即与 4 手递手持球突破篮下,4 弹出到外线接 7 的分球投篮。5 在 4 过掩护后向右侧底角移动从而获得 6 的分球投篮。该训练也可以让 4 下顺。

如图 12-124 所示:左侧底角的 1 切入低位接 5 的分球进攻篮筐。

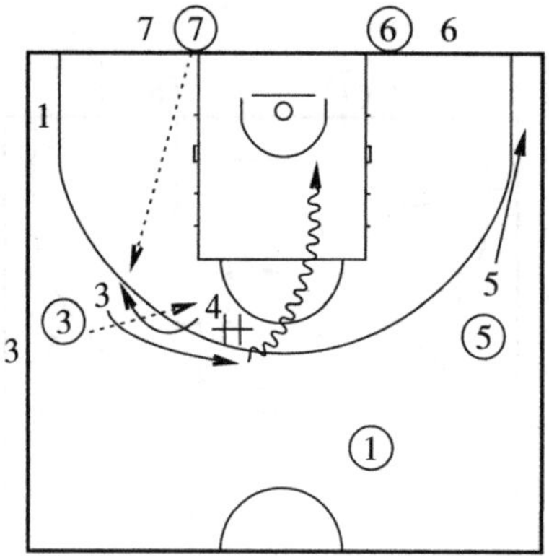

图 12-123

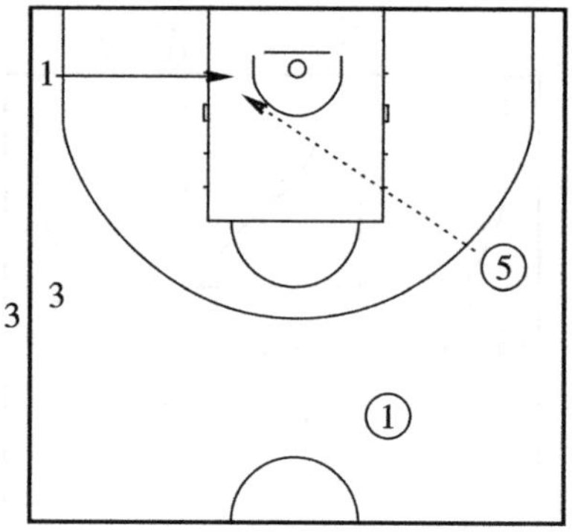

图 12-124

七、肘区/高位背切训练

如图 12-125 所示:场上球员呈"2-3 high"落位进行训练。1 传球给 2 后借 5 的背掩护切入,未获得空位则移动到左侧底角。2 接球后传球给左侧侧翼的3。

如图12-126所示:3传球给借5的行进间掩护切入篮下的2。该训练中5也可以弹出弧顶接球投篮。1则移动到左侧底角。

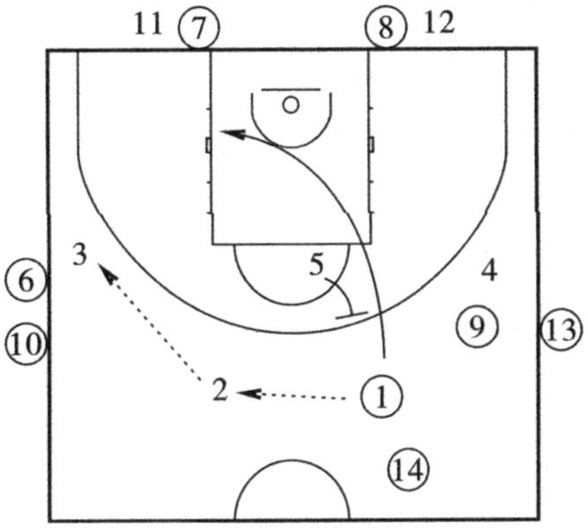

图12-125

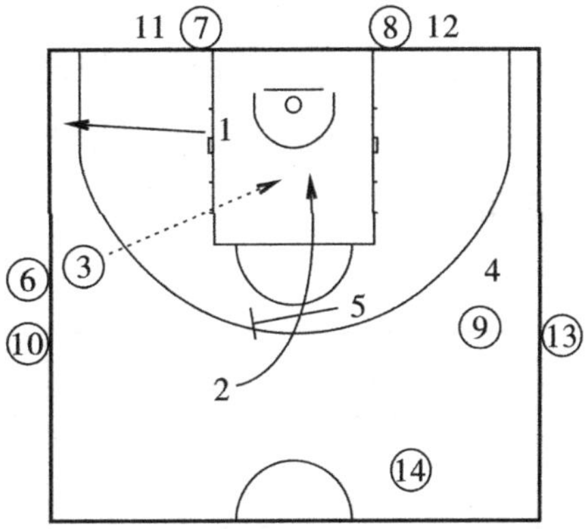

图12-126

如图12-127所示:6传球给肘区的5。3做背切篮下接5的传球上篮。7传球给向侧翼移动的1。

如图12-128所示:1持球与5做掩护配合。1借掩护沿中路突破,5向篮下下顺接9的传球上篮。4在1过掩护后向右侧底角移动接8的传球投篮。

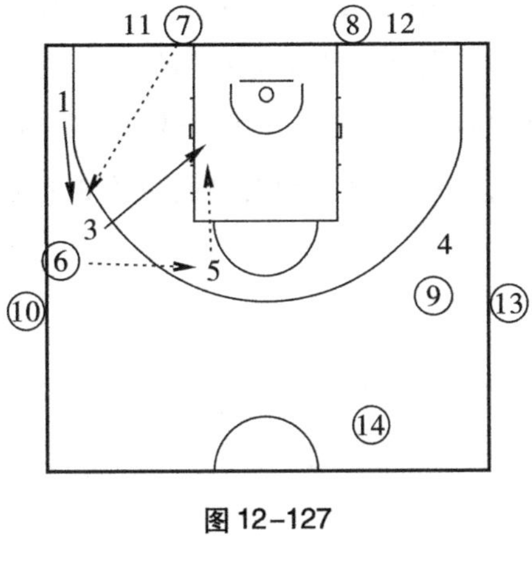

图12-127

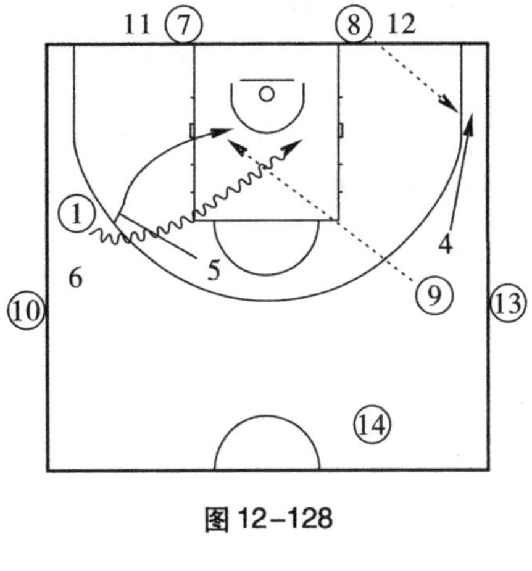

图12-128

八、肘区/高位下掩护训练

如图 12-129 所示:该训练为经典的 chin 系列战术开端。1 传球给 2 后,2 顺势将球传给左侧侧翼的 3。内线球员 5 在弧顶靠下位置准备给向篮下切入的 1 做无球掩护。1 向篮下切入后向左侧底角移动。

如图 12-130 所示:3 传球给借 5 的掩护切入篮下的 2 上篮。1 移动到左侧底角。

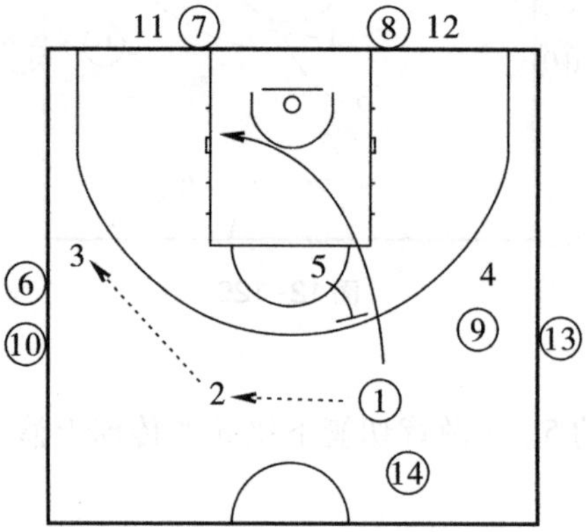

图 12-129

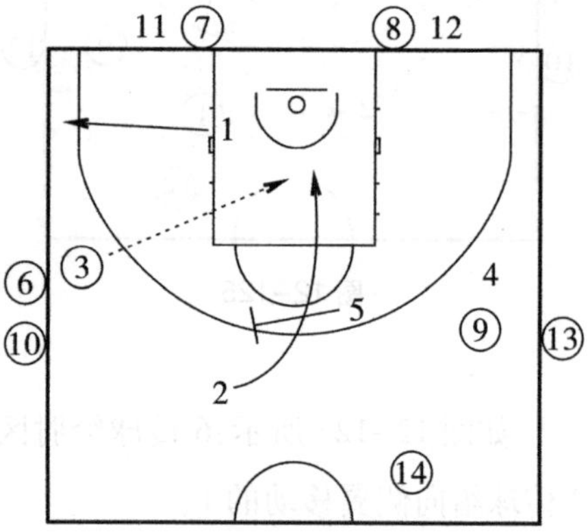

图 12-130

被掩护队员内切时:

如图 12-131 所示:6 传球给肘区的 5。3 给底角的 1 做下掩护,1 选择绕切或反跑篮下,5 伺机传球给其上篮。3 掩护后弹出到外线接 7 的传球上篮。

如图 12-132 所示:3 借 5 的有球掩护向中路突破。5 可以选择下顺、弹出并接 9 传球进攻。右侧侧翼的 4 在 3 过掩护后移动到右侧底角接 8 的分球投篮,模拟突破分球。

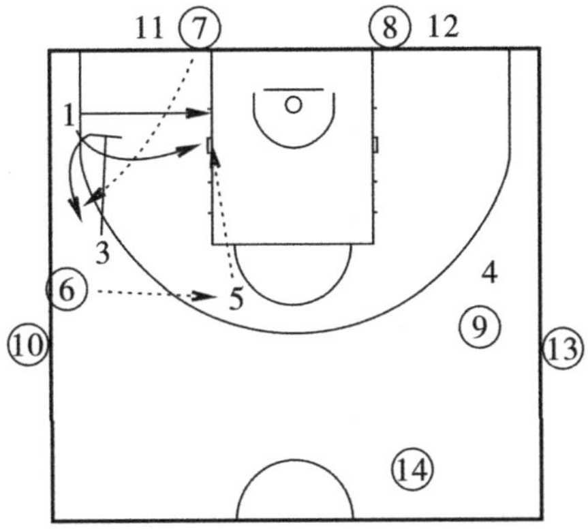

图 12-131

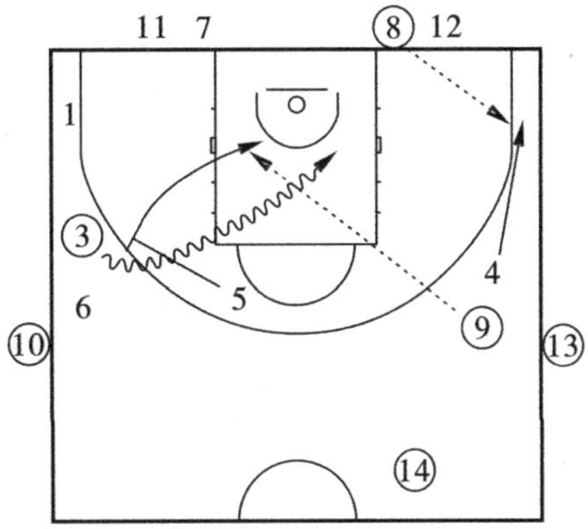

图 12-132

补掩护队员外弹时：

如图 12-133 所示：6 传球给肘区的 5。3 给底角的 1 做下掩护，3 留在底角而 1 上提到侧翼。

如图 12-134 所示：1 与向左侧运球的 5 做手递手配合，1 接球后突破篮下。5 则下顺篮下接 9 的分球上篮。4 顺势移动到右侧底角接 8 的分球投篮。3 移动到左侧侧翼接 7 的传球投篮。

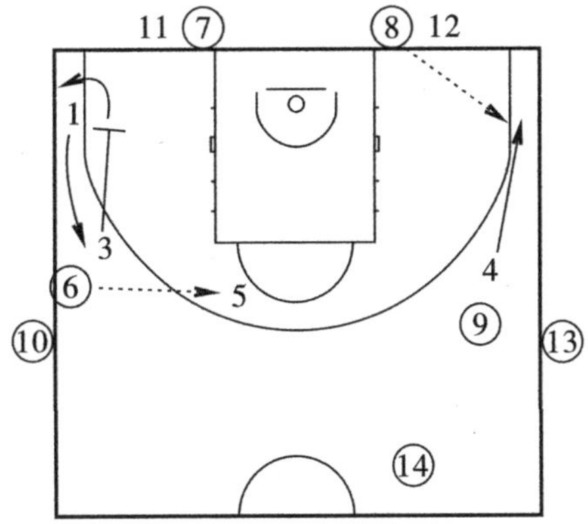

图 12-133

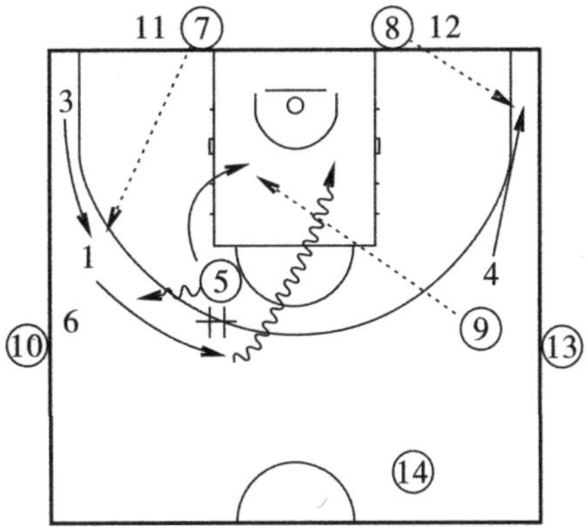

图 12-134

如图 12-135 所示：1 与 5 进行手递手配合突破篮下，5 外弹至左侧侧翼接 7 的传球投篮。3 伺机切入篮下接 9 的传球投篮。4 移动到右侧底角接 8 的分球投篮。

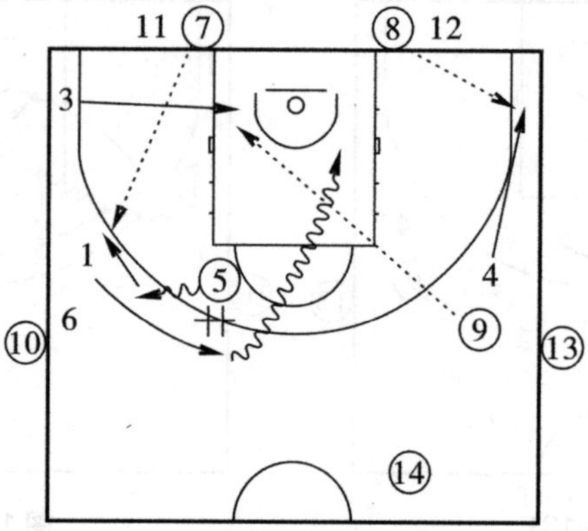

图 12-135